dtv

Weltweit sind Menschen auf der Flucht vor Krieg und Terror, Hunger und Elend. Sie sind auf der Suche nach Sicherheit und einem Auskommen, was sie in den wohlhabenden Ländern des Westens zu finden hoffen. Die Debatten um Asylrecht und Zuwanderung zeigen, wie schwierig es ist, zwischen humanitären Anliegen und einer grundsätzlichen Öffnung auf der einen und der kontrollierten Steuerung sowie der Absicherung gegen kriminelle Aktivitäten auf der anderen Seite den richtigen Weg zu finden. Vom Flüchtlingslager in Australien bis zum Asylrecht der Bundesrepublik und der Europäischen Union: Es ist ein brisantes Thema, das hier unter internationalen Gesichtspunkten diskutiert wird. Mit Beiträgen von Edzard Reuter, Rita Süßmuth, Rupert Neudeck und anderen.

Wolfgang Benz, geboren 1941, ist Professor für Geschichte an der TU Berlin und Leiter des Zentrums für Antisemitismusforschung. Er ist Herausgeber des ›Jahrbuchs für Antisemitismusforschung‹, der ›Dachauer Hefte‹ und der ›Zeitschrift für Geschichtswissenschaft‹. Zahlreiche Veröffentlichungen, bei dtv u. a.: ›Potsdam 1945‹ (34230); ›Legenden, Lügen, Vorurteile‹ (30130); ›Geschichte des Dritten Reiches‹ (30882).

Umgang mit Flüchtlingen

Ein humanitäres Problem

Herausgegeben von Wolfgang Benz

Deutscher Taschenbuch Verlag

Originalausgabe
März 2006

www.dtv.de

Umschlagkonzept: Balk & Brumshagen
Umschlagfoto: © Corbis/Luciano Mellace
Gesamtherstellung: Druckerei C. H. Beck, Nördlingen
Gesetzt aus der Minion (10/12,5')
Gedruckt auf säurefreiem, chlorfrei gebleichtem Papier
Printed in Germany
ISBN-13: 978-3-423-34287-2
ISBN-10: 3-423-34287-0

Inhalt

Vorwort

Asylsuchende sind selten willkommen. Das spürten auch die Flüchtlinge aus Hitler-Deutschland, die in Frankreich und Großbritannien, in den USA oder Südamerika Aufnahme begehrten. Man duldete sie, gab ihnen aber keine Arbeit oder man internierte sie, weil man zwischen Verfolgten und ihren Verfolgern nicht richtig unterscheiden konnte: In Frankreich wie in Großbritannien sperrte man die Flüchtlinge aus Deutschland als »enemy aliens« in Lager oder deportierte sie, das war das britische Modell, unter unwürdigen Umständen nach Australien und Kanada.

Unter dem Titel ›Umgang mit Flüchtlingen‹ werden in diesem Buch historische und aktuelle Aspekte eines Problems betrachtet, das die Welt spaltet, in die Paradiese der Wohlstandsgesellschaft, die viele Mühen in Kauf nimmt, um sich unerwünschter Zuwanderer zu erwehren, und in deren Vorhöfe für Emigranten, die für sich oder wenigstens für ihre Kinder Freiheit, Entfaltungsmöglichkeit und materielle Sicherheit erstreben, die hoffen, auch einen Platz an der Sonne zu ergattern.

Flüchtlinge sind im völkerrechtlichen Sinne Menschen, die ihr Heimatland aus begründeter Furcht vor Verfolgung wegen ihrer ethnischen oder nationalen Zugehörigkeit, ihrer Religion, ihrer politischen Überzeugung oder Ähnlichem verlassen haben. So ist es 1951 in der Genfer Flüchtlingskonvention festgelegt worden. Völkerrechtlich gelten Flüchtlinge als besonders schutzbedürftig. Im Grundgesetz schrieben die Gründerväter der Bundesrepublik deshalb seinerzeit als Nutzanwendung der Geschichte das Recht auf politisches Asyl fest. Fünfzig Jahre später wurde der Anspruch reduziert: Verfahren wie die »Flughafenregelung« oder die »Sichere Drittstaaten-Klausel« dienen der Abwehr der unerwünschten Asylbewerber im Vorfeld. Auch die Europäische Union verteidigt ihre Grenzen gegen Flüchtlinge und Hilfesuchende, die als Schiffbrüchige vor Italiens oder Spaniens Küsten stranden oder in Marokko die Zäune der Lager überrennen. Australien liefert mit seiner rigorosen Internierungs- und Deportationspraxis ein zweifelhaftes Modell inhumaner Abwehr von Flüchtlingen.

Elf Beiträge loten die Dimensionen historischer und aktueller Flüchtlingspolitik aus. Der Bogen spannt sich von der Evian-Konferenz 1938 bis zur »Pazifischen Lösung«, mit der sich Australien in unseren Tagen Unerwünschte vom Leibe hält. An die generöse Haltung der Türkei gegenüber Flüchtlingen aus dem nationalsozialistischen Deutschland erinnert Edzard Reuter; Claudia Curio beschreibt die humanitäre Geste, die einem Kontingent unbegleiteter Minderjähriger mit den Kindertransporten 1938/39 die Flucht aus Deutschland ermöglichte. Wie Italien mit den Bootsflüchtlingen aus Afrika verfährt, wie sich Spanien als Bollwerk Europas versteht, welche Traditionen und Tendenzen europäischer Flüchtlingspolitik die gegenwärtige Situation prägen, wird in weiteren Beiträgen ebenso untersucht wie die Integration von Flüchtlingen am Beispiel Berlins. Die Diskussion über das Zuwanderungsgesetz und die Änderungen des Asylrechts beschreibt Rita Süßmuth, die Vorsitzende des Sachverständigenrats für Zuwanderung und Integration gewesen ist. Rupert Neudeck, Gründer der Organisation Cap Anamur, reflektiert die Möglichkeiten und Grenzen humanitärer Hilfe aus der Perspektive zivilgesellschaftlichen Engagements.

Dieses Buch geht aus einer Tagung des Zentrums für Antisemitismusforschung der Technischen Universität Berlin hervor, die im April 2005 in der Vertretung des Saarlandes beim Bund in Berlin Gast war. Intention ist es, zwei Betrachtungsweisen zusammenzuführen, die zunehmend auseinander gehen: die disziplinäre Unterscheidung zwischen einer Exilforschung einerseits, die sich mit der Flucht und Vertreibung von Politikern und Intellektuellen als Regimegegnern und von Juden als Objekten nationalsozialistischen Rassenhasses beschäftigt und die das Jahr 1945 als Endpunkt betrachtet, und einer Migrationsforschung andererseits, die sich für historische und ideologische Bezüge weniger interessiert als für demografische und ökonomische Zusammenhänge. Um diese Spaltung wenn nicht zu überwinden, so doch wenigstens bewusst zu machen, werden die historischen und aktuellen Dimensionen des Problems der Abwehr von Flüchtlingen, Asylsuchenden, Vertriebenen in den Blick genommen.

WOLFGANG BENZ
September 2005

Edzard Reuter

Als Flüchtlinge willkommen

Die Aufnahme von Asylbewerbern aus NS-Deutschland in der Türkei

»Verweigertes Asyl – Die Abwehr von Flüchtlingen«: Wir, meine Eltern und ich, haben in der Tat am eigenen Leibe das Gegenteil erlebt. Deswegen bin ich froh, dass man mir aufgetragen hat, darüber zu sprechen, wie es denn gewesen ist, in einem fremden Land als Flüchtling willkommen zu sein.

Die Rede wird von einem Land sein, das noch vor wenigen Wochen die Schlagzeilen jeglicher Gazetten gefüllt hat. Inzwischen werden schon wieder andere Sauen durchs Dorf gejagt.

Wir alle wissen, wie groß allenthalben die Widerstände sind. Das gilt keineswegs nur für unser Land. Unsere französischen Nachbarn haben aus diesem Grunde sogar ihre Verfassung geändert, manche – wie der ehemalige Präsident der Republik, Giscard d'Estaing, gar den Untergang der Europäischen Union an die Wand gemalt. Hierzulande sind bekanntlich einige besonders kluge Leute, die wohl zu feige waren, Ja oder Nein zu sagen, auf die gloriose Idee gekommen, das Instrument einer »privilegierten Partnerschaft« zu erfinden. Ich selbst habe bei all diesen Diskussionen mehr als einmal den Eindruck gewonnen, dass im Grunde genommen über ein unbekanntes Land gestritten wird, zumindest aber über ein Land und eine Nation, von denen die Beteiligten höchstens sektorale – um nicht zu sagen: rudimentäre – Kenntnisse haben.

Wenn beispielsweise der von mir ansonsten sehr bewunderte Zeithistoriker Heinrich August Winkler ernsthaft vorträgt, die Türkei sei auf keinen Fall für eine Mitgliedschaft in der Europäischen Union reif, weil das türkische Strafrecht auf das italienische Strafrecht zurückgehe, das zum Zeitpunkt der Übernahme durch die

Türkei aus der faschistischen Feder Mussolinis gestammt habe, so ist das gewiss eine sehr bemerkenswerte Aussage. Denn das Urteil eines so hoch renommierten Wissenschaftlers hat natürlich besonderes Gewicht. Schade nur, dass es sich jedenfalls in dieser vereinfachten Form um nichts als reine Polemik handelt.

Ein anderes Beispiel sind die viel zitierten Vielehen. Unbestreitbar ist, dass es sie hie und da noch geben mag. Tatsache ist auch, dass allzu oft Frauen durch die männlichen Familienangehörigen unterdrückt, ja gegen ihren Willen zur Eheschließung gezwungen werden. Doch es ist ganz und gar unzulässig, daraus zu folgern, dass solche Usancen der allgemeinen türkischen Sitte entsprechen. Ich bin jedenfalls ziemlich sicher, dass wir Beispiele dieser Art eher in Berlin als in der Türkei selbst finden werden, denn die moderne Türkei ist nun einmal nicht identisch mit den leider immer noch vorhandenen Regionen im hintersten agrarischen Anatolien. Das kann jede Frau und jeder Mann wissen, die oder der sich schon einmal ernsthaft darum bemüht hat, dieses in vieler Hinsicht sogar faszinierende Land und seine Menschen wirklich kennen zu lernen.

Übrigens sollte zu einem solchen Wissen auch eine zumindest grobe Kenntnis der Geschichte der anatolischen Kulturen gehören. Wir alle schwelgen ja doch gern darin, dass sich unsere europäische Kultur aus der griechischen und der römischen Kultur ableite. Dass beide, insbesondere die klassische griechische Kultur bis in ihre hohe Blüte hinein mehr als eng mit der anatolischen Kultur verknüpft waren, wird zumeist nur ungern zur Kenntnis genommen. Nicht zuletzt die aufregenden Erkenntnisse, die in den letzten Jahren unter der Leitung des Tübinger Archäologen Manfred Korfmann bei den Ausgrabungen in Troia zu Tage gefördert worden sind, bestätigen jedoch mehr als eindrucksvoll, dass unsere eigenen Wurzeln zwar nicht nur dort, aber unübersehbar auch in diesem Anatolien zu suchen sind.

Die Frage der Minderheiten ist ein anderes Thema, das mit Vorliebe in die aktuellen Diskussionen hereingezogen wird. Kein Mensch wird ernsthaft bestreiten, dass der Mord an großen Teilen der armenischen Bevölkerung durch nichts zu entschuldigen ist. Deswegen kann und will ich nicht für eine Sekunde meine Verwunderung verhehlen, dass es in der aufgeschlossenen und modernen türkischen Gesellschaft offensichtlich immer noch schwer fällt, offen und vorbehaltlos über dieses Thema zu sprechen. Gewiss gibt es vielerlei geschichtliche Zusammenhänge, die dabei zu berücksichtigen sein werden. Es geht auch nicht darum, dass von irgend jemandem eine formelle Entschuldigung erwartet werden könnte. Aber Versuche, die eigene Geschichte zu verfälschen, werden auch in Zukunft regelmäßig auf ihre Urheber zurückfallen: Sie sind ein Zeichen von Schwäche und nicht von Stärke.

Im übrigen darf über die kurdische Problematik gleichfalls niemand urteilen, der nicht begriffen hat, wie und unter welchen Umständen die heutige türkische Nation entstanden ist. Zu Beginn ging es nämlich darum, dass die damaligen alliierten Mächte, und dazu zählten die Franzosen, die Engländer, die Italiener und mit ihnen die Griechen, nach dem Ende des Ersten Weltkrieges mit dem Vertrag von Sèvres versucht haben, die Türkei zu zerstückeln und unter sich aufzuteilen. Griechische Truppen sind daraufhin gewaltsam weit nach Anatolien, bis kurz vor Ankara, vorgedrungen. Nicht zuletzt aus dem Widerstand der anatolischen Bevölkerung, die sich schon damals aus einer Vielzahl von Ethnien zusammensetzte, ist unter der Führung von Kemal Atatürk 1923 die Türkische Republik entstanden. Ihr konstituierender Grundgedanke war von Anfang an, dass sich diese Republik auf ihrem Herrschaftsgebiet in Anatolien und im verbliebenen europäischen Teil aus Völkerstämmen mit unterschiedlicher Geschichte, Tradition und Kultur zusammensetzte, die sich alle gemeinsam als Angehörige einer neuen türkischen Nation verstehen sollten. Das war nie, auch nicht unter der überwiegenden Mehrheit der kurdischen Stämme, ernsthaft umstritten. Heute wissen freilich die meisten unserer lauthals nach kurdischer Autarkie rufenden Landsleute davon nichts mehr, oder sie wollen ganz einfach nicht zur Kenntnis nehmen, dass keine Nation dieser Erde, auch nicht in Spanien oder sonstwo im mittleren Europa, ernsthaft bereit sein wird, schlichtweg ihre konstitutive Identität aufzugeben und damit die Existenz ihres Staates aufs Spiel zu setzen.

Ohne diesen nationalen Ansatz wäre es damals undenkbar gewesen, dass sich die anatolische Bevölkerung ihrer Haut erwehren konnte. Es waren eben nicht nur ein paar Generäle, denen es zusammen mit Atatürk gelungen ist, die militärische Besatzung und die damit verbundene Unterjochung durch fremde Hoheit zurückzudrängen. Vielmehr war dieser mutige und opferreiche Kampf um die eigene Freiheit getragen durch Hunderttausende von einfachen Menschen – eben von dem Volk, das daraufhin die neue türkische Nation bilden sollte.

Dies ist der Hintergrund, den man kennen und verstehen muss, wenn man einordnen will, was die grundlegenden Reformen bedeuteten, die auf die Gründung der Republik folgten. Bis zum Beginn, ja sogar bis zum Ende des Ersten Weltkrieges hatte das Osmanische Reich, unabhängig von seinen vielfältigen diplomatischen Verbindungen in alle Welt, in seiner gesamten geschichtlichen, traditionellen und kulturellen Ausrichtung stets grundsätzlich gen Osten geblickt. Atatürk und seinen Mitstreitern aber war es von Anfang an darum gegangen, diesen Blickwinkel um 180 Grad, also nach Westen, zu wenden. Das war und bleibt eine wahrhaft herkulische Tat.

Nur ein Beispiel: Hierzulande scheint für manche eine ganze Welt zusammenzubrechen, wenn beschlossen wird, an der einen oder anderen Stelle die deutsche Rechtschreibung zu ändern. Atatürk und seine Leute haben von einem Tag auf den nächsten die gesamte Schreibweise ihrer Sprache, nämlich die arabische Schrift, abgeschafft und durch die lateinische ersetzt. Stellen Sie sich einmal vor, was bei uns in einem solchen Falle passieren würde! Oder die Gleichberechtigung der Frauen, die damals eingeführt wurde. Oder eine weitere nun wirklich fundamentale Reform, die Einführung des Laizismus, also die entschiedene Trennung zwischen dem Religiösen als privatem Anliegen und allen staatlichen Angelegenheiten, die fortan frei von jeglichen religiösen oder weltanschaulichen Einflüssen zu bleiben hatten. Ich jedenfalls wüsste nicht, wo in der Geschichte des 20. Jahrhunderts eine vergleichbar mutige Revolution durchgeführt worden und tatsächlich gelungen ist wie in der Türkei.

Das aber führt zu meinem eigentlichen Thema, der Aufnahme deutscher Emigranten in der Zeit nach 1933 in der Türkei. Auch dieses Kapitel der jüngeren Geschichte hängt untrennbar mit den aktuellen Disputen über eine mögliche Mitgliedschaft der Türkei in der Europäischen Union zusammen. Denn ein weiteres Standbein der Atatürk'schen Reformen war die grundlegende Umstellung des gesamten Bildungswesens in der neuen Republik, von den Schulen bis zu den Universitäten. Die entsprechende Entscheidung war schon um das Jahr 1930 getroffen worden. Auch dieser Schritt, nicht nur die Lehrstoffe, sondern zugleich die grundlegenden Strukturen von Lehre und Forschung nach westlichen Mustern zu gestalten, konnte nur mit größter Entschlossenheit gelingen, stieß er doch auf uralte, über Jahrhunderte gefestigte Traditionen und entsprechende Widerstände.

Die Regierung hatte daher schon 1932 einen schweizerischen Professor der Pädagogik, Albert Malche, beauftragt, ein detailliertes Konzept für die Modernisierung des Hochschulwesens zu erarbeiten. Gleichzeitig sollte er insofern beratend an der Umsetzung mitwirken, als er Vorschläge unterbreiten sollte, welche europäischen Hochschullehrer dafür in die Türkei berufen werden könnten. In diese Situation aber fiel das Jahr 1933 mit dem Exodus, mit der Vertreibung unzähliger deutscher Akademiker aus rassischen oder politischen Gründen. Mit einem solchen »Glücksfall« der Geschichte hatte natürlich niemand in der Türkei gerechnet, und umgekehrt sollte es zu einem tatsächlichen Glücksfall für die betroffenen Personen werden.

Bis heute gibt es vermutlich einige Menschen, die nicht sehr gern an die Umstände zurückdenken, die damals an noch so ehrwürdigen deutschen Universitäten geherrscht haben. Jedenfalls hatte sich bald nach dem so genannten Machtwechsel in Deutschland unter der Leitung eines aus Frankfurt am Main emigrierten Pathologen, Philip Schwartz, eine »Notgemeinschaft deutscher Akademiker im Ausland« gebildet. In einer Notiz über ein Gespräch, das im Juni 1933 in Istanbul mit dem damaligen türkischen Unterrichtsminister stattfand, schildert Schwartz zunächst, dass sein Gesprächspartner an die Erörterung der einzelnen, bereits bei vorangegangenen Begegnungen weitgehend festgelegten Lehrfächer jeweils die Frage anschließt, ob man ihm dafür einen bestimmten Professor vorschlagen könne. Wörtlich heißt es dann weiter: »Diese Frage wurde im Laufe des Nachmittags 30 Mal gestellt und unter zunehmender Spannung beantwortet. Ich und wohl alle Anwesenden vergaßen Zeit, Komplikationen und Widerstände – ich wusste, dass die schmachvolle Vertreibung aus Deutschland in diesen Stunden einen schöpferischen Sinn ergibt. Ich entdeckte ein wunderbares, von der westlichen Pest unberührtes Land.« Und Schwartz fährt fort: »Mit einer Unterbrechung der regulären Verhandlung wurde das Ergebnis der Besprechung urkundlich festgehalten. Der Minister erhob sich und sagte: ›Es ist dies ein außergewöhnlicher Tag, an welchem wir eine beispiellose Tat vollbringen durften. Als vor fast 500 Jahren Konstantinopel fiel, beschlossen die byzantinischen Gelehrten, das Land zu verlassen. Man konnte sie nicht zurückhalten. Heute haben wir uns vorbereitet, von Europa eine Gegengabe zu empfangen. Bringen Sie uns Ihr Wissen und Ihre Methoden, zeigen Sie unserer Jugend den Weg zum Fortschritt. Wir bieten unsere Dankbarkeit und unsere Verehrung an‹«. Die Notiz von Schwartz endet mit den Worten: »Ich telegraphierte nach Zürich (wo seine Organisation saß): ›Nicht 3, sondern 30!‹«

Dies war in der Tat der Beginn einer Entwicklung, die schließlich dazu führte, dass an den beiden Universitäten in Istanbul und Ankara etwa 200 bis 250 deutsche Akademiker Arbeit fanden. Arbeit, das bedeutete damals für diejenigen, die aus ihrer Heimat verbannt worden waren, schlichtweg: Leben. Sie fanden die Aufgabe, eine Generation junger Türkinnen und Türken im Sinne der beschlossenen Reformen auszubilden und auf diese Weise entscheidend dazu beizutragen, dass die moderne Türkei ein westlich ausgerichtetes Land werden konnte. Dagegen gab es natürlich Widerstände. Denn nicht zuletzt diejenigen, die bis dahin an den traditionellen türkischen Hochschulen gelehrt hatten, wehrten sich nicht selten mit allen Mitteln gegen die Reform und die sie verkörpernden akademischen Einwanderer. Das Konzept einschließlich seiner personellen Konsequenzen wurde dennoch – und ich meine: zum Wohle des Landes – ohne grundlegende Abstriche in die Tat umgesetzt.

Zu diesem Konzept gehörte auch, und das führt nun zu meiner Familie, Experten in die Türkei zu holen, die beratend an der Modernisierung der Staatsverwaltung auf einer ganzen Reihe von Sachgebieten mitwirken sollten. Konkret ging es dabei um die Funktionsfähigkeit einschließlich der Finanzierung auf allen Ebenen, von den Dörfern über die Landkreise und Regionen, die »Vilayets«, bis hin zu den zentralen staatlichen Aufgaben etwa in der Wirtschafts- und Finanzpolitik, der Landwirtschaft oder beim Verkehrswesen. Auch insofern versuchte die Regierung, den Fundus an Personen zu nutzen, der 1933 durch die Verbrecherbande in Deutschland sozusagen »freigesetzt« worden war, und für meine Eltern hatte das eben im Ergebnis gleichfalls die Bedeutung eines einzigartigen Glücksfalles.

Mein Vater, Ernst Reuter, zuletzt Oberbürgermeister von Magdeburg und Reichstagsmitglied für die Sozialdemokratische Partei, wurde gleich nach der Amtsübernahme durch die braune Meute kurzerhand durch die Polizei abgeholt, um wenig später in einem der ersten neu eingerichteten Konzentrationslager, auf der Lichtenburg bei Torgau, zu verschwinden. Mit einer kurzen Unterbrechung Anfang 1934 hat er dort zweimal eine schreckliche Zeit verbracht. Er selbst hat mir davon nie im Einzelnen erzählt, erst nach seinem Tode habe ich von Mithäftlingen gehört, wie er gequält worden ist. Erinnern kann ich mich hingegen noch sehr genau daran, wie er gegen Ende des Jahres heimkam, freigelassen auf Grund einer entschlossenen Intervention einer mit den Eltern seit langem bekannten englischen Quäkerin bei Göring, damals Herr der preußischen Gefängnisse.

Doch nach kurzem Zwischenaufenthalt bei der Schwiegermutter in Hannover konnte mein Vater der drohenden Gefahr einer erneuten Abholung nur dadurch entkommen, dass er bei Nacht und Nebel nach London floh.

Dort versuchte er, irgendeine Arbeit zu finden. Das misslang. Niemand wollte ihn haben, wie es auch ein bleibendes Erlebnis für ihn war, dass nur sehr wenige seiner politischen Gesprächspartner seiner Einschätzung der Vorgänge in Deutschland folgen wollten. Um es noch etwas drastischer auszudrücken: Es gab genügend Menschen in den politisch führenden Kreisen Großbritanniens, die sich zufrieden zurücklehnten und meinten, dieser Hitler schaffe doch nun endlich wieder Ruhe und Ordnung in seinem chaotischen Land, und die gewiss bedauerlichen Auswüchse der SA werde dieser starke Mann dann bald wieder auf ein erträgliches Maß zurückführen.

Jedenfalls bedeutete es in dieser Situation ein riesengroßes Glück, dass ein Kollege aus dem Reichstag, Fritz Baade, schon in der Türkei als Landwirtschaftsexperte tätig war. Auf dessen Empfehlung geht es zurück, dass mein Vater eine Anstellung als Experte für Verkehrs- und Kommunalfragen im türkischen Wirtschaftsministerium bekam. Dieses Glück also stand am Anfang der Geschichte von elfeinhalb Jahren, die meine Eltern und ich in der Türkei verbracht haben.

Dabei erinnere ich mich gut, dass der Vater mehr als einmal von seiner Arbeit wütend und ungeduldig nach Hause kam. Regelmäßig pflegte er dann zu berichten, dass die Maßnahmen, die man einvernehmlich schon vor Tagen beschlossen hatte, immer noch nicht durchgeführt worden seien. Jahre später, nach Deutschland zurückgekehrt, antwortete er auf die Frage, was er in der Türkei gelernt habe, mit großer Wärme und Überzeugung, dies sei die Geduld. Heutzutage denke ich selbst manches Mal, ob diese Eigenschaft nicht womöglich auch zu dem gehört, was man gemeinhin mit dem Wort »Kultur« zu umreißen pflegt. Natürlich will ich jenes türkische »yavas, yavas« (langsam, langsam) nicht gleich in den Himmel heben, aber in unserer Zeit der sich immer mehr überschlagenden Hektik könnte sich vielleicht ein solches kulturelles Erbe eines Tages fast noch als veritables Geschenk des Himmels herausstellen ...

Wie dem auch sei: Die Arbeit im Ministerium war aus diesen und manchen anderen Gründen nicht immer zutiefst befriedigend, zumal der Anstellungsvertrag zwar regelmäßig verlängert, aber doch jeweils nur auf ein Jahr befristet war. Aber diese Zeit ging vorüber, bis mein Vater 1939 an die damalige Hochschule für Politik, genannt »Mülkiye«, die nach Kriegsende in die Universität integriert wurde, berufen wurde. Es ging um eine Professur für Kommunal- und Finanzwissenschaft, die er dort aufbaute. Dabei war er einer der wenigen deutschen Hochschullehrer, die tatsächlich das in die Tat umsetzten, was in allen Beschäftigungsverträgen der in die Türkei berufenen deutschen Akademiker vereinbart war, nämlich dass man möglichst binnen einer Frist von maximal drei Jahren in der Lage sein sollte, auf Türkisch zu unterrichten. Mein Vater beherrschte damals die Landessprache längst so gut, dass es ihm keinerlei Schwierigkeit bereitete, seine Vorlesungen fließend in frei gesprochenem Türkisch abzuhalten. Das hat ihm von Anfang an nicht nur bei seinen neuen Kollegen, sondern vor allem bei seinen Schülern große Achtung eingetragen.

Andere Dinge gab es freilich, für die das eher weniger galt. Heutzutage ist Ankara längst zu einer Großstadt angewachsen. Damals war es eine eher nur mittelgroße Stadt mit vielleicht 250 000 Einwohnern. Wir wohnten in einem neu gebauten Vorort, der ganz außerhalb und zudem am anderen Ende des Stadtgebietes lag. Für meinen Vater ergab sich daraus die Selbstverständlichkeit, seiner alten, aus der ostfriesischen Heimat stammenden Vorliebe, dem Fahrradfahren, zu frönen. Er fuhr also, wenn das Wetter oder die Hitze dies auch nur einigermaßen zuließen, mit seinem Fahrrad in die Hochschule. Zu diesem Zweck trug er Knickerbocker-Hosen und als Kopfbedeckung eine Baskenmütze. Ein solcher Aufzug und ein solches Fortbewegungsmittel entsprachen nicht unbedingt dem üblichen Auftritt eines türkischen »Profesör«, eines »Effendi«. Das scherte ihn jedoch anscheinend recht wenig. Und in der Tat freute sich nach kurzer Zeit jedermann über seine natürliche Würde, die darunter nicht im Geringsten zu leiden hatte. Er war eben kein Sonderling, sondern konnte sich das ganz und gar selbstverständlich leisten, offensichtlich, weil alle anderen begriffen, dass es ihm nicht um Äußerlichkeiten ging, sondern um die Ausbildung junger Menschen auf der Grundlage von Wertvorstellungen, die tief in ihm verwurzelt waren.

Später hat sich sein Tätigkeitsbereich an der Hochschule weiter ausgedehnt. Heute würde man wohl von »Drittmittel-Einwerbung« sprechen. Sein Institut erhielt von den verschiedensten, zumeist allerdings staatlichen, Stellen eine Fülle von Projektaufgaben. Diese haben ihn sehr intensiv beschäftigt und ihm nicht zuletzt die Möglichkeit eröffnet, im Land herumzukommen und es auf diese Weise viel intensiver kennen zu lernen, als das meiner Mutter und mir möglich gewesen ist. Das lag ganz einfach daran, dass weite Teile der Türkei damals als militärisches Sperrgebiet abgeriegelt waren.

Insofern muss man sich vor Augen halten, dass das Land seit dem Kriegsausbruch 1939 ein begehrtes Objekt für alle Krieg führenden Parteien war. Die westlichen Alliierten wollten, dass die Türkei so bald wie möglich auf ihrer Seite in den Krieg eintrete, und die Deutschen übten, zumindest nachdem sie den Balkan und Griechenland besetzt hatten, massiven Druck aus, um einen Kriegseintritt an ihrer Seite zu erzwingen. Es war wahrhaftig eine diplomatische Meisterleistung von Ismet Inönü, der 1938 Atatürk als Präsident nachgefolgt war, sich von keiner Seite tatsächlich in den Krieg hineinziehen zu lassen: Erst ganz zum Schluss, als die Konferenz von San Francisco anstand und die Charta der Vereinten Nationen verabschieden sollte, entschloss man sich in Ankara, die bisherige Neutralität aufzugeben, und erklärte am 1. März 1945 Deutschland den Krieg.

Für einen Teil der deutschen Emigranten bedeutete dies, dass sie während der restlichen Kriegswochen in zwei kleinen anatolischen Orten interniert wurden. Das war alles andere als angenehm. Trotzdem gaben sich die Behörden alle Mühe, den betroffenen Familien den Zwangsaufenthalt wenigstens einigermaßen erträglich zu gestalten. Niemand musste Entbehrung oder gar Not leiden, und die örtliche Bevölkerung tat das Ihre, um die Gäste willkommen zu heißen. Diejenigen, die nach Ansicht der türkischen Behörden unabkömmlich waren, wenn die im Interesse des Staates liegenden Abläufe nicht gefährdet werden sollten, waren allerdings von der Internierung ausgenommen. Dazu zählten auch wir.

Doch das änderte natürlich nichts daran, dass nicht nur diese Monate, sondern die gesamten mehr als elf Jahre, die wir in der Türkei verbracht haben, das Empfinden meiner Eltern zutiefst beeinflusst und geprägt haben. Meine Mutter stammte aus einem durch und durch sozialdemokratisch denkenden Elternhaus. Sie war also nicht weniger politisch engagiert als der Vater. Da saßen sie nun beide hilflos da und mussten zusehen, wie das Naziregime ihr geliebtes Vaterland in die lange vorhergesehene Weltkatastrophe führte. Das Einzige, was ihnen blieb, war das Anhören der entsetzlichen »Sondermeldungen aus dem Führerhauptquartier« auf der einen, der BBC-Nachrichten auf der anderen Seite. Mehr konnte man nicht tun. Vielmehr wusste man jeden Tag mehr, welches Ende das alles nehmen würde. Dabei haben die Eltern nie auch nur einen Atemzug lang daran gezweifelt, dass ihr Platz nach dem Zusammenbruch des braunen Regimes wieder in Deutschland sein musste. Das hat sie von den meisten der anderen, insbesondere natürlich den jüdischen Emigranten unterschieden. Vor allem mein Vater brannte darauf, wieder demokratisch legitimierte politische Verantwortung tragen zu dürfen. Denn er war unbeirrt davon überzeugt, dass das deutsche Volk zur Gemeinschaft der freien Völker gehören müsse, dass es genauso demokratisch begabt sei wie alle anderen Völker auch, sobald es die Möglichkeit erhalten würde, in freier Selbstbestimmung über sein politisches Schicksal zu entscheiden.

So saßen sie nun auf glühenden Kohlen, ohne irgendetwas bewegen zu können. Freilich änderte das nichts daran, dass nicht nur ich selbst, sondern auch meine Eltern die Türkei als ihre zweite Heimat empfunden haben. Denn dieses Land hat uns Sicherheit und Arbeit gegeben, doch weit mehr als das: Es hat uns mit dem Geschenk warmherziger Gastfreundschaft beglückt. Was das bedeutete, konnte man ganz alltäglich erfahren, wenn am Wochenende in der Umgebung von Ankara gewandert wurde. Eine solche Wanderung darf man allerdings nicht mit dem verwechseln, was bei uns in Deutschland darunter verstanden wird, etwa ein Ausflug in die umliegenden Wälder und Auen. Ankara liegt inmitten einer Steppenlandschaft. Wenn der Frühling vorüber ist, ist die meiste Vegetation braun und verbrannt. Trotzdem wurden gemeinsame Ausflüge unternommen, denn das entsprach nun einmal der heimatlichen Tradition. Da konnte man dann in der Tat das schon zitierte Mannsbild erleben, das vor seiner Frau gemütlich auf seinem Eselchen einherritt, während die Frau mit dem beladen war, was sie mühselig geerntet hatte und nun zu Fuß heim trug. Aber das änderte nichts daran, dass auch ein solches Paar die Fremden mit offener Freundlichkeit anzusprechen pflegte. Nachdem die Frage beantwortet war, wer man sei und woher man komme, lautete dann regelmäßig der nächste Satz: »Gebt uns die Ehre und besucht uns auf ein Glas Tee«. Das war eine schiere Selbstverständlichkeit. Nicht Neugier war es, was dahinter stand, sondern die gute alte Tradition, dass man einen Fremden bei sich zu Hause aufnimmt und mit ihm teilt, was man hat. Diese Erfahrung kann wohl niemand vergessen, der sie einmal gemacht hat, ich selbst habe sie jedenfalls nie mehr in meinem Leben vergessen.

Doch nicht nur deswegen ist das Land für mich zur Heimat geworden. Schließlich habe ich ja meine ganze Jugend dort verbracht. Ich bin nicht nur mit den anderen in Ankara und Istanbul lebenden Emigrantenkindern, sondern genau so zusammen mit türkischen Kindern aufgewachsen. Sie waren für mich selbstverständlicher täglicher Umgang. Das war so, obwohl ich nie eine türkische Schule besucht habe, und zwar ganz einfach deswegen, weil die Eltern immer darauf hofften, so schnell wie möglich nach Deutschland zurückkehren zu können. Meine gesamte Schulausbildung habe ich unter diesen Umständen, man höre und staune, von einer einzigen, einer im Sinne des Wortes einzigartigen Frau bekommen. Sie war eine mit einem türkischen Ingenieur verheiratete deutsche Studienrätin und hat mit phänomenalem pädagogischem Geschick eine ganze Generation von Heranwachsenden in allen Fächern unterrichtet, die zum Lehrpensum eines deutschen Realgymnasiums gehörten. Das klingt zwar wie ein Märchen aus »tausendundeiner Nacht«, ist aber doch wahr. Und ich werde jetzt nicht berichten, mit welcher Note ich dann nach unserer Rückkehr nach Berlin mein Abitur bestanden habe …

Doch zurück zu meinen Eltern. In allen Anstellungsverträgen war klipp und klar verankert, dass sich die deutschen Emigranten jeglicher aktiven politischen Tätigkeiten zu enthalten hätten. Mit einem »verweigerten Asyl« hatte das freilich nicht das Geringste zu tun – es ergab sich ganz einfach aus den unausweichlichen Zwängen der außenpolitischen Situation des Gastlandes. Für meinen Vater bedeutete es allerdings, dass er bei jeglichen politischen Äußerungen streng darauf achten musste, deren privaten Charakter zu wahren. Insbesondere konnte er auch keinerlei offizielle Kontakte zu deutschen Exilorganisationen unterhalten. Trotzdem hat er sich nach Kräften bemüht, seine politischen Verbindungen nicht ganz abreißen zu lassen. So gab es in Istanbul eine kleine Gruppe politisch denkender Emigranten, mit denen er vor allem nach Kriegsausbruch regelmäßig zusammenkam. Dazu zählte nicht zuletzt der großartige Gerhard Kessler. Im Vordergrund aller Gedanken stand natürlich die Frage, wie es nach dem Ende des Krieges mit Deutschland weitergehen könne.

In diesem Zusammenhang kam es zu einem Briefwechsel meines

Vaters mit Thomas Mann. In dessen Tagebüchern wird davon berichtet, und er kann nachgelesen werden. Sinngemäß hieß es in dem ersten Brief von Ernst Reuter etwa so: »Sie, Thomas Mann, sind der deutsche Emigrant mit dem größten moralischen Gewicht. Niemand kann und wird Ihre Autorität als Zeuge deutscher Kultur bestreiten. Sie könnten deswegen im Namen der deutschen Emigranten sprechen und dafür werben, dass es nach dem Zusammenbruch des Nazi-Regimes wieder ein demokratisches, freiheitliches deutsches Volk geben wird, das als Mitglied in die Völkergemeinschaft aufgenommen werden muss.« Ich selbst erinnere mich noch sehr genau daran, weil ich den Brief – wie auch noch einige andere schriftliche Äußerungen meines Vaters – damals mit zwei Fingern auf der Schreibmaschine geschrieben habe. Die Antwort, die er aus Kalifornien bekam, war allerdings mehr als enttäuschend. Thomas Mann respektierte zwar den an ihn herangetragenen Wunsch, erklärte aber klipp und klar, er fühle sich nicht dazu berufen, unmittelbare politische Verantwortung zu übernehmen. Es blieb nichts anderes übrig, als auch diese Erfahrung zur Kenntnis zu nehmen – genau wie manche anderen bemerkenswerten Erlebnisse.

Zu ihnen gehörte, dass wir bis zum Schluss, bis 1945, unseren deutschen Pass behielten. Meine Eltern sind also erstaunlicherweise nicht ausgebürgert worden. Inzwischen hat sich der Hintergrund dieser Merkwürdigkeit genau herausgestellt. In den Archiven des Auswärtigen Amtes ist nämlich nachzulesen, dass die Gestapo und das Berliner Innenministerium immer wieder darauf gedrungen haben, diesen bekannten Sozialdemokraten doch nun endlich auszubürgern. Das ist jedoch nie in die Tat umgesetzt worden, weil die Deutsche Botschaft in Ankara davor gewarnt hat, indem sie mögliche Rückwirkungen bei der türkischen Regierung ins Feld führte. Die Erklärung hierfür liegt, wie so oft in der Geschichte, in einer Person. Es war Franz von Papen, der damals das Amt des Botschafters innehatte. Und zusammen mit anderen entsprechenden Indizien liegt es auf der Hand, dass dieser famose Herr durchaus daran interessiert war, nach dem absehbaren Ausgang des Krieges nachweisen zu können, dass er dem braunen Regime immer kritisch gegenüber gestanden habe.

Sei dem, wie es sei: Natürlich war es für meine Eltern mehr als schwer, mit der Last dieser Zeit in der Türkei fertig zu werden. Vor allem hing das damit zusammen, dass sie auf der einen Seite gern und dankbar in diesem Land lebten, andererseits aber eben jeden Tag darauf hofften, in ein befreites Deutschland zurückkehren zu können. Für junge Menschen, die es gewohnt sind, frei in der Welt herumzureisen, mag heutzutage ein solches Gefühl nur schwer vorstellbar sein. Bert Brecht – der freilich weder damals noch ganz besonders in den Nachkriegsjahren angesichts seiner kommunistischen Einstellung zu den Lieblingsdichtern meiner Eltern gehörte – hat diese Empfindung in seinem ›Emigranten‹ überschriebenen Gedicht sehr schön wiedergegeben: »Immer fand ich den Namen falsch, den man uns gab./Emigranten, das heißt doch Auswanderer,/aber wir wanderten nicht aus,/nach freiem Entschluss wählend ein anderes Land./Wanderten wir doch auch nicht in ein Land,/dort zu bleiben für immer,/sondern wir flohen,/vertrieben sind wir, Verbannte,/und kein Exil soll das Land sein, das uns aufnahm./Unruhig, unruhig sitzen wir so,/möglichst nahe den Grenzen, wartend des Tages der Rückkehr./Keiner von uns wird hier bleiben./Das letzte Wort ist noch nicht gesprochen«.

Inzwischen, in all den Jahren des durch die Nazis erzwungenen Aufenthalts in der Türkei, haben jedenfalls die deutschen Emigranten, nicht zuletzt die Akademiker, entscheidend dazu beigetragen, dass das Land in seinem ganzen Selbstverständnis zu einem westlich ausgerichteten Gemeinwesen werden konnte. Gewiss kann und wird der Weg, den die türkische Nation damals eingeschlagen hat, nie endgültig an einem Ende anlangen. Geschichte ist immer nach vorne offen. Doch gilt das nicht genauso auch für die Europäische Union? Denn wer könnte wohl ernsthaft leugnen, dass es bei uns selbst noch ganze Gebirge von ungelösten Hausaufgaben gibt? Denken wir doch nur an die offenen Fragen wie etwa das Thema der Mehrheitsentscheidungen, der künftigen Rolle der Europäischen Kommission oder der Befugnisse des Europäischen Parlaments. All diese Probleme sind im Grunde noch ungelöst – und umso schwieriger wird es zweifellos werden, noch ein Land von der Größe und Bedeutung der Türkei in die Union aufzunehmen, wenn sie nicht bis dahin entscheidend vorangebracht worden sein sollten. Das aber zeigt, dass in Wirklichkeit umgekehrt ein Schuh daraus wird: Türkei hin, Türkei her, diese offenen Probleme müssen ohnehin vom Tisch, wenn die Zukunft der Europäischen Union als solche überhaupt gesichert werden soll!

Machen wir uns auf diesem Hintergrund nichts vor: Natürlich sagen manche sich klug wähnende Politiker zumindest hinter vorgehaltener Hand, dass die Türkei in zehn oder fünfzehn Jahren, gemessen an der Bevölkerungszahl, zum größten Land innerhalb der Europäischen Union geworden sein könnte. Schon allein diese Möglichkeit gibt offensichtlich Anlass, darüber zu sinnieren, wie sich dann die eigene Rolle im Konzert der Großen darstellen würde. Mit der gewohnten Heuchelei wird daraufhin lieber jetzt schon ins Feld geführt, es seien die Unverträglichkeiten der beiderseitigen Kulturen, die einer Mitgliedschaft entgegenstünden.

Lieber sollte man da Klartext reden. Es geht nämlich darum, ob wir selbst, also die jetzigen Mitglieder, es schaffen, die Europäische Union tatsächlich zu einer handlungsfähigen politischen Einheit weiterzuentwickeln. Sollte das gelingen, wäre dann der Schwarze Peter tatsächlich bei der türkischen Regierung. Denn diese müsste zusammen mit ihrem Parlament entscheiden, ob das Land um den Preis einer Mitgliedschaft bereit ist, einen großen Teil seiner nationalen Souveränität an die Union abzugeben. Umgekehrt fürchte ich freilich, dass die Europäische Union ohnehin zur Zeit äußerste Gefahr läuft, wieder mehr oder minder zu einer etwas vertieften Freihandelszone zurückgestuft zu werden – mit oder ohne Türkei. Mit anderen Worten scheint es mir auf der Hand zu liegen, dass uns das Thema der türkischen Mitgliedschaft ein für manche von uns eher willkommenes Argument liefert, die drängenden Fragen, vor denen wir mehr oder minder ratlos stehen, weiter vor uns her zu schieben. Dabei wäre ich im übrigen keineswegs allzu sicher, dass sich irgendjemand noch danach drängen würde, eine »privilegierte Partnerschaft« mit der Union einzugehen, falls diese Probleme weiterhin ungelöst bleiben sollten! Ich bin fest davon überzeugt, dass es sich für die übrigen Europäer als Vorteil erweisen kann, wenn dieses Land zum Mitglied der Gemeinschaft würde. Dabei weiß ich wohl, wie groß die Probleme sind, die bis dahin noch gelöst werden müssen – in der Türkei, aber eben auch bei uns selbst.

In der Türkei wird dies gelingen. Gewiss nicht allein, aber doch zu einem großen Teil ist dies das Verdienst und das Erbe deutscher Emigranten, die in den Jahren der Nazi-Diktatur dort einen entsprechenden Grundstock geschaffen haben. Dieser wird sich bewähren, wenn nicht zuletzt diejenigen, die im heutigen Deutschland politische Verantwortung tragen, ihre Vorurteile beiseite lassen. Das Land Kemal Atatürks war in jenen schweren Jahren ein Musterbeispiel dafür, dass sich die Aufnahme von fremden Flüchtlingen als Glücksfall für alle Beteiligten erweisen kann. Auch dies ist ein Teil unserer europäischen Geschichte, unserer gemeinsamen europäischen Kultur.

Fritz Kieffer

Die Flüchtlings-Konferenz von Evian 1938

Zehn Tage nach dem »Anschluss« Österreichs an Deutschland, am 22. März 1938, kündigte der britische Innenminister im Unterhaus an, eine neue, große Flüchtlingswelle sei aus Österreich zu erwarten. Großbritannien brauche eine neue Flüchtlingspolitik. Da die unterschiedslose Aufnahme von Flüchtlingen zu nicht tragbaren Schwierigkeiten führen müsse, »werde die Regierung Asyl anbieten, soweit dies durchführbar sei. Keinesfalls dürfe der Eindruck entstehen, das Tor sei offen für Einwanderer jeder Art. Geeignete Bewerber sollten auf keinen Fall abgewiesen werden, also Wissenschaftler, Künstler oder Geschäftsleute und Industrielle, deren Arbeit für unser Land Nutzen bringt«. In der Presse wurde dieser Vorschlag positiv aufgenommen.

Was war geschehen, dass zu so rigorosen Maßnahmen gegriffen wurde? Sofort nach dem Rücktritt des österreichischen Bundeskanzlers Kurt Schuschnigg am 11. März 1938, 18:15 Uhr, waren die Landstraßen von Wien zur tschechoslowakischen Grenze mit Privatautos und Taxis überfüllt. Der Nachtexpress nach Prag war lange vor der Abfahrt um 23:15 Uhr dicht besetzt. Die SA kontrollierte das Gepäck der Passagiere und beschlagnahmte Wertsachen und Devisen. Als der Zug nach einer zweiten Durchsuchung die Grenzstation erreichte, verweigerten die tschechoslowakischen Behörden den Inhabern von österreichischen Pässen die Aufnahme. Die Geflüchteten wurden nach Wien zurückgeschickt, wo die SA bereits auf sie wartete. Doch das war erst der Anfang. Schon bald blieb es nicht mehr bei gesteuerten Maßnahmen der nationalsozialistischen Führung. Gesinnungsgenossen aus der Bevölkerung beteiligten sich eigenmächtig am Terror. »Reibepartien« wurden zur beliebten Volksbelustigung. Juden jeden Alters, darunter Rabbiner im Gebetsmantel, mussten auf den Bürgersteigen kniend mit Bürsten die Wahlparolen entfernen, welche die »Vaterländische Front« dort aufgemalt hatte. In die Wassereimer war Sodalauge geschüttet, die an Händen und Knien die Haut ätzte. Die Zahl der Selbstmorde stieg sprunghaft an. Der in Österreich entfachte Terror übertraf alles, was bis dahin in Deutschland geschehen war.[1]

An drei Beispielen lässt sich demonstrieren, wie das Ausland auf die Ereignisse in Österreich reagierte. Am 26. März 1938 führte die Schweiz den Visumszwang für die Inhaber österreichischer Pässe ein. Der Vertreter der schweizerischen Gesandtschaft in Berlin erläuterte dem deutschen Auswärtigen Amt, dass die notwendigen Kontrollen nicht erst an der Grenze durchgeführt werden sollten. Denn dann müssten die ständigen Zurückweisungen als brutale Maßnahmen wirken, »die uns zudem international dem Vorwurf des schlimmsten Antisemitismus aussetzen würden«. Mit dieser Erklärung leitete er die schweizerisch-deutschen Verhandlungen ein, die zur Kennzeichnung der Pässe von deutschen und österreichischen »Juden« – im Sinne der Nürnberger Gesetze – durch den »J«-Stempel führten.[2]

Das Passport Control Department des britischen Foreign Office erließ am 27. April 1938 eine Richtlinie, in der es hieß: »Personen, die den Anschein erwecken, jüdisch oder halbjüdisch zu sein, oder solche, die nichtarische Vorfahren haben, sollen diskret ... danach befragt werden ... ob eine Auswanderung beabsichtigt ist. Wenn der Antragsteller darauf besteht, dass nur ein Besuch beabsichtigt ist ... soll er verwarnt werden, dass bei Überschreitung der Aufenthaltsfrist Maßnahmen ergriffen werden, um ihn zur Rückkehr nach Deutschland oder Österreich zu zwingen.«[3]

In den USA gab es bereits seit 1918 eine Quotenregelung für Einwanderer. Auf Deutschland entfielen 27 370 Visa, auf Österreich etwa 2000. Schon im Gefolge der Weltwirtschaftskrise erließ Präsident Herbert Hoover am 8. September 1930 eine die Einwanderung drastisch einschränkende Direktive, die als »Likely to become a Public Charge«-Klausel (abgekürzt LPC) bezeichnet wurde. Danach waren Personen abzuweisen, die »voraussichtlich« dem öffentlichen Sozialbudget »zur Last fallen« würden. Nur wenn ein amerikanischer Bürger ein eidesstattliches Versprechen abgab, ein affidavit of support, dass er für den Unterhalt bürgen werde, war eine Einreise möglich. Die neue Regelung erwies sich als außerordentlich effektiv. So sank zum Beispiel die Zahl der Einwanderer aus Deutschland im Fiskaljahr 1933 auf 1919, bei einem Visa-Kontingent von 27 370. Im letzten Fiskaljahr vor der Evian-Konferenz 1937 stieg die Zahl der vergebenen Visa auf 10 895 an, also auf 39 Prozent der Quote.[4]

Für Flüchtlinge aus Deutschland und Osteuropa waren die USA das traditionelle Zielland für die Auswanderung. Das zeigt die Tatsache, dass allein in Deutschland im Oktober 1938 – also drei Monate nach der Evian-Konferenz, aber noch vor der Pogromnacht – 125 000 Bewerber bei den Konsulaten der Vereinigten Staaten für Einreisevisa registriert waren. Was hatten sie zu erwarten? Wäre es nach der damaligen Handhabung der LPC-Klausel gegangen, so hätte es elfeinhalb Jahre, also bis 1949, gedauert, bis der letzte dieser Antragsteller die Freiheitsstatue gesehen hätte, vorausgesetzt, er erfüllte die Bedingungen der LPC-Klausel. Dazu musste er entweder einen potenten amerikanischen Bürgen haben oder selbst Vermögen in den USA besitzen. Sein deutsches Vermögen nutzte ihm in der Regel nichts, denn die deutsche Währung war nicht konvertibel; ihr Wechselkurs befand sich in fortschreitendem Verfall. Wenn keine Sondergenehmigung der Devisenstelle vorlag, konnte jeder Deutsche nur ein »Reisegeld« in Höhe von 10 RM in fremder Währung ins Ausland mitnehmen. Der Betrag wurde in den Reisepass eingetragen. Bei Vorlage einer Dringlichkeitsbescheinigung der Polizei und einer steuerlichen Unbedenklichkeitsbescheinigung konnte ein weiterer Betrag von 50 RM freigegeben werden. Selbst der zu Hause reiche Deutsche war im Ausland arm.

Asyltradition und amerikanische Flüchtlingspolitik

Die Amerikaner waren stets stolz auf ihre Asyltradition, die so alt war wie die Vereinigten Staaten selbst. Tatsächlich gab es 1938 keine Rechtsvorschriften über die Asylgewährung. Nirgendwo, weder in den Vereinigten Staaten noch in Großbritannien oder Frankreich gab es einen einklagbaren Anspruch auf Asyl. Zu der vielbeschworenen amerikanischen Asyltradition stand die Praxis der LPC-Klausel im Widerspruch: Am 2. Dezember 1783 hatte George Washington in New York die Asyltradition mit den Worten begründet: »Nicht nur die reichen und geschätzten Fremden« würden aufgenommen, sondern auch »die Unterdrückten und Verfolgten aller Nationen und Religionen«.

Mit der LPC-Klausel wurde diese Tradition ins Gegenteil verkehrt: Nur reiche oder geschätzte Fremde durften einreisen. 1938 war mehr von einer anderen Tradition die Rede: von der »herkömmlichen Übung« (settled practice), Einwanderern mit traditioneller Gastfreundschaft zu begegnen. »Aber«, so hieß es weiter: »ebenso entspricht es unserer Tradition, Einwanderern keine öffentliche Unterstützung, welcher Art auch immer, zu gewähren«.[5] Mit der Forderung, dass zuerst der Lebensunterhalt eines Einwanderers gesichert sein musste, ehe er einreisen durfte, standen die Vereinigten Staaten nicht allein. Fast alle Staaten verlangten einen entsprechenden Nachweis, meistens in der Form von »Landungs- oder Vorzeigegeld«.

Mit der Lethargie und der Indolenz der Politik gegenüber dem Leid der Betroffenen waren auch in den Vereinigten Staaten nicht alle einverstanden. Am 16. März 1938 wandte sich Miss Dorothy Thompson, die frühere Frau des Nobelpreisträgers Sinclair Lewis an Außenminister Cordell Hull. Sie legte die Druckfahne eines Artikels vor, der unter dem Titel: ›Refugees: A World Problem‹ in der Zeitschrift ›Foreign Affairs‹ erscheinen sollte. Darin hieß es, dieses Weltproblem könne nur gelöst werden durch eine internationale Organisation, der hervorragende Persönlichkeiten der demokratischen Welt angehörten. Um eine solche Organisation zu gründen, bedürfe es der Führung durch die Regierung der Vereinigten Staaten. Gleichzeitig kündete Miss Thompson an, sie werde, zusammen mit einer Reihe prominenter Persönlichkeiten, ein Komitee gründen, das verfolgte Österreicher aller Religionen und Bekenntnisse unterstützen wolle. Zur Gründungssitzung möge das State Department einen inoffiziellen Vertreter entsenden.

Miss Thompson war die wohl einflussreichste Kolumnistin in den Vereinigten Staaten. Über ihre Kolumne in der ›New York Herald Tribune‹ und über ihre Beiträge in der ›Washington Post‹ erreichte sie regelmäßig sieben Millionen Leser. Hinzu kamen Aufsätze in anderen renommierten Zeitungen und Zeitschriften. Ihre Ankündigung, ihren Einfluss in den Medien und bei »prominenten Persönlichkeiten« für die Aufnahme von Flüchtlingen einzusetzen, war ernst zu nehmen, auch wenn die allgemeine Stimmung im Lande dem entgegenstand.

Dem Interesse der Flüchtlinge widersprach – wie überall in der Welt, so auch in den USA – das Interesse der einheimischen Arbeitslosen, deren Zahl im Sommer 1938 auf zehneinhalb bis vierzehn Millionen angewachsen war. Eine Meinungsumfrage vom März 1938 – dem Monat des »Anschlusses« – macht dies deutlich. Auf die Frage: »Würden Sie der Zulassung einer größeren Anzahl jüdischer Flüchtlinge aus Deutschland zustimmen«, antworteten von den befragten Amerikanern 75 Prozent mit »nein«, 8 Prozent waren unentschlossen und nur 17 Prozent antworteten mit »ja«.[6] Dieses Ergebnis spiegelt den gesellschaftlichen Konsens in der Flüchtlingsfrage wider.

Ähnlich war die Grundstimmung in Großbritannien. Als die Regierung zu einem späteren Zeitpunkt die Einwanderungsbedingungen wieder lockerte, beschloss das Kabinett, dass dies »nur mit größter Diskretion« erfolgen solle, aus Furcht vor antisemitischen Rückwirkungen. »Auswanderung ohne Einwanderung« nennt der Historiker Dan Diner die Kombination von (antisemitischer) Austreibung einerseits und (antisemitischer) Einwanderungsblockade andererseits. Um ein Wort Chaim Weizmanns vom November 1936 zu variieren: Die Welt war zweigeteilt: in Länder, aus denen die Antisemiten die Juden vertrieben, und solche, in denen die Antisemiten deren Aufnahme verhinderten.

Die Entscheidung für eine internationale Flüchtlingskonferenz

Bei dieser Stimmung im Land kam die Initiative der einflussreichen Journalistin Dorothy Thompson dem State Department sehr ungelegen, wie ein hausinterner Vermerk zeigt: »Dem Department schien es nicht ratsam, den von Miss Thompson erzeugten Druck lediglich abzuwehren; weit besser wäre es, in die Offensive zu gehen und zu versuchen, den Druck zu kanalisieren, und dies mit dem Ziel, Versuchen zuvorzukommen, die Einwanderungsgesetze zu liberalisieren«.[7] Deshalb war das Department bemüht, unverzüglich das brisante Problem aus dem Verantwortungsbereich der Regierung weiter zu schieben. Dazu schaltete es das Arbeitsministerium ein, das die Vereinigten Staaten im Internationalen Arbeitsamt in Genf (ILO) vertrat. Es empfahl der Arbeitsministerin Miss Frances Perkins, in Genf darauf zu dringen, dass das Flüchtlingsbüro des Internationalen Arbeitsamts mit der Behandlung des Flüchtlingsproblems beauftragt würde.

In seiner Sitzung am 18. März 1938 erteilte das Kabinett Miss Perkins einen entsprechenden Auftrag. Präsident Roosevelt hielt dies für eine gute Idee, doch drei Tage später war er anderer Ansicht. Er beauftragte den Stellvertretenden Außenminister Sumner Welles, eine internationale Konferenz zur Lösung der Flüchtlingsfrage vorzubereiten.[8] Da Roosevelt bereits am folgenden Tag zu seiner jährlichen Kur in Warm Springs aufbrechen wollte, standen Welles knapp 24 Stunden zur Erledigung seines Auftrags zur Verfügung. Die in Nachtarbeit fertig gestellte Einladung zu einer internationalen Konferenz mit weit gesteckten Zielen war deshalb eine fragwürdige, überhastete Improvisation.

Trotz der schwierigen Umstände seines Entstehens enthält das

Konzept von Welles etwas grundsätzlich Neues: einen neuartigen Flüchtlingsbegriff. Bisher galten als Flüchtlinge Menschen, die ihr Heimatland wegen Verfolgung verlassen hatten. Darauf hatten sich kurz zuvor, am 10. Februar 1938, 14 Mitgliedstaaten des Völkerbundes unter dem Vorsitz des Hohen Kommissars des Völkerbundes für Flüchtlinge geeinigt. Diese Definition ist nahezu identisch mit dem heute völkerrechtlich gültigen Flüchtlingsbegriff der Genfer Flüchtlingskonvention von 1951. Das Verhandlungsprogramm Roosevelts ging über den damaligen und heute wieder übernommenen Rahmen hinaus, indem er auch den noch in Deutschland lebenden Verfolgten die Auswanderung erleichtern wollte: durch die Gründung einer neuen Organisation.

Als am 23. März 1938 die Einladung zur Konferenz an über 30 Regierungen verschickt wurde, rechnete man nicht mit einer wohlwollenden Aufnahme bei den Adressaten. Deshalb waren in den Text Kautelen eingebaut, welche einige besonders heikle Probleme ausklammern oder entschärfen sollten, um den Empfängern die Annahme zu erleichtern.

Das erste heikle Problem war der »Hohe Kommissar des Völkerbundes für Flüchtlinge aus Deutschland (jüdische und andere)«. In dessen Tätigkeit sollte nicht eingegriffen werden. Er war ein Organ des Völkerbundes, in dem die USA nicht Mitglied waren. Mit dem Amtsinhaber, dem pensionierten britischen General Sir Neill Malcolm waren alle Staaten gut ausgekommen, nur nicht die Organisationen, welche die Interessen der Flüchtlinge vertraten. Denn schon bei seinem Amtsantritt 1936 hatte man seine Zuständigkeiten eng begrenzt, nachdem sein Vorgänger, der amerikanische Jurist Professor James G. McDonald versucht hatte, Einwanderungsmöglichkeiten für die in Deutschland Verfolgten zu beschaffen. Dazu waren damals die britische Regierung, wie auch die übrigen Völkerbundsmitglieder, nicht bereit. »Wir sollten uns nicht in eine Diskussion ziehen lassen, die zur Übernahme von mehr deutschen Juden in das Vereinigte Königreich führt. Überdies, wenn wir schon Verhandlungen mit der deutschen Regierung aufnehmen, dann besser über einen Gegenstand, der britische Interessen berührt – die Interessen britischer Bürger.«[9] Schließlich trat McDonald wegen der fehlenden Unterstützung seitens der Völkerbundsmitglieder und der Vereinigten Staaten am 31. Dezember 1935 unter Protest vom Amt zurück.

Aus diesem Eklat zog die britische Regierung die Konsequenz, dass die Zuständigkeit des künftigen Hohen Kommissars so eng wie möglich gefasst werden müsse. »Anfragen bei den Regierungen nach Aufnahme- und Unterbringungsmöglichkeiten für Flüchtlinge dürfe es nicht mehr geben«, erklärte ein Vertreter des Innenministeriums; dem Außenminister erschien es »äußerst bedenklich, wenn der neue Hohe Kommissar direkt mit Deutschland in Verhandlungen treten dürfte«. Die britische Regierung würde kaum einem Vorschlag zustimmen, »wonach der Völkerbund über die Umsiedlung eines Teiles der Bevölkerung eines Landes in andere Länder verhandle; das hieße, Flüchtlinge zu produzieren«.[10] Doch genau zu diesem Zweck sollte die neue Organisation gegründet werden. Hier war ein Konflikt mit Großbritannien und anderen Ländern vorprogrammiert.

Das zweite heikle Thema war die Finanzierung der Auswanderung; sie sollte ausschließlich durch die privaten Organisationen erfolgen. Weltweit lag die Hauptlast der Flüchtlingsfürsorge für die verfolgten Juden auf den Schultern von zwei großen jüdischen philanthropischen Organisationen: dem American Jewish Joint Distribution Committee (JDC) und dem Council for German Jewry in Großbritannien. Dass die Umsiedlung hunderttausender Menschen nicht von karitativen Organisationen allein finanziert werden konnte, lag auf der Hand.

Heikel war auch die dritte Kautel in der Einladung: Kein Land brauche mehr Einwanderer aufzunehmen, als in seinen derzeit gültigen Gesetzen vorgesehen sei. Sofort begann in den eingeladenen Einwanderungsländern ein Wettlauf mit der Zeit. Es galt, soweit noch nicht geschehen, die Gesetze rechtzeitig so zu verschärfen, dass bei Konferenzbeginn »die derzeit gültigen Gesetze« vor jeder weiteren Einwanderung schützen würden.

Die Beratungen in Evian

Die Einladung der Vereinigten Staaten zur internationalen Flüchtlingskonferenz war am 23. März 1938 ergangen. Doch wegen der fehlenden Vorbereitung dauerte es bis zum 6. Juli 1938, bis in Evian-les-Bains, am französischen Ufer des Genfer Sees, die Vertreter von 32 Regierungen zusammentraten. Unter ihnen waren 19 lateinamerikanische Republiken, drei britische Dominions: Australien, Neuseeland und Kanada. Diese Staaten galten als Zielländer der Wanderungsbewegung – in der Sprache der Konferenz »countries of (final) settlement«. Zu ihnen wurde auch das einladende Land, die Vereinigten Staaten, gerechnet. Als vorläufige Aufnahmeländer – in der Konferenzsprache als »countries of refuge« bezeichnet – galten neun westeuropäische Staaten: Von diesen grenzten fünf (Dänemark, die Niederlande, Belgien, Frankreich und die Schweiz) unmittelbar an Deutschland an; die restlichen vier (Norwegen, Schweden, Großbritannien und Irland) waren von Deutschland durch das Meer getrennt.

Am Vorabend der Konferenz wurde Roosevelt von der Presse gefragt, ob die Vereinigten Staaten der Evian-Konferenz einen konkreten Plan vorlegen würden. Der Präsident antwortete irritiert: »Ich weiß es nicht. Ich kann auf diese Frage nicht antworten. Sie fragen besser das State Department. Ich glaube, die wissen etwas ... von einem Plan von Mr. Taylor, aber ich bin mir nicht sicher.«[11] Myron Taylor, ehemaliger Präsident der United States Steel Corporation und politischer Freund Roosevelts, war zum Leiter der amerikanischen Delegation ernannt worden.

Eine prägnantere Vorstellung von der Problematik der Konferenz äußerte in diesen Tagen Sir John Hope Simpson vom Royal Institute of International Affairs in London: »Die deutsche Regierung bringt die übrigen Regierungen der Welt in ein Dilemma. Entweder sie müssen ihre Tore öffnen für Hunderttausende verarmte Juden, Nichtarier und politische Flüchtlinge, oder sie müssen ihre Tore schließen und die Verantwortung ... dafür, wie diese

Leute in Deutschland behandelt werden, mit der deutschen Regierung teilen.«[12]

Pünktlich um 16.00 Uhr am 6. Juli 1938 konnte in Evian die Konferenz eröffnet werden. Von den Elogen des Vertreters des Gastgeberlandes Henry Bérenger auf Frankreich und den Völkerbund stach die nüchterne Rede des amerikanischen Chefdelegierten Myron Taylor wohltuend ab. Entschieden wandte er sich gegen die Auffassung, dass die Gründung einer neuen Organisation neben dem Hohen Kommissar überflüssig sei. Doch die Auseinandersetzung über dieses heikle Thema war nicht für die öffentliche Sitzung geeignet. Eine große Enttäuschung ließ Taylors Rede dennoch zurück. Zu der von vielen erhofften Anhebung der amerikanischen Einwanderungsquote konnte er nichts sagen.

In den öffentlichen Sitzungen der folgenden Tage gaben die übrigen 30 Delegationen ihre Stellungnahmen ab. Die in Deutschland noch erscheinende ›Jüdische Rundschau‹ fasste den Inhalt dieser stereotypen Reden in drei Punkten zusammen: »Zunächst wurden die Sympathie und das Mitgefühl ... ausgesprochen und dem Präsidenten Roosevelt für seine generöse Initiative gedankt. Nach dieser Verbeugung folgte die Feststellung, dass das betreffende Land sich natürlich an seine eigenen Gesetze halten muss. Der dritte Punkt ist eine Aufzählung dessen, was das betreffende Land bisher schon ... geleistet hat, häufig verbunden mit der Versicherung, dass damit das Äußerste geschehen ist.« Der Zeitungsbericht schloss mit den Worten: »Wahrscheinlich k ö n n e n die Vertreter der Länder nicht anders sprechen, und wer etwas anderes erwartet hat, der hat, wie ein weitverbreiteter Konferenzwitz sagt, Evian von hinten gelesen (›Naive‹); dennoch wäre es unrichtig zu verschweigen, dass diese Erklärungen auf die jüdischen Hörer wirkten wie ein kalter Wasserstrahl.«[13] Damit war in der Tat das Wesentliche über den Verlauf der öffentlichen Sitzungen gesagt.

In den Geheimverhandlungen der »Großen Drei« – USA, Großbritannien und Frankreich – ging es um die Machtfrage, ob neben dem Hohen Kommissar des Völkerbundes, den Briten und Franzosen als ihr Instrument ansahen, noch eine von Amerika gesteuerte Organisation – getrennt vom Völkerbund – geschaffen werden sollte. Ein solches Intergovernmental Committee hätte die Möglichkeit gehabt, mit Deutschland über eine geordnete Auswanderung der Verfolgten zu verhandeln, was dem Hohen Kommissar verwehrt war. Taylor brachte ein neues Angebot ins Spiel. Er schlug vor, das Intergovernmental Committee solle einen britischen Vorsitzenden, vier stellvertretende Vorsitzende, darunter einen Franzosen, und einen amerikanischen »geschäftsführenden Direktor« erhalten. Die Persönlichkeit für diesen letztgenannten Posten stand schon bereit: Es war der auch auf diplomatischem Parkett erfahrene Rechtsanwalt George Rublee, wie Taylor ein Vertrauter Roosevelts. Damit wäre der britisch-französische Einfluss auch in der neuen Organisation gesichert gewesen. Der Vorsitzende der britischen Delegation Lord Winterton, Minister ohne Portefeuille im Kabinett Chamberlain, durfte sich als künftiger Präsident des Intergovernmental Committee fühlen. Er »änderte sofort sein ganzes Verhalten«, berichtet Taylor, und stimmte dem Vorschlag zu.[14]

Die Rolle der Flüchtlingsorganisationen

In das Konferenzregister waren auch 39 Flüchtlingsorganisationen eingetragen – NGOs würde man heute sagen – darunter waren 20 jüdische. Die deutschen und österreichischen jüdischen Organisationen waren nicht eingeladen, ihre Vertreter waren aus eigener Initiative, aber natürlich unter Kontrolle der Gestapo, angereist. Die Anwesenheit der beiden Delegationen aus Berlin und Wien fand in den offiziellen Konferenzprotokollen keine Erwähnung. Doch gaben ihnen die wichtigsten Teilnehmerstaaten Gelegenheit, ihre Sicht der Probleme ausführlich vorzutragen. Sie wurden von Myron Taylor, Lord Winterton, dem französischen Delegationschef und verschiedenen südamerikanischen Delegationen empfangen.

Alsbald nach Eintreffen der Vertreter der privaten Organisationen in Evian kam es zu einem Versuch, eine gemeinsame Stellungnahme zustande zu bringen. Es gelang, ein kleines Pressekomitee zu gründen, das vor den Presseverlautbarungen der privaten Organisationen konsultiert werden sollte. Aber selbst gegen eine gemeinsame Stellungnahme der jüdischen Organisationen verwahrte sich das American Joint Distribution Committee. Das Joint wolle als eine amerikanische Organisation »für sich selbst sprechen«.[15]

»Die Anhörung war eine erniedrigende Prozedur«, schreibt ein Augenzeuge.[16] Vor der Tür des Anhörungsausschusses drängten sich 23 Vertreter, die ihre schriftlichen Darlegungen mündlich ergänzen wollten. Sie mussten aufgereiht vor der Tür des Sitzungsraumes warten, bis sie, einer nach dem anderen, hineingerufen wurden; dann durften sie ihren Bericht erstatten – nicht länger als 10 Minuten. Die Stellungnahmen der privaten Organisationen wurden nicht öffentlich diskutiert; ihre Auswertung blieb den einzelnen Delegationen überlassen.

Für die »großen Drei«, die Vertreter der USA, Großbritanniens und Frankreichs war es nun vordringlich, die Zustimmung der restlichen 29 Delegationen zur Gründung eines Intergovernmental Committee zu gewinnen. Dies gelang, ohne dass sich Widerstand bemerkbar machte. Grund für das schnelle Einlenken der lateinamerikanischen Teilnehmer könnte sein, dass diese sich ohnehin nicht an die beschlossenen Ziele gebunden fühlten. Der Sicherheitsdienst der SS fand dies durch die Vermittlung eines Reisebüros heraus, das für den SD die Ausreise von Juden organisierte. Ein Vertrauensmann des Büros hatte berichtet: »Am Freitag, den 21. Oktober [1938] legte mir bei meinem Besuch der Gesandte [Panamas] Dr. Villalaz eine Depesche vor, wonach ›auf Grund der Vereinbarungen von Evian die jüdische Einwanderung jetzt vollkommen gesperrt wird‹. Der Gesandte wies darauf hin, dass in der Depesche unmöglich die offiziellen Vereinbarungen von Evian gemeint sein konnten: ›Es können dies eigentlich nur Vereinbarungen der Diplomaten neben der offiziellen Konferenz gewesen sein‹.«[17]

Wie viele lateinamerikanische Staaten sich an dieser Nebenabrede beteiligten, ist nicht bekannt.

Die neue Sitzungsperiode des Intergovernmental Committee, das nun den Zusatz »to Continue and Develop the Work of the Evian Meeting« im Namen führte, stand unter den Themen: Auswanderung – wohin? und Finanzierung – womit? Unter dieser Fragestellung versammelten sich am 3. August 1938 die Mitglieder des Intergovernmental Committee im Locarnosaal des Foreign Office in London.

Die Suche nach Einwanderungsmöglichkeiten zog sich über Monate hin. Keines der »countries of final settlement« außer Australien war bereit, verbindliche Aussagen über die Zahl der aufzunehmenden Flüchtlinge zu machen. Zuerst müsse die Höhe des mitgebrachten Kapitals feststehen. Solange aber keine Erklärungen der Vereinigten Staaten, Großbritanniens und Frankreichs vorlägen, so die Überzeugung von Taylor und Rublee, würde keine Anfrage bei anderen Staaten positiv beantwortet werden. Am 12. Oktober 1938 unterrichtete Rublee den Außenminister Hull über seine Gespräche mit den Hohen Kommissaren der Dominions: Sie waren nicht bereit, einen Blankoscheck zu unterschreiben. Sie wollten sich keinesfalls verpflichten, auch nur eine kleine Zahl unfreiwilliger Auswanderer aufzunehmen, bevor sie wussten, dass es sich nicht um verarmte Personen handelt, die den Gemeinden zur Last fallen. »Erst wenn sie sicher sind … dass die Emigranten sofort bei ihrer Auswanderung einen angemessenen Anteil ihres Vermögens mitbringen, werden die countries of settlement ihre Tore öffnen.«[18] Die 16 britischen Colonial Dependencies waren gleicher Meinung.

Das Finanzierungsproblem bildete die nicht konvertible Reichsmark. Die mit Abstand wirkungsvollste Form der Finanzierung der Auswanderung, insbesondere zur Beschaffung von Vorzeigegeldern, war ein Waren-Transfer, der nach dem hebräischen Wort für Transfer (»Haavara«) als Haavara-Transfer bezeichnet wurde. Er war 1933 zwischen der Jewish Agency und dem Reichswirtschaftsministerium vereinbart worden. Die Jewish Agency war eine vom Völkerbundsrat gebilligte öffentliche Einrichtung. Sie sollte die versprochene Errichtung einer nationalen Heimstätte für das jüdische Volk vorbereiten.

Das Prinzip des Waren-Transfers war denkbar einfach. Der Auswanderungswillige zahlte die benötigte Summe in Reichsmark auf ein so genanntes »Sonderkonto I« bei der Deutschen Reichsbank ein. Mit dem eingezahlten Reichsmarkbetrag wurden deutsche Exportgüter für Palästina, z. B. Bewässerungsrohre, gekauft. Der für diese Waren in palästinischer Währung (dem Palästina-Pfund) erzielte Verkaufserlös blieb im Land und wurde, nach Abzug der Unkosten, dem Einwanderer beim Haavara Trust and Transfer Office gutgeschrieben. Die Gutschrift diente als Vorzeigegeld für die Zuteilung eines Visums. Der Haavara-Transfer ermöglichte die Auswanderung von 42 000 Juden aus Deutschland; das war nahezu die Hälfte der gesamten jüdischen Überseeauswanderung seit 1933. Das kleine Palästina konnte dank dieser Finanzierung mehr jüdische Flüchtlinge aufnehmen, als alle Countries of settlement zusammen.

Das große Dilemma

Warum wurde dieses Verfahren nicht auf andere Länder übertragen? Diese Frage führt zu dem Dilemma, dem die Evian-Konferenz und darüber hinaus jede Hilfe bei der Auswanderung ausgesetzt war: Wenn man die Auswanderung der Juden erleichterte, setzte man sich dem Vorwurf aus, man arbeite den Nationalsozialisten in die Hände, denn deren Programm hatte die Entfernung aller Juden aus Deutschland zum Ziel. Verweigerte man die Aufnahme oder die Hilfe bei der Auswanderung, machte man die Verfolgten in Deutschland zu Geiseln in Hitlers Hand und überantwortete sie einem bedrohlichen ungewissen Schicksal. Wo war ein Ausweg aus diesem Dilemma?

Mit dieser Frage befasste man sich im Londoner Foreign Office nach dem Pogrom vom 9./10. November 1938. In einem hausinternen Vermerk vom 8. Dezember heißt es: Die einzige Möglichkeit, Druck auf Deutschland auszuüben, sind Vergeltungsmaßnahmen, wie die Ausweisung deutscher Bürger, Kündigung von Zahlungsabkommen und eine eindeutige Ankündigung, dass die Politik des Appeasement beendet ist, wenn die Verfolgung und Beraubung der Juden nicht aufhört. Der Verfasser stellte die Frage: »Sind wir bereit, um der Juden willen derart drastische Maßnahmen zu ergreifen? Und wenn wir es täten, würden sie die Deutschen wirklich zur Vernunft bringen? Würden sie nicht gerade zu dem Massaker führen, das einige Juden vorhersehen? Die Abwägung ist schwierig.«[19]

In Washington glaubte man, wirksame Instrumente zur Eindämmung der deutschen ökonomischen und politischen Expansion zu besitzen: die »Politik der offenen Tür« und die »unbedingte Meistbegünstigungsklausel«, die in keinem Handelsvertrag, den die Vereinigten Staaten abschlossen, fehlen durfte. Auf die Wirkungsmechanismen dieser Handelspolitik kann hier nicht eingegangen werden. Wichtig für unsere Betrachtung ist allein die Tatsache, dass man im Department of State felsenfest davon überzeugt war, mit dieser Containment-Politik Deutschland in die Knie zwingen zu können. Dem Prinzip der Meistbegünstigung wurden alle anderen Fragen untergeordnet, auch die Flüchtlingspolitik. Das bilaterale Haavara-Abkommen stand – weil im Widerspruch zu den Prinzipien der »Meistbegünstigung« und der »offenen Tür« – auf dem Index der Vereinigten Staaten an einer der obersten Stellen. Am 7. November 1938, zwei Tage vor dem Pogrom schrieb der Assistant Secretary of State George Strausser Messersmith an den Generalkonsul in Berlin: »Es gibt in der heutigen Welt Dinge, die noch wichtiger sind als das Flüchtlingsproblem, vorrangige politische Grundsätze und solide Handelsprinzipien.«[20] So war die Prioritätensetzung. Das wirkungsvollste Instrument zur Finanzierung der Auswanderung, das Haavara-Modell, wurde von der Anwendung ausgeschlossen, weil es der wirtschaftlichen Containment-Politik widersprach.

Um diese Konsequenz zumindest abzumildern, schaltete sich der Economic Adviser des State Department Herbert Feis mit einem eigenen Vorschlag in die Debatte ein. Feis war der einzige Jude in den oberen Rängen des Departments. Nach seinem Vorschlag sollten »besondere Abkommen in Betracht gezogen werden zur Finanzierung von Waren[transfers], die einzig und allein auf geschlossene Gruppen von Flüchtlingen beschränkt würden«[21]. Solche geschlossen ausgewanderte Gruppen konnten sich mit ihrem Reichsmarkvermögen in Deutschland Maschinen, Geräte oder Saatgut und Düngemittel zum Aufbau einer neuen Existenz beschaffen. »Fragen wie Verdrängungswettbewerb oder Konkurrenzkampf mit amerikanischem Handel könnten gar nicht entstehen.«[22]

Die von Feis eingebrachte Alternative war gegenüber dem Haavara-Modell ein Rückschritt. Das größte Problem jeder Einwanderung, nämlich die Beschaffung von Vorzeige- und Landungsgeld, war im Feis-Modell ungelöst. Das bedeutete den Übergang von einer an der Einzeleinwanderung (Infiltration) orientierten Flüchtlingspolitik zur Gruppensiedlung.

Von nun an stand die Kolonisation in fernen Regionen im Vordergrund. Die Politiker suchten nach möglichst dünn besiedelten, am besten ganz unbesiedelten Gebieten, wie zum Beispiel im Hochland von Guayana. Am 19. Juli 1939 konnte der Direktor des Intergovernmental Committee Rublee mitteilen, dass Untersuchungskommissionen für Britisch Guayana, die Dominikanische Republik, Nord-Rhodesien und die Philippinen ihre Arbeit aufgenommen hätten. Dazu sagte Chaim Weizmann im Rückblick: »Alle Länder, über die gesprochen wurde, waren entweder zu heiß oder zu kalt. In der gemäßigten Zone konnte keines gefunden werden.«[23] Zu kalt war Alaska, das man als aussichtsreich für die Flüchtlingsansiedlung gehalten hatte, da dieses Gebiet damals kein Staat, sondern nur ein Territorium der USA war und man annahm, dass dort die Einwanderungsgesetze nicht gelten würden. Doch diese Rechtsmeinung war nicht haltbar. Als zu heiß erwiesen sich, neben Britisch Guayana, die Dominikanische Republik, Nord-Rhodesien und die Philippinen.

Die Suche nach Siedlungsmöglichkeiten wurde dringlich, weil die Gefahr immer deutlicher wurde, dass das wichtigste Aufnahmegebiet für jüdische Flüchtlinge, nämlich Palästina, in absehbarer Zeit ausfallen würde. Das für die Mittelmeerstrategie Großbritanniens zuständige Middle East Sub-Committee of Imperial Defence hatte schon 1937 empfohlen, den Mittleren und Nahen Osten »friedlich zu halten«. Deshalb musste in Palästina der seit April 1936 andauernde arabische Aufruhr beendet werden. Zur Verteidigung des Suez-Kanals gegen den sich immer aggressiver gebärdenden Mussolini mussten im Kriegsfall Verstärkungen aus Indien über Palästina nach Ägypten gebracht werden. Doch die Hauptgefahr ginge von den benachbarten arabischen Staaten aus. Ihre Loyalität müsse also erkauft werden – mit Geld und mit dem Verzicht auf die weitere Ansiedlung von Flüchtlingen in Palästina.[24]

Verhandlungen mit Deutschland

Nach dem Münchener Abkommen vom 30. September 1938 hofften auch Taylor und Rublee auf ein »general settlement« zwischen Hitler und Chamberlain. Doch dazu kam es bekanntlich nie. Als Ersatz kamen die Außenministerien in Washington, London und Paris überein, dass ihre Botschafter zur Vorbereitung eines Rublee-Besuchs in Berlin Noten überreichen sollten, die aufeinander abgestimmt wären.

In der britischen Note vom Oktober 1938 war der Wunsch geäußert, die deutsche Regierung möge mit dem Direktor des Intergovernmental Committee, Rublee, »auf rein praktischer Basis« in informelle Gespräche eintreten. Die amerikanische Note enthielt die gleiche Anregung. Dazu hieß es weiter: Das Intergovernmental

Committee »enthält sich konsequent jeder Kritik«. Das gilt auch für »das uneingeschränkte Recht Deutschlands, Maßnahmen im Innern zu ergreifen bezüglich der politischen Meinung, des religiösen Glaubens und der rassischen Einordnung seiner Bürger«.[25]

Ähnlich lautete die Note des französischen Botschaftsrats: »Keiner dieser Staaten bestreitet der deutschen Regierung das uneingeschränkte Recht, Maßnahmen gegen bestimmte eigene Staatsangehörige zu ergreifen, die sich allein aus der Ausübung seiner Souveränität ergeben.« Die Behandlung der Juden galt demnach als »ausschließlich innere deutsche Angelegenheit«.[26] Ribbentrop versah die französische Note eigenhändig mit dem Randvermerk: »Besuch kommt nicht in Frage. R.«[27] In diesem Punkt unterlag der Reichsaußenminister einem fundamentalen Irrtum.

Schon vor der Pogromnacht vom 9. auf den 10. November 1938 muss Hitlers Entscheidung gefallen sein, »wonach die Judenfrage jetzt einheitlich [in der Zuständigkeit Görings] zusammengefasst werden soll und so oder so zur Erledigung zu bringen ist«.[28] Hitlers Auftrag führte in Berlin zu einer hektischen Konferenzaktivität: Am 12. November und am 6. und 16. Dezember unterrichteten Göring und Reichsinnenminister Frick die Repräsentanten der Partei (vom Gauleiter aufwärts) und des Staates (vom Regierungspräsidenten aufwärts) über die Absicht Hitlers, »jetzt endlich einen außenpolitischen Vorstoß zu machen: zunächst bei den Mächten, die die Judenfrage aufgeworfen haben.« Dazu war Hitler fest entschlossen; er hatte Göring eingestanden: »Es geht nicht mehr anders.«[29] Unter den genannten Mächten konnten nur die Evian-Staaten verstanden werden.

Frick konnte am 16. Dezember vor den Regierungspräsidenten mit einer »Sondermeldung« aufwarten: »Der Herr Reichsbankpräsident Dr. Schacht hält sich zur Zeit in London auf«, um dort Verhandlungen zu führen über eine Auswanderung der Juden im großen Stil.[30] Der Plan, den Schacht in London Lord Winterton und Rublee vortrug, sah eine Anleihe im Ausland vor, die nach dem Haavara-Modell verzinst und getilgt werden sollte. Aus den

Mitteln dieses Anleihe-Fonds sollten erwerbsfähige jüdische Auswanderer die erforderlichen Devisen für Vorzeigegelder und zur Existenzgründung erhalten.

Schon vor Bekanntwerden des Auswanderungsplans verbreitete sich eine spontane Ablehnung jeder Verhandlung mit den nationalsozialistischen Urhebern der Flüchtlingskatastrophe. Sie kennzeichnet den Stimmungsumschlag, der seit den Beratungen in Evian eingetreten war. Damals hatten nicht nur die 32 Teilnehmerregierungen Verhandlungen mit Deutschland befürwortet, sondern auch alle eingeladenen privaten Organisationen, manche mit zusammengebissenen Zähnen. Deutschland sollte den Flüchtlingen die Mitnahme eines Teils ihres Vermögens gestatten. Über die Art der Verwirklichung dieses Ziels bestanden damals allerdings erhebliche Differenzen. Der radikale Zivilisationsbruch durch die Pogrome vom 9./10. November 1938 hatte heftige Abwehrreflexe ausgelöst gegen jeden Kontakt zu der dafür verantwortlichen deutschen Regierung. Wenn Hitler und Göring erwartet hatten, die Radikalisierung ihrer Judenpolitik werde die Weltöffentlichkeit gefügig machen, so wurden sie eines anderen belehrt.

Die Dramatik der Entscheidung, ob mit Deutschland verhandelt werden sollte, macht ein Dialog deutlich zwischen dem Augenzeugen der Tragödie in Berlin, dem amerikanischen Generalkonsul Raymond Geist und seinem Gegenspieler im Department of State in Washington, George Messersmith. Anfang Dezember, noch vor der Reise Schachts nach London, schrieb Geist an Messersmith: »Die Juden in Deutschland sind zum Tode verdammt und ihr Urteil wird allmählich vollstreckt, aber vermutlich so schnell, dass die Welt sie nicht mehr retten kann.« Geist glaubte nicht, dass die USA die Konsequenz aufbringen würden, »den Unterdrücker anzugreifen, um ihn zu vernichten. Wenn wir uns aber dazu nicht in der Lage fühlen, dann lasst uns in kluger Weise einen Weg finden, um die Opfer zu schützen.« Geist kam zu dem Schluss: »Wir sollten mit den deutschen Behörden wegen der Evakuierung der Opfer in eine Art Arbeitsverhältnis treten; dieses sollte umfassend genug sein, damit die Nazis begreifen, dass sie bei einiger Mäßigung den Exodus beschleunigen und ihre Politik, die Juden los zu werden, verwirklichen können. Dies ist ein Kampf zur Rettung des Lebens unschuldiger Menschen; es sollen ihnen Jahre unbeschreiblicher Torturen und Entbehrungen erspart bleiben.«[31]

Als Messersmith antwortete, war durch Schachts Besuch in London die Frage eines »working arrangements« aktuell geworden. In seiner Antwort vom 20. Dezember 1938 griff Messersmith Geists Hilferuf nicht auf. Für ihn war Schachts Plan ein Vorhaben, die Juden als Pfand zu benutzen, um mit wirtschaftlichem Druck Exporte und Geld zu erpressen: »Es ist geradezu sinnlos, einen Gedanken an einen solchen Plan zu verschwenden, denn jedes Eingehen darauf würde unser gesamtes Handelsvertragsprogramm zum Einsturz bringen und wäre eine reale Wirtschaftshilfe für Deutschland. ... Wir sind fest überzeugt, dass, was auch immer getan wird, künftige Aktionen gegen die Juden in keiner Weise verhindern wird. Unter den gegenwärtigen Bedingungen müssen wir alle einsehen, dass keine Möglichkeit besteht, diese Regierung in Berlin zu bestechen, es sei denn durch vollständige, servile Unterwerfung. Das werden wir nie tun.« Messersmith versuchte seinen Standpunkt durch eine Art Güterabwägung zu verteidigen: »Fundamentale Dinge stehen auf dem Spiel (gemeint war die amerikanische Containment-Politik gegen Deutschland). Sie zählen mehr als irgendein einzelner Mensch, oder das Leiden eines Einzelnen und mehr als die Interessen irgendeiner Firma. Niemand kann Prinzipien von solch fundamentaler Art aufrechterhalten durch Konzessionen in Einzelfällen oder durch Duckmäuserei beim Umgang mit diesen Prinzipien.«[32]

Doch schließlich setzte sich die Auffassung durch, dass moralischer Purismus allein den deutschen Juden nicht helfen konnte. Rublee durfte nach Berlin reisen. Am 11. Januar 1939 hatten Rublee und sein Stellvertreter Robert Pell ihr erstes Zusammentreffen mit Schacht. Nach 12 Sitzungen, die auf deutscher Seite zuerst von Schacht, dann von Ministerialdirektor Wohlthat aus Görings Behörde für den Vierjahresplan geführt wurden, lag das Ergebnis vor.

Am 1. Februar 1939 übersandte Rublee als Direktor des Intergovernmental Committee dieses Ergebnis in der Form eines »streng vertraulichen Memorandums« an Wohlthat.

Der deutsche Beitrag zu der Finanzierung der Auswanderung war nicht mehr, wie in Schachts Vorschlag in London, am Haavara-Modell ausgerichtet, sondern am Modell des Economic Advisor Feis. Eine »Ankaufstelle« im Ausland sollte die für die Ansiedlung benötigten Güter mit Mitteln eines Treuhandfonds erwerben, der aus jüdischem Vermögen in Deutschland gebildet war. Die Ankaufstelle »wird zusichern müssen, dass die angekauften Waren nicht anders benutzt werden, als zum Zweck der Ausrüstung von Auswanderern oder zur Förderung von Siedlungsprojekten«.[33] Auf diese Weise sollte zunächst die Auswanderung von 150000 erwerbsfähigen Juden finanziert werden, denen die unterhaltsberechtigten Familienangehörigen zur gegebenen Zeit folgen sollten. Am 2. Februar 1939 bestätigte Wohlthat, »das mir abschriftlich übermittelte streng vertrauliche Memorandum gibt den Inhalt [unserer] Unterredungen richtig wieder«.[34]

Als diese formale Einigung erzielt wurde, verblieb – wie wir heute wissen – noch eine Frist von sieben Monaten bis zum Ausbruch des Zweiten Weltkrieges. Wie wurde sie genutzt?

Robert Pell, der stellvertretende Direktor des Intergovernmental Committee schildert in einem Brief an seinen Kollegen Moffat im Department of State eine »lange, geheime Besprechung mit den jüdischen Führern in Berlin«: »Sie machen kein Hehl daraus, daß sie Schiffsladungen mit ihren Glaubensbrüdern nach allen Richtungen verschicken, nach Shanghai, ins Mittelmeer und in die Karibik. Sie müssten ihre Leute herausbringen, denn zu jeder Zeit könne sich ein Zwischenfall ereignen, der das Leben ihrer Leute unmittelbar gefährdet. Infolgedessen wären sie bereit, dem Druck der Geheimpolizei und dem Anreiz der Reedereien nachzugeben und ihre Leute ohne Papiere und ohne festes Ziel wegzuschicken. Sie müssten sich auf höhere Gewalt berufen, um der Welt auf diese dramatische Weise ihre verzweifelte Lage klar zu machen.«[35]

Pell fährt fort: »Ich führte ihnen vor Augen, dass dieses Vorgehen unsere Bemühungen zunichte mache, neue Gebiete in Südamerika zu erschließen. Aber sie lachten mir ins Gesicht. Nach sechs Jahren Umgang mit diesem Problem sind sie sehr hart geworden. Sie glauben nicht an Versprechungen. Zu viele Versprechungen seien gebrochen worden. Sie sind in einer geistigen Verfassung, in der sie Taten erzwingen wollen.« Moffat leitete das Schreiben an seinen Vorgesetzten Welles weiter, der den Inhalt für so wichtig hielt, dass er den Bericht am 21. März 1939 Präsident Roosevelt zur Kenntnis brachte.[36]

Doch in Washington und New York blieb es beim »business as usual«. Dort stritt man um einen Plan zur Gründung einer Stiftung (Coordinating Foundation), welche die Aufgaben erfüllen sollte, »die sich aus den unilateralen deutschen Vorschlägen ergeben«. Ein lang diskutierter Streitpunkt war die Beschaffung des Grundkapitals der Stiftung.[37] Anders die britischen Juden: Sie lehnten eine Beteiligung an der Finanzierung der Stiftung entschieden ab. Sie rissen das Steuer herum und wollten ihr Geld für dringendere, sofort wirksame Aktionen einsetzen. Für sie hatte die Notaufnahme möglichst vieler Gefährdeter in möglichst kurzer Zeit höchste Priorität. Ein Scheitern der Gespräche mit Deutschland wäre ihnen nicht unwillkommen gewesen, weil dies die Amerikaner von Fehlinvestitionen abgehalten hätte. Ähnlich dachte auch die britische Regierung. Für sie waren die Ankömmlinge aus Deutschland jetzt nicht mehr in erster Linie Einwanderer, die eine Existenz gründen, sondern Flüchtlinge, die ihr Leben retten wollten. Truppenunterkünfte aus dem Ersten Weltkrieg wurden für sie wieder hergerichtet. Für ihre Ansiedlung in den Einwanderungsländern wollte man später sorgen.[38]

Mitte 1939 musste auch Roosevelt erkennen, dass mit der Handelsvertragspolitik seines Außenministers Hull und dessen Mitstreiters Messersmith das Deutsche Reich nicht niederzuringen war:

»Trade treaties are just too goddamned slow. The world is marching too fast«,[39] mußte er einräumen und gab damit das Scheitern seiner Politik des containment zu. Deutschland konnte mit wirtschaftspolitischen Mitteln nicht zur Aufgabe seiner Rassenpolitik gezwungen werden. Es war ein tragischer Irrtum, die Finanzierung der Auswanderung der Verfolgten einer chancenlosen Containmentpolitik unterzuordnen.

Trotzdem trug sich Roosevelt selbst nach Kriegsbeginn noch mit dem Gedanken, eine Plenarsitzung des Intergovernmental Committee einzuberufen. Pell, der in London den realitätsfernen, tatenscheuen Aktionismus solcher Sitzungen oft miterlebt hatte, wusste, wovon er schrieb, als er seine Stellungnahme abgab: »Es muss in aller Offenheit gesagt werden, dass ein praktisches Ergebnis nicht durch ein Treffen einiger Gesandter und Minister, unter dem Vorsitz von Lord Winterton, in Paris oder sonstwo zustande kommt. Diese Gentlemen werden, wie schon immer, hübsche Reden halten oder, wie dies in der Regel geschieht, überhaupt nicht sprechen. Mr. Taylor wird ein großes Bankett geben. Einige der Delegierten werden Berichte an ihre Regierungen schreiben; aber die meisten werden offen zugeben, dass sie selbst dies nicht tun. Die unglücklichen Flüchtlinge schöpfen durch die Ankündigung der Konferenz neue Hoffnung. Doch wenn das Komitee zusammengetreten ist, werden sie, wie in früheren Fällen, nach der Sitzung in noch tiefere Abgründe gestürzt.«[40]

Das Resümee der Konferenz von Evian liegt in diesen Sätzen.

Anmerkungen

[1] Zu den bis dahin in Deutschland von den Nationalsozialisten angewandten Methoden, um die Auswanderung der Juden zu erzwingen, vgl. Susanne Heim, Deutschland muß ihnen ein Land ohne Zukunft sein. Die Zwangsemigration der Juden 1933–1938, in: Susanne Heim (Hrsg.), Arbeitsmigration und Flucht. Berlin, Göttingen 1993, S. 48–81; zur dadurch entstandenen Lage der deutschen Juden vgl. Juliane Wetzel, Auswanderung aus Deutschland, in: Wolfgang Benz (Hrsg.), Die Juden in Deutschland 1933–1945. Leben unter nationalsozialistischer Herrschaft, München 1988, S. 412–428.

[2] Zum Verlauf dieser Verhandlungen vgl. Carl Ludwig, Die Flüchtlingspolitik der Schweiz seit 1933 bis zur Gegenwart (1957), Bern, Neuauflage 1966: Beilage zum Bericht des Bundesrates an die Bundesversammlung, S. 76–78, 94–135, insbes. S. 181–188.

[3] Foreign Office, Passport Control Department, Circular, Visas for holders of German or Austrian Passports, entering United Kingdom, April 27, 1938, General Principles, Nr. 4 Visitors, Public Record Office, Foreign Office (PRO-FO) 371/3284, T 7056, auszugsweise abgedruckt in: Fritz Kieffer, Judenverfolgung in Deutschland – eine innere Angelegenheit? Internationale Reaktionen auf die Flüchtlingsproblematik 1933–1939, Stuttgart 2002, S. 162.

[4] Zur LPC – Klausel und zum Affidavit of support vgl. Fritz Kieffer, Judenverfolgung, S. 163–168.

[5] Erklärung des Assistant Secretary of State George Messersmith am 16. Mai 1938 vor Roosevelts Beratungskomitee für politische Flüchtlinge, vgl. Minutes of the first Meeting of the Advisory Committee on Political Refugees, Monday, May 16, S. 8, Franklin D. Roosevelt Library-Myron C. Taylor Nachlass (FDRL – TayP), Zitat bei Fritz Kieffer, Judenverfolgung, S. 188.

[6] Vgl. dazu David Wyman, Paper Walls: America and the Refugee Crisis 1938–1941, Amherst, Mass. 1968, S. 210; zu ähnlichen Ergebnissen wie das von Wyman zitierte Meinungsinstitut kam eine Umfrage des Instituts Roper bei freilich etwas anderer Fragestellung. Bei dieser Untersuchung sprachen sich 18,2 Prozent der Befragten für eine Zulassung der Flüchtlinge in die Vereinigten Staaten aus. Diese Zustimmung sank jedoch auf 4,9 Prozent, falls die Zulassung mit einer Aufhebung der Quoten verbunden sein sollte, vgl. Saul Friedman, No Haven to the Oppressed: United States Policy towards Jewish Refugees 1938–1945, Detroit 1973, S. 43. Nach einer etwas später veröffentlichten Umfrage des Fortune Quarterly Survey (in Fortune, Juli 1938) unter jüdischen Amerikanern sprachen sich 20 Prozent der Befragten gegen jede Zulassung von

Flüchtlingen aus, vgl. Friedman, No Haven, S. 44. Am 22. November 1938, also nicht ganz zwei Wochen nach dem Pogrom, führte das Institut Gallup eine Umfrage durch, ob »wir einer größeren Zahl von jüdischen Asylanten aus Deutschland gestatten sollten, nach den Vereinigten Staaten zu kommen, um hier zu leben«; sie ergab 23 Prozent zustimmende gegenüber 77 Prozent ablehnenden Antworten. Kurt Grossman, Emigration. Geschichte der Hitler-Flüchtlinge, Frankfurt, 1969, S. 263, schreibt zu diesem Phänomen: »Gewiss, die Amerikaner lehnten die Nazipolitik überwältigend ab, aber sie waren nicht willens, irgendwelche praktischen Konsequenzen daraus zu ziehen«, zumindest nicht für sich selbst. Denn die Forderung an andere Länder, Flüchtlinge aufzunehmen, erhoben sie in verstärktem Maße. Zum Antisemitismus in den USA vor und während des Krieges vgl. David S. Wyman, Das unerwünschte Volk. Amerika und die Vernichtung der europäischen Juden, Frankfurt 1989, S. 9–22.

7 Memo Achilles, ohne Datum (November 1938), National Archives II, College Park (NA), RG, 59, 840.48 Refugees/900 1/2

8 Zu Roosevelts Entschluss vgl. Fritz Kieffer, Judenverfolgung, S. 174.

9 Baxter minute, October 18, 1935, auszugsweise abgedruckt bei J[oshua] Sherman, Island Refuge Britain and Refugees from the Third Reich 1933–1939, London (1973), S. 62.

10 Ebenda, S. 67 f.

11 Vgl. Barbara McDonald Stewart, United States Government Policy on Refugees from Nazism 1933–1940, New York 1982, S. 225 unter Hinweis auf Roosevelt, Press Conference 472, July 5, 1938, XII, 15, Roosevelt Papers.

12 Sir John Hope Simpson, The Refugee Problem. Address given at Chatham House on June 28th 1938, in: International Affaires XVII (1938), S. 607–628, hier S. 616.

13 Jüdische Rundschau, Berlin, 12. Juli 1938.

14 Myron Taylor, Account of negotiations, Paris, July 20, 1938, abgedruckt in: John Mendelsohn u. Donald Detwiler (Hrsg,), The Holocaust. Selected Documents, New York, 1982, Bd. 5. Jewish Emigration from 1933 to the Evian Conference of 1938, Dok. Nr. 19, S. 245–264, hier S. 253.

15 Circular Letter to Executive Committee, July 5th 1938, American Jewish Joint Distribution Archives, Central administration file (JDAC-Caf), 163; dazu Fritz Kieffer, Judenverfolgung, S. 241.

16 Salomon Adler-Rudel, The Evian-Conference on the Refugee Question, in: Leo Baeck Institute, Yearbook XIII (1968), S. 255 auch für das Folgende.

17 Bericht des Hanseatischen Reisebüros Heinrich Schlie über die verschiede-

nen Einwanderungsmöglichkeiten vom 25. Oktober 1938, Zentrum für die Aufbewahrung Historisch-Dokumentarischer Sammlungen, Moskau (ZASM), 500/1/669; vgl dazu: Fritz Kieffer, Judenverfolgung, S. 250.

[18] Ambassador in the United Kingdom (Kennedy) to the Secretary of State, October 12, 1938, in: Foreign Relations of the United States. Diplomatic Papers 1938. Volume I General (FRUS, 1938, I), S. 797.

[19] Handschriftliche Notiz des Diplomaten Roger Makins vom 8. Dezember 1938, PRO-FO 371/22 539, W 16 205/104/98; vgl. dazu Fritz Kieffer, Judenverfolgung, S. 366–368.

[20] Messersmith to Geist, November 7, 1938, Messersmith Nachlass, University of Delaware (MeP-UD), item number 1066.

[21] Zu dem Vorschlag von Feis und seiner Bedeutung für die späteren Verhandlungen mit Deutschland: vgl. Fritz Kieffer, Judenverfolgung, S. 276 f., 404, 411, 418 f., 422, 424, 447 und 486, Nr. 16.

[22] Ebenda, S, 276 f., Buchst.a); vgl ferner: The Acting Secretary of State to the Chargé in the United Kingdom (for Taylor and Rublee), December 21, 1938, in: FRUS, 1938, I, S. 878.

[23] Chaim Weizmann in: Foreign Affairs, 1942, January, S. 326.

[24] Vgl. dazu Michael Cohen, British Strategy and the Palestine Question 1936–1939, in: Journal of Contemporary History 7 (1972), S. 167, sowie ders., Appeasement in the Middle East: The British White Paper in Palestine, in: The Historical Journal 16 (1973), S. 571–596, hier, S. 573.

[25] Die beiden Memoranda des britischen und des amerikanischen Botschafters sind als Anlagen einem Schreiben beigefügt: Embassy of the United States of America, Berlin (Wilson), to the Secretary of State, October 18, 1938, NA, RG 9, 340.48 Refugees/879.

[26] Ambassade de France à Berlin à l'Office des Affaires Etrangères du Reich, 24. Oktober 1938, Auswärtiges Amt, Politisches Archiv (AA-PA), Unterstaatssekretär, Judenfrage, R 29 989.

[27] Akten zur Deutschen Auswärtigen Politik (ADAP), Serie D, Band V, Anm. 1 zu Dok. Nr. 647, S. 760.

[28] Stenographische Niederschrift der Besprechung über die Judenfrage unter Vorsitz von Feldmarschall Göring am 12. November 1938, in: Der Prozeß gegen die Hauptkriegsverbrecher vor dem Internationalen Militärgerichtshof (IMG), Bd. XXVIII, S. 539. Susanne Heim und Götz Aly bezeichnen diese Rede als »eine Art Brain-storming«; in Görings zweiter Rede vor den Gauleitern, Oberpräsidenten und Reichsstatthaltern vom 6. Dezember 1938 sehen sie »die Ergebnisse eines Entscheidungsprozesses, der weniger als vier Wochen gedauert

hatte«. Susanne Heim und Götz Aly, Staatliche Ordnung und »organische Lösung«. Die Rede Görings »über die Judenfrage« vom 6. Dezember 1938, in: Jahrbuch für Antisemitismusforschung 2 (1993), S. 378–404, hier, S. 379.

[29] Stenographische Niederschrift der Besprechung über die Judenfrage unter Vorsitz von Feldmarschall Göring am 12. November 1938, S. 539.

[30] Vgl. Susanne Heim/Götz Aly, Bevölkerungsstruktur und Massenmord. Neue Dokumente zur deutschen Politik der Jahre 1938 – 1945, Berlin 1991, Dok. Nr. 2, Niederschrift über die Sitzung im Reichsministerium des Innern am 16. 12. 1938, S. 15–21, hier S. 17.

[31] American Consulate General Berlin (Raymond [Geist]) to Mr. Messersmith, December 5, 1938, in: MeP-UD, item number 1087.

[32] Messersmith to Geist, December 20, 1938, in: MeP-UD, item number 1699.

[33] Streng vertrauliches Memorandum Rublees vom 1. Februar 1939, Abschnitt III. »Finanzierung der Auswanderung«, Punkt 17. Die Abschrift eines zweisprachigen Exemplars befindet sich in: AA-PA, R 29 989; die deutsche Übersetzung ist abgedruckt bei Rolf Vogel, Ein Stempel hat gefehlt, München 1977, II. Teil Dokumente, Dok. Nr. 78, S. 246–251.

[34] Zustimmende Beantwortung des Memorandums durch Wohlthat, Dokument Nr. 79 in: Vogel, Ein Stempel, II. Teil, S. 251 f. Wohlthat durfte sein Bestätigungsschreiben am 2. Februar erst überreichen, nachdem Göring erneut bei Hitler war, um sich auch die Endfassung genehmigen zu lassen, Notiz Vogels über ein Gespräch mit Wohlthat 1974, ebenda, Dokumente Nr. 77, S. 242–246, hier: S. 246.

[35] R. T. Pell to Pierrepont Moffat, March 8, 1939, in: NA, RG 59, 840.48 Refugees/1523 A. Pells Schilderung lässt den Schluss zu, dass Wilfried Israel der Wortführer auf jüdischer Seite war. Andere Vertreter der Reichsvereinigung, wie zum Beispiel Dr. Julius Seligsohn, vertraten eine abweichende Meinung, vgl. Jacob Toury, Ein Auftakt zur »Endlösung«: Judenaustreibung über die nichtslawische Reichsgrenze 1933 – 1939, in: Ursula Büttner (Hrsg.), Das Unrechtsregime. Internationale Forschung über den Nationalsozialismus. Bd. 2, Verfolgung – Exil – Belasteter Neubeginn, Hamburg 1986, S. 164–196, hier S. 181 und 184. Auch Israels Vertreter im Vorstand des Hilfsvereins, Arthur Prinz, war gegen riskante Unternehmungen, vgl. Arthur Prinz, The Role of the Gestapo in Obstructing and Promoting Jewish Immigration, in Yad Vashem Studies, II (1958) S. 205–218, hier S. 208–211.

[36] Sumner Welles to The President, The White House, March 21, 1939. Enclosure of letter from Mr. Robert Pell, National Archives II (NA), RG 59, 840.48 Refugees/1523 A.

[37] Zu den Verhandlungen Taylors mit den jüdischen Organisationen über die Gründung einer Stiftung und zum Gespräch der Organisationen mit dem Präsidenten vgl. Fritz Kieffer, Judenverfolgung, S. 442–449, 464–468 und 479.
[38] Scheme for the Finance of Refugee Settlement (handschriftlicher Zusatz: Lionel de Rothschild's Memo, June 10, 1939), American Jewish Joint Distribution Committee Archives, Central administration file (JDC-A Caf.) 220. Vgl. dazu: Fritz Kieffer, Judenverfolgung, S. 460–462 und 468, sowie S. 490 f., Nr. 26–27.
[39] Zitat bei Arthur W. Schatz, The Anglo American Trade Agreement and Cordell Hull's Search for Peace 1936–1938, in: The Journal of American History 57 (1970) S. 85–103, hier S. 101, und John Morton Blum, From the Morgenthau Diaries, Years of Urgency 1938–1941, Boston 1965, I, S. 524.
[40] Memorandum by the Assistant Chief of the Division of European Affairs (Pell), February 29, 1940, in: FRUS 1940, II, S. 215–218, hier S. 216 f. Roosevelt bemerkte zu Pells Memorandum: »Unsere Regierung ist ernsthaft an der Lösung des Flüchtlingsproblems im weitesten ... Sinne interessiert. ... Selbst wenn die vorgeschlagene Konferenz nur ›hübsche Reden hervorbringt‹, lohnt es sich doch, dieses Komitee unbedingt am Leben zu halten«, President Roosevelt to the Secretary of State, March 7, 1940, in: FRUS 1940, II. S. 218 f.

Claudia Curio

Kindeswohl versus Einwanderungskontrolle?

Die Kindertransporte 1938/39 und die Situation von Flüchtlingskindern heute

Flüchtlingskinder sind doppelt verletzlich: als Kinder, denen oftmals ohnehin keine Mitspracherechte zugestanden werden, die das Exil in einer besonders sensiblen und perspektivisch entscheidenden Lebensphase trifft, und als Migranten, denen es in einer immer noch nationalstaatlich geprägten und auf ethnische Herkunft fixierten Gesellschaft schwer gemacht wird, dazuzugehören. Kinder leiden auch am meisten darunter, wenn die Kontrollen an den Grenzen verschärft werden, da sie bei Zurückweisung oft einem ungewissen Schicksal überlassen bleiben, und sie sind der Ausbeutung durch Schlepperorganisationen besonders schutzlos ausgeliefert. Gelingt es ihnen, in das Land zu kommen, das ihnen Sicherheit bieten soll, sind sie um ein Vielfaches stärker auf die Hilfe Erwachsener angewiesen. Ein Ausbleiben angemessener Hilfe hat bei den jungen Flüchtlingen nicht wieder gutzumachende Auswirkungen auf den gesamten Lebensweg.

Wodurch zeichnet sich die Behandlung solcher Kinderflüchtlinge in einem internationalen und nationalen Klima aus, das einerseits durch Abwehrreflexe bedürftigen Fremden gegenüber geprägt ist, in dem andererseits Staaten gewisse humanitäre Prinzipien hochhalten? Dieses Klima herrschte kurz vor dem Ausbruch des Zweiten Weltkrieges in den potenziellen Zufluchtsländern für Verfolgte aus NS-Deutschland, und es herrscht heute noch in den Teilen Europas, die Aufnahmeländer für Asylbedürftige aus aller Welt sind. Unterschieden Staaten in den dreißiger Jahren bei der Zulassung von Flüchtlingen zwischen schutzbedürftigen Kindern und Erwachsenen und ließen Kindern verstärkt humanitäre Hilfe zukommen? Oder waren vor dem Einwanderungsgesetz alle gleich? Haben sich die Möglichkeiten für in Not befindliche Kinder, Asyl zu erhalten, und die Rücksichtnahme auf spezifisch kindliche Bedürfnisse heute verbessert?

Die Kindertransporte 1938/39 – privat finanzierte unbürokratische Hilfe

Insgesamt 9354[1] jüdische und »nichtarische« christliche oder konfessionslose Kinder aus Deutschland, dem annektierten Österreich, der Tschechoslowakei (669)[2] sowie in kleinerem Umfang aus Sbaszyn und Danzig[3] konnten zwischen Dezember 1938 und dem Kriegsausbruch im September 1939 nach Großbritannien gebracht werden. Nach dem deutschen Einmarsch in Polen wurden die Kindertransporte eingestellt und bereits organisierte Transporte abgesagt, da Deutschland und Großbritannien nun Krieg führende Länder waren.

Die Kindertransporte sind in ihrem Umfang und der Intensität, mit der ohne großen Vorlauf innerhalb sehr kurzer Zeit sehr viele Kinder auf vergleichsweise unbürokratische Weise ins Ausland gebracht wurden, bis heute einzigartig geblieben.

Die britische Nation ist zu Recht stolz auf diesen ehrenvolleren Teil ihrer ansonsten nicht nur glanzvollen Einwanderungsgeschichte. Die Gründe für die Aufnahme der Kinder auf der Ebene von Regierung und beteiligten Hilfsorganisationen waren zum einen durchaus humanitärer Natur, zum anderen spielte innen- und außenpolitisches Kalkül eine Rolle bei der Entscheidung, die Kinder zu einem Zeitpunkt zu retten, als die meisten potenziellen Zufluchtsländer für Verfolgte aus dem nationalsozialistischen Deutschland die Schotten dicht machten und jüdische Flüchtlinge ohnehin kein Recht auf politisches Asyl hatten[4].

Die Initiative zur Aufnahme unbegleiteter verfolgter Kinder aus Deutschland war eine unmittelbare Reaktion auf die Novemberpogrome 1938.[5] Jüdische und auch nichtjüdische Hilfsorganisationen setzten sich erfolgreich bei der britischen Regierung dafür ein, dass die Restriktionen für die Aufnahme von Flüchtlingen wenigstens für minderjährige Verfolgte aufgehoben würden.[6] Die vereinfachte Zulassung von Kindern bis 18 Jahren wurde am 21. November 1938 durch das Unterhaus entschieden. Die Erleichterungen betrafen allerdings nur die bürokratischen Vorschriften. Minderjährige mussten nun keine individuellen Visa mehr beantragen, sondern reisten mit Sammelvisa ein, was die Bearbeitungszeiten erheblich verkürzte.[7]

Die Visumpflicht für Deutsche und Österreicher war gerade erst als Reaktion auf den Anschluss Österreichs wieder eingeführt worden.[8] Seit den zwanziger Jahren hatten Bürger dieser Staaten ohne Visum nach Großbritannien einreisen können, doch angesichts der Verfolgung der Juden und der Ausbürgerung von Emigranten durch die Nationalsozialisten befürchtete man, einmal im Land befindliche Personen nicht mehr ausweisen zu können. So führte man die Vorkontrollen per Konsulat wieder ein, nur um sie einige Monate später exklusiv für die Gruppe der Minderjährigen wieder abzuschaffen.

Alle anderen Vorgaben, die bereits in der Aliens Order von 1920 festgelegt worden waren, blieben auch für Kinder bestehen: Die Einreisewilligen mussten nachweisen, dass jemand für sie bürgte, oder dass sie nur auf der Durchreise waren. Sie durften nicht in dem Maße körperlich versehrt sein, dass sie mittelfristig möglicherweise auf öffentliche Gelder angewiesen sein würden.[9] Allerdings war Letzteres eine sehr weit auslegbare Klausel, und tatsächlich wurde die Kontrolle des Gesundheitszustandes nicht durch britische Behörden, sondern durch die nichtstaatlichen Hilfsorganisationen, die die Kindertransporte organisierten, durchgeführt, sieht man von den sehr oberflächlichen Routinekontrollen durch Ärzte an den Ankunftshäfen ab, denen alle Neueinwanderer unterzogen wurden.[10] Als Bürgen fungierten Hilfsorganisationen oder Privatleute, das gesamte Unternehmen war privat initiiert und finanziert.

Im Kontext der seit dem Anschluss Österreichs noch verstärkten Angst der potenziellen Aufnahmestaaten vor einer Flüchtlingswelle aus Deutschland war die Zulassung der Flüchtlingskinder ein Schachzug der britischen Regierung, der unter anderem auch von der äußerst restriktiven Einwanderungspolitik der Mandatsmacht Großbritannien in Palästina ablenken konnte.[11] Dass es sich um Kinder handelte, die in besonderem Maße Emotionen mobilisieren, garantierte der Aktion umso mehr Aufmerksamkeit im In- und Ausland, und man konnte humanitäres Engagement zeigen. Zugleich hoffte man, dass die befürchteten Abwehrreaktionen der britischen Bevölkerung sich bei Kindern in Grenzen halten würden. Sie stellten keine direkte Arbeitsmarktkonkurrenz dar und sie waren als Objekte antisemitischer Projektionen weniger geeignet als Erwachsene. Wenn man davon ausgeht, dass Flüchtlinge stets ambivalent betrachtet werden – als Opfer und Bedrohung zugleich –, so gilt für Kinderflüchtlinge, dass sie die Opferrolle besser ausfüllen. Die Auflösung des Widerspruchs zwischen humanitärem Anspruch und Eigeninteressen war durch die Zulassung von Kindern als Flüchtlingen besonders gut möglich.

In den USA funktionierte diese Logik allerdings nicht. Auch hier setzte sich zwar 1939 eine Gruppe von Juden und Quäkern für eine Gesetzesvorlage ein, die über die Aufnahme von 20 000 deutschen minderjährigen Verfolgten neben den Quoten entscheiden sollte, letztlich scheiterte die »Wagner-Rogers-Bill« jedoch an den Überfremdungsängsten in Regierung und Öffentlichkeit.[12] Das Spektrum der Argumentationen gegen die Bill reichte von pseudohumanitären Besorgtheiten – man könne Kinder nicht von ihren Müttern trennen – bis hin zu unverhohlen inhumanen Äußerungen. So fürchtete die Abgeordnete Agnes Waters, dass die zu erwartenden minderjährigen Flüchtlinge »tausende mutterlose, verbitterte, verfolgte Kinder unerwünschter Ausländer« sein würden und sich möglicherweise sogar als »Anführer einer Revolte gegen unsere amerikanische Regierungsform« erweisen würden.[13]

Über die Zahl der in Großbritannien aufzunehmenden Kinder

entschied nicht die britische Regierung, sondern zuständig waren die mit der Finanzierung und Organisation befassten jüdischen Flüchtlingshilfsorganisationen. Von Regierungsseite war keine Quote festgelegt worden, sondern der Council for German Jewry, die zentrale Finanzeinrichtung der britischen Flüchtlingshilfe, hatte zunächst eine Obergrenze von 5000 Kindern festgelegt. Mehr waren nach Einschätzung des Council nicht zu versorgen und zu finanzieren. Im März 1939 hatte man die Zahl allerdings noch einmal auf 10 000 angehoben. Wäre der Krieg nicht ausgebrochen, hätte der Council for German Jewry möglicherweise die Quote noch einmal erhöht.[14]

Die privaten Hilfsorganisationen, die auf diese Weise obstruktiv wirkten, hatten nicht nur Einfluss darauf, wie viele Kinder nach Großbritannien geholt wurden, sondern auch, welche Kinder kommen konnten. Mit der Auswahl und Vermittlung von Kandidaten und der Zusammenstellung der Transporte waren auf britischer Seite das Refugee Children's Movement, die eigens für diese Rettungsaktion gegründete Organisation, und auf deutscher und österreichischer Seite jüdische und in geringerem Umfang christliche Hilfsstellen befasst, in erster Linie die Abteilung Kinderauswanderung der Reichsvertretung der Juden in Deutschland mit Sitz in Berlin, die die Auswahl und Vermittlung der Kinder im »Altreich« übernahm, und eine Abteilung der Fürsorgezentrale der Israelitischen Kultusgemeinde Wien für Kinder aus der »Ostmark«.[15]

In den ersten Wochen wurden überwiegend dringende Fälle auf Kindertransporte geschickt, für die das Refugee Children's Movement Bürgschaften und provisorische Unterkunft in Sammellagern an der englischen Ostküste bereitstellte.

Bald erwies sich, dass die in Not befindlichen Kinder nicht alle gleich willkommen in England waren: Für halbwüchsige Jungen – meist die dringlichsten Fälle – konnten nur schwer dauerhafte Unterkünfte und private Bürgschaften gefunden werden, während kleine Kinder, insbesondere Mädchen, rasch vermittelt werden konnten. Neben das Kriterium der Dringlichkeit bei der Auswahl der Kandidaten trat jenes der Eignung. Wie die Kindertransporte zusammengesetzt waren, resultierte aus einer Kombination der Interessen potenzieller Pflegeeltern und der Interessen der britischen Hilfsorganisationen, die die Kinder als Sympathieträger sahen, die für die in Deutschland zurückgebliebenen asylbedürftigen Juden werben sollten. Dafür waren offenbar ebenfalls kleine Kinder von möglichst »unjüdischem« Aussehen besonders geeignet.[16]

Die Hilfsorganisationen spielten also eine aktive Rolle bezüglich Umfang und Zusammensetzung der Kindertransporte und dies ist eine typische Aufgabenverteilung in der britischen Flüchtlingspolitik gewesen. Das Aliens Department des Home Office überließ die Auswahl der Aufzunehmenden in großem Maße den Hilfsorganisationen, die ja auch die finanzielle Verantwortung trugen.[17] Neben Budgetfragen waren hierbei auch Erwägungen bezüglich der öffentlichen Meinung ausschlaggebend. Verankert in der liberalen anglojüdischen Gemeinde, die in ihrer Behandlung von Immigranten vom Kontinent stets durch Antisemitismusängste dominiert war[18], legten die Hilfsorganisationen bei den Kindern besonderen Wert auf Unauffälligkeit des einzelnen Kindes und der Kinder als Gruppe. Nur durch totale Anpassung, ja »Unsichtbarmachung« der Flüchtlinge, nahm man an, würde die Stimmung der britischen Öffentlichkeit wohlwollend bleiben.[19]

Obwohl der Aufenthalt der Kinder als temporär gedacht war, herrschte bereits 1938 inoffiziell in Regierungskreisen Klarheit darüber, dass eine große Zahl der Kinder dauerhaft in Großbritannien bleiben würde, da man sich der schnellen Assimilierung von Flüchtlingen dieser Altersgruppe durchaus bewusst war.[20] Auch in den Hilfsorganisationen bestand diesbezüglich Ambivalenz. Im Refugee Children's Movement hatte zwar die spätere Wiedervereinigung mit der Herkunftsfamilie in Übersee oder auf dem Kontinent oberste Priorität[21], was eine frühere oder spätere Remigration der Kinder bedeutete. Ungeachtet dessen verfolgte man jedoch von Anfang an eine Fürsorgepolitik, die auf totale Anglisierung der Kinder ausgerichtet war. Dazu trug besonders die bevorzugte Unterbringung in Pflegefamilien bei.[22] Der große Zielkonflikt in der Fürsorge für Flüchtlingskinder trat auch hier auf: die Bemühung um Integration in die aufnehmende Umgebung auf der einen Seite und das Offenhalten der Möglichkeit der Rückkehr in die Heimat auf der anderen Seite.[23] Sehr viele Kinder verloren während der Jahre in England ihre Herkunftsidentität, weil von seiten der Hilfsstellen nicht darauf geachtet wurde, die Verbindung der jungen Flüchtlinge zu Herkunftssprache, -kultur und -religion aufrechtzuerhalten. Im Gegenteil, die unmittelbaren Bezugspersonen der Kinder verlangten häufig, dass sie alle »nichtbritischen« Eigenarten möglichst schnell ablegten. Der Besuch britischer Schulen – für die Flüchtlingskinder galt ebenso die allgemeine Schulpflicht bis zum vollendeten 14. Lebensjahr wie für die britischen Kinder, was zum einen eine humanitäre und vom Staat kostenlos gewährte Notwendigkeit war, zum anderen die Assimilation förderte – tat ein Übriges.

Es ist davon auszugehen, dass viele heute nicht einmal mehr wissen, dass sie Flüchtlingskinder aus Deutschland waren.[24]

Mit dem Ende des Krieges kam der weitere Verbleib der jungen Flüchtlinge wieder auf die Agenda. Erste Priorität für das Refugee Children's Movement hatte die Suche nach Angehörigen in Zusammenarbeit mit dem Roten Kreuz, der United Nations Relief and Rehabilitation Agency und dem American Jewish Joint Distribution Committee. Aber nur wenigen Kindern war es vergönnt, ihre Angehörigen wiederzufinden, die meisten waren im Holocaust ermordet worden.

Das Home Office gestattete unmittelbar nach dem Krieg nur zwei Gruppen von jüdischen Flüchtlingen die Einreise auf die Insel: Kindern bis zu 16 Jahren, die die Konzentrationslager überlebt hatten (1000 wurden zugelassen, über die genaue Zahl der tatsächlich Angekommenen gibt es unterschiedliche Angaben[25]) und Angehörigen von bereits in Großbritannien lebenden Personen (etwa 4000 kamen im Rahmen des »Distressed Persons Scheme«[26]). Letztere Regelung machte Familienzusammenführungen möglich, allerdings nur unter Vorlage einer Bürgschaft für Unterkunft und

Unterhalt durch einen britischen Staatsbürger. Bei der Vermittlung solcher Bürgschaften stand das Refugee Children's Movement den Kindern und ihren überlebenden Angehörigen wiederum unterstützend zur Seite.

Die Wiedervereinigung von Familien im Herkunftsland kam seltener vor, da die Bedingungen in Deutschland und Österreich unmittelbar nach dem Krieg materiell sehr ungünstig waren und Überlebende sowie Emigranten nur in Ausnahmefällen daran interessiert waren, sich im Land der Täter wieder niederzulassen. Bevor ein Kind in seine ehemalige Heimat zurückgeschickt wurde, ließ das Refugee Children's Movement durch den Joint oder die United Nations Relief and Rehabilitation Agency (UNRRA) die Lebensumstände der dort auf die Kinder wartenden Angehörigen gewissenhaft prüfen. Nur wenn eine kindgemäße Lebensweise möglich war, wurde der Wiedervereinigung zugestimmt.[27]

Wie war der Aufenthaltsstatus der Kinder nach Beendigung der Kampfhandlungen auf dem Kontinent? 1945 befanden sich etwa 60 000 Flüchtlinge aus NS-Deutschland in Großbritannien, darunter einige tausend, die mit Kindertransporten gekommen waren. Ursprünglich war ja beabsichtigt gewesen, ihnen nur für die Dauer des Konflikts Asyl zu gewähren. Im Home Office siegten allerdings bereits während des Krieges die Stimmen, die sich aus humanitären Gründen gegen eine sofortige Repatriierung aller Flüchtlinge nach Ende der Kriegshandlungen ausgesprochen hatten, wobei der Verweis auf die Gruppe der jugendlichen Flüchtlinge diesen Forderungen Nachdruck verlieh: »Können wir … einen jungen Mann von 19 Jahren zurückschicken, der als Kind von 14 hierherkam, und keine Eltern mehr hat, oder dessen Eltern nicht mehr gefunden werden können, und der mehr oder weniger von einer englischen Familie adoptiert worden ist?«, fragte bereits 1942 ein hochgestellter Beamter des Home Office.[28] Nach Kriegsende wurden die jüdischen Flüchtlinge aus humanitären Gründen also nicht zwangsrepatriiert, ihr weiterer Aufenthaltsstatus blieb jedoch zunächst ungeklärt.

Nachdem sich erwiesen hatte, wie viele der Kinder ihre Familie verloren hatten, reagierte das Home Office 1947 mit vereinfachten Einbürgerungsbedingungen für Flüchtlinge, die noch nicht das 21. Lebensjahr vollendet hatten. Die britische Regierung erkannte damit die Wurzeln an, die die jungen Flüchtlinge in den vergangenen Jahren im Land geschlagen hatten, und beendete den psychisch so belastenden Schwebezustand eines ungeklärten Aufenthaltsstatus.[29]

Die Kindertransporte fanden zu einer Zeit statt, als es noch keine verbindliche staatliche und überstaatliche Schutzgesetzgebung für Kinder oder für Flüchtlinge gab, wenn es auch in der Zwischenkriegszeit bereits Bemühungen gegeben hatte, die humanitäre Verantwortung für Flüchtlinge überstaatlichen Organen zu übertragen.[30]

Angesichts dieser Tatsache ist es erstaunlich, wie vergleichsweise human und unbürokratisch die britische Regierung bei der Aufnahme der Kinder vor dem Krieg und der Einbürgerung nach dem Krieg entschied und wie selbstverständlich der kostenlose Schulbesuch als kindliches Grundbedürfnis gewährt wurde, obwohl der Aufenthalt zunächst als vorübergehend angesehen wurde. Auf der Negativseite ist zu verbuchen, dass die Flüchtlingshilfe für die Kinder bis in die Kriegsjahre hinein ausschließlich von nichtstaatlichen Hilfsorganisationen und Privatpersonen geleistet wurde. Der britische Staat sprang finanziell erst 1942 in die Bresche, als die Fonds des Refugee Children's Movement ausgeschöpft waren.[31]

Die Exilbedingungen minderjähriger unbegleiteter Flüchtlinge heute – Schutzstandards und ihre Umsetzung

Seit dem Ende des Zweiten Weltkrieges, als Reaktion auf das millionenfache Elend der Flüchtlinge – auf etwa 13 Millionen wird die Zahl der verwaisten oder von ihrer Familie getrennten Flüchtlingskinder nach dem Krieg geschätzt[32] –, hat es Bemühungen gegeben, die Rechte und den Status von Flüchtlingen und von Kindern zu verbessern. In den letzten Jahren findet zudem die Gruppe der unbegleiteten minderjährigen Flüchtlinge zunehmend explizite Berücksichtigung in internationalen Konventionen und nationalen Ausländergesetzgebungen, wobei in diesem humanitär besonders sensiblen Bereich der staatlich gewährte Schutz stets deutlich hinter den international vereinbarten Standards zurückbleibt, wie am Beispiel der Bundesrepublik Deutschland im Folgenden verdeutlicht wird.

Grundlegend für den Schutz von minderjährigen Flüchtlingen sind die Genfer Flüchtlingskonvention von 1951 mit dem Zusatzprotokoll von 1967 – die allerdings nicht explizit auf Flüchtlingskinder eingeht[33] –, das Den Haager Minderjährigenschutzabkommen von 1961 und die UN-Kinderrechtskonvention von 1989.

Im Haager Minderjährigenschutzabkommen ist festgelegt, dass der Staat, in dem sich ein Minderjähriger aufhält, unabhängig von dessen Staatsangehörigkeit für seinen Schutz zuständig ist.[34] Die UN-Kinderrechtskonvention von 1989, in der erstmals Kindeswohl und Kindeswillen als Rechte der Kinder verankert sind, enthält auch einen Paragraphen über Flüchtlingskinder. In ihm heißt es, dass Vertragsstaaten geeignete Maßnahmen treffen müssen, »um sicherzustellen, dass ein Kind, das die Rechtsstellung eines Flüchtlings begehrt ... angemessenen Schutz und humanitäre Hilfe bei der Wahrnehmung der Rechte erhält, die in diesem Übereinkommen ... festgelegt sind.«[35] Auch bei Flüchtlingskindern ist dem Kindeswohl oberste Priorität einzuräumen.

Erst in den letzten Jahren ist ein Bewusstsein darüber entstanden, dass Kinder explizit in nationalen Asylgesetzgebungen berücksichtigt werden müssen, dass es kinderspezifische Bedürfnisse im Asylverfahren und kinderspezifische Verfolgungsgründe gibt (so etwa die Rekrutierung von Kindersoldaten oder die Genitalverstümmelung von Mädchen), denen mit einer auf Erwachsene ausgerichteten Politik nicht ausreichend begegnet werden kann.

UN-Organisationen und Nichtregierungsorganisationen (NGOs)

bemühen sich seit einigen Jahren verstärkt, durch die Entwicklung von Richtlinien und Standards die Situation unbegleiteter minderjähriger Flüchtlinge zu verbessern. Nur die wichtigsten seien hier genannt.

1997 gab der UN-Hochkommissar für Flüchtlinge (UNHCR) die ›Richtlinien über allgemeine Grundsätze und Verfahren zur Behandlung asylsuchender unbegleiteter Minderjähriger‹ heraus, den ersten Leitfaden, der sich ausschließlich mit den Besonderheiten dieser Flüchtlingsgruppe beschäftigte.[36]

Im Jahr 1999 erarbeitete die internationale Initiative »Separated Children in Europe«, in der viele NGOs zusammengeschlossen sind, zusammen mit dem UNHCR ein ›Statement of Good Practice‹ im Umgang mit den Kinderflüchtlingen, dessen Forderungen in den darauf folgenden Jahren durch ortsansässige Gruppen in den 28 in der Initiative vertretenen Ländern überprüft wurden.[37] Diese Einrichtung bemüht sich außerdem intensiv um die Berücksichtigung der Bedürfnisse und Rechte von minderjährigen unbegleiteten Flüchtlingen bei der derzeitig angestrebten Harmonisierung der EU-Asylpolitik.

Eine weitere Initiative unter Beteiligung von UNHCR und NGOs ist die »Inter-Agency-Group on Separated Children«, deren Arbeit bereits bei der Notsituation selbst ansetzt, aus der heraus Flüchtlingsprobleme entstehen, die also in Krisengebieten tätig wird. In Deutschland gibt es auf nationaler Ebene ebenfalls diverse NGOs, die eine Umsetzung der Standards überwachen und einfordern sowie engagierte Einzelfallarbeit leisten, darunter der Bundesfachverband »Unbegleitete Minderjährige Flüchtlinge« und die »National Coalition für die Umsetzung der UN-Kinderrechtskonvention«.

Es gibt eine beeindruckende Fülle von Initiativen und Richtlinien. Die Rechte und Bedürfnisse von Flüchtlingskindern scheinen auf internationaler Ebene umfassend durch Empfehlungen und Standards sowie zwischenstaatliche Verpflichtungserklärungen abgesichert zu sein. Die Umsetzung derselben scheint durch NGOs und UN-Organisationen streng überwacht und gewährleistet. Der Blick auf die bundesdeutsche Wirklichkeit zeigt jedoch, dass die Chancen für Flüchtlingskinder, schnelle humanitäre und vor allem kindgemäße Hilfe zu bekommen, kaum größer sind als vor dem Zweiten Weltkrieg.

1979 kamen nach Deutschland erstmals unbegleitete Flüchtlingskinder, nämlich einige tausend aus Vietnam und etwa 150 aus Kambodscha, die als Kontingentflüchtlinge anerkannt waren.[38] Später kamen Kinder aus Eritrea, Westafrika, Afghanistan, vom Balkan und aus vielen anderen Regionen, denen es schwer gemacht wurde und wird, überhaupt ein Aufenthaltsrecht zu erlangen.

Laut UNICEF waren im Jahr 2002 fünf- bis zehntausend minderjährige unbegleitete Flüchtlinge bis achtzehn Jahre in Deutschland,[39] für ganz Europa wird die Zahl auf 100 000 geschätzt, wobei die Erfassungskriterien von Land zu Land variieren.[40]

Trotz des Engagements von NGOs und Einzelnen und der eigentlich flächendeckenden Absicherung des Kindeswohls durch Konventionen, die von der Bundesrepublik ratifiziert wurden, ist die Situation der Kinder immer noch alles andere als zufriedenstellend.[41] Die Bundesrepublik hat die UNO-Kinderrechtskonvention nur unter dem Vorbehalt ratifiziert, dass die nationale Asyl- und Ausländergesetzgebung davon unberührt bleibt, was bedeutet, dass diese mehr zählt als das Kindeswohl und Flüchtlingskinder nicht in den Genuss desselben Schutzes kommen wie deutsche Kinder (was eine Verletzung des im Artikel 2 der Kinderrechtskonvention festgelegten Diskriminierungsverbots darstellt).[42] Die humanitären Organisationen, die die Einhaltung der Konvention überwachen, haben leider immer wieder Anlass, die mangelnde Umsetzung im Fall der Flüchtlingskinder zu kritisieren.

Kinderflüchtlinge erhalten in Deutschland nur den nach dem Haager Minderjährigenschutzabkommen vorgesehenen Schutz, wenn sie nicht älter als 16 Jahre sind, was heißt, dass sie mit Vollendung des 16. Lebensjahres keinen Vormund mehr bekommen und im normalen Asylverfahren in regulären Aufnahmeeinrichtungen (und nicht in Einrichtungen der Jugendhilfe) untergebracht werden. Die mangelnde Berücksichtigung kindlicher Bedürfnisse im Asylverfahren wird immer wieder kritisiert: Abschiebung von Kindern in »sichere Drittländer« oder ins Herkunftsland ohne Sicherstellung der kindgerechten Fürsorge nach ihrer Ankunft, Festsetzung von Kindern im Rahmen des Flughafenverfahrens oder in Jugendhaft, keine Erleichterung von Familienzusammenführungen innerhalb europäischer Länder, demütigende Altersfeststellungsverfahren sind an der Tagesordnung.[43] Viele Kinder erhalten nur befristete Aufenthaltsbewilligungen, die zwar immer wieder verlängert werden, aber keine mittel- und langfristige Lebensplanung ermöglichen und zudem psychisch belastend sind. Gerade in der Ausbildungsphase ist so etwas dauerhaft schädigend. In vielen Bundesländern ist den Kindern nicht einmal der Schulbesuch gestattet.

Kindeswohl und Kindeswillen sowie die Abmachung, dass zwischen ausländischen und einheimischen Kindern nicht differenziert werden darf, drei zentrale Forderungen der Kinderrechtskonvention, werden in der Bundesrepublik Deutschland systematisch verletzt.[44] Ins neue Zuwanderungsgesetz sind keine Regelungen zur Berücksichtigung des Kindeswohls aufgenommen worden und die hauptsächlichen kinderfeindlichen Regeln bleiben bestehen: Handlungsfähigkeit mit 16 Jahren, Flughafenverfahren, Drittstaatenregelung, Abschiebungen und Abschiebehaft. Eine kleine Verbesserung ist immerhin, dass nun auch kinderspezifische Verfolgungsarten anerkannt werden.[45]

Zwischen den Kindertransporten und der aktuellen Situation liegen fast sieben Jahrzehnte und eine ganze Reihe von Initiativen und Konventionen zur Verbesserung der Situation der Kinder. Welche Bilanz ist zu ziehen?

Während 1938/1939 die Aufnahme der Kinderflüchtlinge aus Deutschland in Großbritannien erfolgte, ohne dass die Kinder sich einem nicht kindgerechten Aufnahmeverfahren unterziehen mussten oder ihnen gar die Zurückschiebung drohte, ist es heute für

Kinder nicht so leicht, ja noch schwieriger als für Erwachsene (da ihre Asylanträge meist nicht anerkannt werden) in die Bundesrepublik zu gelangen und hier zu bleiben.

Für sie gelten in Deutschland nicht dieselben Rechte wie für deutsche Kinder, sie werden vor allem als unerwünschte Eindringlinge behandelt. Weder wird ihre besondere Schutzbedürftigkeit anerkannt, noch das Potenzial genutzt, das diese Kinder mitbringen. All die internationalen Standards können nicht greifen und das Engagement der NGOs bleibt fast nutzlos, solange die Bundesrepublik ihre Ausländer- und Asylpolitik über das Kindeswohl stellt.

Während 1938 die britische Regierung Flüchtlingskinder aufnahm, weil sie sich eine Verbesserung des internationalen Ansehens Großbritanniens versprach, und nach Kriegsende aus humanitären Gründen die Einbürgerung förderte, scheint es in Deutschland staatlicherseits heute weder als humanitäre Verpflichtung angesehen zu werden, Flüchtlingskinder von der Behandlung hilfsbedürftiger Fremder als Unerwünschte auszunehmen, noch scheint man sich diplomatischen Nutzen von einer toleranteren Politik gegenüber dieser besonders schutzbedürftigen Gruppe zu versprechen.[46]

Anmerkungen

1 Central British Fund, Archiv des Refugee Children's Movement, First Annual Report November 1938–December 1939, 153, S. 12.

2 Vgl. Muriel Emanuel und Vera Gissing, Nicholas Winton and the Rescued Generation, London, Portland/Oregon 2002.

3 Samuel Echt, Geschichte der Juden in Danzig, Leer/Ostfriesland 1972, S. 215.

4 Vgl. Frank Caesteckers Beitrag in diesem Band.

5 Ausführlich zu den Kindertransporten: Rebekka Göpfert, Der jüdische Kindertransport 1938/39. Geschichte und Erinnerung, Frankfurt am Main/New York 1999; Wolfgang Benz/Claudia Curio/Andrea Hammel (Hg.), Die Kindertransporte 1938/39. Rettung und Integration, Frankfurt am Main 2003; Claudia Curio, Flucht und Fürsorge. Die Kindertransporte 1938/39 nach Großbritannien, Berlin 2006.

6 Zur Lobbyarbeit jüdischer und christlicher Hilfsorganisationen für die Kinder aus Deutschland vgl. Amy Zahl Gottlieb, Men of Vision. Anglo-Jewry's Aid to Victims of the Nazi Regime 1933–45, London 1998, S. 100 ff.

7 Louise London, Whitehall and the Jews, 1933–1948. British Immigration Policy, Jewish Refugees and the Holocaust, Cambridge 2000, S. 114.

8 Ebenda, S. 58 f.

9 Ebenda, S. 130.

10 Sie bestanden in einer sehr oberflächlichen Inaugenscheinnahme. Durch die sehr große Zahl von einreisenden Flüchtlingen 1938–1939 wurden die Kontrollen noch oberflächlicher (Public Record Office, MH 55/704, Beschwerde des für Harwich zuständigen Port Medical Officers of Health, Dr. Fox, die er am 17. 7. 1939 beim britischen Gesundheitsministerium einreichte). Wichtiger war das auf Druck des Refugee Children's Movement für jedes Kind anzufertigende Gesundheitszeugnis, das mit dem Antrag auf Berücksichtigung für einen Kindertransport zusammen eingeschickt werden musste und sorgfältig geprüft wurde (vgl. Claudia Curio, »Unsichtbare« Kinder. Auswahl- und Eingliederungsstrategien der Hilfsorganisationen, in: Benz/Curio/Hammel (Hg.), Die Kindertransporte 1938/39, S. 60–81)

11 Zur britischen Palästinapolitik und deren Auswirkungen auf die Einwanderung nach Palästina vgl. Paul Bartrop, The British Colonial Empire and Jewish Refugees During the Holocaust Period: An Overview, in: Paul R. Bartrop (Hg.), False Havens. The British Empire and the Holocaust, Lanham/New York/London 1995, S. 1–19, hier: S. 7 f.

12 Ausführlich zur Wagner-Rogers-Bill vgl. Arthur D. Morse, While Six

Million died. A Chronicle of American Apathy, überarbeitete Neuauflage, New York/Woodstock 1998, S. 252–269; vgl. auch Ester Judith Baumel, The Refugee Children from Europe in the Eyes of the American Press and Public Opinion 1933–45, in: Holocaust and Genocide Studies 5, Nr. 3, 1990, S. 293.

13 »Thousands of motherless, embittered, persecuted children of undesirable foreigners …, potential leaders of a revolt against our American form of government« (»Admission of German Refugee Children«, Transcript of hearing held by Subcommittee of Committee on Immigration of House and Senate, 76th Cong., 1st session, April 20, 21, 24, 1939, zitiert bei Morse, While Six Million died, S. 260).

14 Central British Fund 2/353, Council for German Jewry, Minutes of Meetings of the Executive Committee, 18. 3. 1939.

15 Vgl. Claudia Curio, Flucht und Fürsorge. Für die christlichen und konfessionslosen Kinder, die als »Nichtarier« galten, arbeiteten die Quäker in Berlin und Wien, das Hilfswerk beim Bischöflichen Ordinariat Berlin und das ebenfalls in Berlin ansässige »Büro Grüber«.

16 Trevor Chadwick, einer der Organisatoren der Kindertransporte aus Prag, erinnerte sich: »Ich musste vor allem auf die Wünsche der Bürgen Rücksicht nehmen. Die meisten wünschten sich Mädchen im Alter zwischen sieben und zehn Jahren, nach Möglichkeit blond. Jungen ab zwölf Jahren waren schwer unterzubringen.« (Karen Gershon, We Came as Children, A Collective Autobiography, London 1966, S. 21).

17 Vgl. London, Whitehall and the Jews, S. 615 f.

18 Vgl. etwa Tony Kushner, The Persistence of Prejudice. Anti-Semitism in British Society during the Second World War, Manchester 1989; Richard Bolchover, British Jewry and the Holocaust, Cambridge 1993.

19 Dass die Antisemitismusängste durchaus begründet waren, zeigen die Untersuchungen der Mass Observation deutlich (Mass Observation Archive, University of Sussex, Brighton, TC Antisemitism). Der Begriff »Invisibility« ist in diesem Zusammenhang erstmals von Tony Kushner und Katherine Knox verwendet worden (Tony Kushner/Katherine Knox, Refugees in an Age of Genocide. Global, National and Local Perspectives during the Twentieth Century, London, Portland 1999, S. 126–216.

20 London, Whitehall and the Jews, S. 121.

21 CBF 28/153, RCM, First Annual Report, S. 2.

22 Hierzu ausführlicher: Claudia Curio, Die Fürsorgepolitik des Refugee Children's Movement. Ein Instrument der Integration deutsch-jüdischer Flücht-

lingskinder in die britische Gesellschaft, in: Jahrbuch für Antisemitismusforschung 10 (2001), S. 287–308.

[23] Vgl. Heide Kallert, Unterbringung, in: WOGE e. V./Institut für soziale Arbeit e. V. (Hg.), Handbuch der sozialen Arbeit mit Kinderflüchtlingen, Münster 1999, S. 442–449, hier: S. 446.

[24] Einem relativ hohen Prozentsatz ist es gelungen, die eigene Biografie als Kollektivschicksal zu entdecken. Etwa eintausend ehemalige Kindertransportteilnehmer sind mehr oder weniger lose in Ehemaligenvereinen organisiert, nehmen an Reunionen teil und beziehen Newsletters. Der Verbleib des weitaus größeren Teils der ehemaligen Kinderflüchtlinge ist jedoch völlig unbekannt. Auf literarisch eindrückliche Weise hat W. G. Sebald den Identitätsverlust eines in frühen Jahren adoptierten Flüchtlingskindes beschrieben, wozu er durch die Autobiografie Susi Bechhöfers angeregt wurde (W. G. Sebald, Austerlitz, München 2000; Jeremy Josephs und Susi Bechhöfer, Rosas Tochter. Bericht über eine wiedergefundene Kindheit, München 1999).

[25] London, Whitehall and the Jews, S. 267–268; Martin Gilbert hat über 732 Kinder, überwiegend Jungen, eine kollektive Biographie geschrieben (Martin Gilbert, The Boys. Triumph over Adversity, London 1996).

[26] Norman Bentwich, They Found Refuge. An Account of British Jewry's Work for Victims of Nazi Oppression, London 1956, S. 123; London, Whitehall and the Jews, S. 268.

[27] So etwa im Fall Jenny B., deren Mutter sich nach Kriegsende in Brüssel befand. Jenny blieb allerdings in England, obwohl die Zustände in Brüssel als zufriedenstellend beurteilt worden waren (CBF, Archiv des RCM, Birmingham Region 9, case files maintained by Mrs. Ruth Simmons (case work supervisor for refugee children), 301/163).

[28] »Can we for example send back ... a man of 19, who was admitted here as a child aged 14, and has no parents, or whose parents cannot be found, and who may have been adopted more or less by an English family?« (Maxwell, Permanent Undersecretary im Home Office seit 1938 (zitiert bei London, Whitehall and the Jews, S. 254).

[29] Gottlieb, Men of Vision, S, 133.

[30] Vgl. den Beitrag von Fritz Kieffer in diesem Band.

[31] Göpfert, Der jüdische Kindertransport, S. 102.

[32] Helga Jockenhövel-Schiecke, Flüchtlingskinder und ihre Rechte. Internationale Konventionen, innerstaatliche Gesetze und das Kindeswohl in der Praxis, in: Jahrbuch der deutschen Stiftung für UN-Flüchtlingshilfe 2003, S. 29–52, hier: S. 33.

[33] Es gibt derzeit Überlegungen, die Genfer Flüchtlingskonvention um einen Zusatz zum Schutz von Kindern zu erweitern (Jockenhövel-Schiecke, Flüchtlingskinder, S. 41).

[34] Steffen Angenendt, Kinder auf der Flucht. Minderjährige Flüchtlinge in Deutschland. Im Auftrag des Deutschen Komitees für UNICEF, Opladen 2000, S. 38.

[35] Artikel 22, zitiert nach Wolfgang Benz, Unbegleitete Flüchtlingskinder. Zu einem Desiderat der Exilforschung, in: Jahrbuch für Antisemitismusforschung (13) 2004, S. 261–272, hier: S. 263.

[36] UNHCR (Hg.), Richtlinien über allgemeine Grundsätze und Verfahren zur Behandlung asylsuchender unbegleiteter Minderjähriger, Bonn 1997.

[37] Separated Children in Europe (Hg.), Statement of Good Practice, Swindon 1999.

[38] Jockenhövel-Schiecke, Flüchtlingskinder, S. 33.

[39] Klaus-Henning Rosen, Zum Geleit: Kinder. Die Schwächsten unter den Flüchtlingen, in: Ders. (Hg.), Flucht. Kinder – Die Schwächsten unter den Flüchtlingen (Jahrbuch der Deutschen Stiftung für UN-Flüchtlingshilfe 2002/2003), Berlin/Bad Honnef 2004, S. 9–12, hier: S. 10.

[40] UNHCR (Hg.), Flüchtlinge, Nr. 1, April/Mai 2001, S. 7. Die Altershöchstgrenze und die Definition des Status »unbegleitet« sind nicht einheitlich. In manchen Ländern gelten Kinder, die in Begleitung entfernter Verwandter reisen, nicht als unbegleitet, in anderen Ländern alle als unbegleitet, die von ihren Eltern getrennt sind.

[41] Vgl. Wolfgang Benz, Unbegleitete Flüchtlingskinder. Zu einem Desiderat der Exilforschung, in: Jahrbuch für Antisemitismusforschung 13 (2004), S. 261–272.

[42] Vgl. Steffen Angenendt, Kinder auf der Flucht. Minderjährige Flüchtlinge in Deutschland, Opladen 2000, S. 85 ff.

[43] Das Handwurzelverfahren (bei dem durch Röntgenuntersuchung der Handwurzel eine Alterseinschätzung vorgenommen wird) wurde zwar eingestellt – nicht wegen der Verletzung der Menschenwürde des Kindes, sondern weil Mediziner die Verlässlichkeit des Verfahrens anzweifelten –, andere Methoden der Inaugenscheinnahme, die kaum minder demütigend sind, bleiben jedoch in Gebrauch.

[44] Jockenhövel-Schiecke, Flüchtlingskinder, S. 46.

[45] Ebenda, S. 42.

[46] Im Juni 2005 scheiterte ein Vorschlag des Innenministers Otto Schily, minderjährigen Flüchtlingen, die mehr als sechs Jahre in Deutschland gelebt haben, ein Bleiberecht einzuräumen, am Widerstand der Länderinnenminister.

Frank Caestecker

Tradition und Tendenzen europäischer Flüchtlingspolitik

Die Entstehung von Flüchtlingspolitik

Die historische Betrachtung der Entstehung einer Politik für Flüchtlinge im Europa des 20. Jahrhunderts zeigt, dass eine solche Politik stets nicht nur der Lösung humanitärer Probleme, sondern auch dem Ausgleich von Spannungen dient, die das Migrationsregime in einer hochregulierten demokratischen Industrienation angesichts der Eigeninteressen des Nationalstaates mit sich bringt. Wie kann Flüchtlingspolitik im Einklang mit nationalen Eigeninteressen stehen? Ignoriert der Zufluchtsstaat mit einer nicht-selektiven Zulassungspolitik nicht seine materiellen Interessen?

Die Institutionalisierung der Flüchtlingspolitik und die Asylkrise im letzten Viertel des 20. Jahrhunderts lassen uns allerdings schnell die politischen Interessen übersehen, die zur Entstehung und Ausweitung dieses Bereiches der Ausländerpolitik geführt haben. Die Hauptfunktion der Politik für Flüchtlinge war es, eine selektive Einwanderungspolitik zu legitimieren, unter anderem, indem durch sie die Einwanderungspolitik erst zu einem funktionsfähigen Instrument gemacht wurde.

Mit der Demokratisierung der westeuropäischen Gesellschaften und dem Aufschwung der westeuropäischen Nationalstaaten in der Zwischenkriegszeit und insbesondere nach dem Zweiten Weltkrieg kam es zur Installation einer selektiven und protektionistischen Einwanderungspolitik in den europäischen Einwanderungsgesellschaften. Menschen von der Peripherie des europäischen Wirtschaftsraumes erhielten nur Zugang zum Zentrum, wenn der aufnehmende Staat ihre Arbeitskraft für seine wirtschaftliche Entwicklung als nützlich erachtete.[1] Nach der Aufnahme wurde die

Arbeitskraft der Einwanderer in die Segmente des Arbeitsmarktes gelenkt, in denen Arbeitskräftemangel herrschte und die von einheimischen Arbeitskräften gemieden wurden. Die Nützlichkeit der Arbeitskraft von Einwanderern war in hohem Maße abhängig vom Zustand der Wirtschaft. Der Gastarbeiter musste je nach Bedarf in den Arbeitsmarkt hinein- und wieder herausgelenkt werden können. Wenn Eingewanderte nicht mehr gebraucht wurden oder unerwünschte Immigranten zu einem Zeitpunkt ankamen, zu dem für ihre Arbeitskraft gerade kein Bedarf bestand, mussten sie das Land verlassen. Um den Exekutivorganen Handlungsmacht zu geben, wurden unautorisierte Einreise und illegaler Aufenthalt kriminalisiert und so konnte Einwanderungspolitik, manchmal unter hohem Kostenaufwand, in großem Umfang durchgesetzt werden. Migrationsmanagement entwickelte sich in Europa zu einer Kombination aus externer – mittels Visapflicht und Grenzkontrollen – und interner Einwanderungskontrolle. Letztere stellte eine allumfassende soziale Überwachung dar, die Inspektionen am Arbeitsplatz und in Fürsorgeeinrichtungen sowie die Kollaboration mit allen möglichen gesellschaftlichen Organisationen, etwa Gewerkschaften und Arbeitgeberverbänden, einschloss.

Die demokratischen Nationalstaaten im Zentrum der europäischen Wirtschaft beabsichtigten, die ökonomischen Interessen ihrer Bürger zu schützen, indem sie nicht eingeladenen Nicht-Staatsbürgern den Zugang verweigerten. Im Klartext heißt das: Während sich im Zuge der Demokratisierung der Staat für seine Bürger zu einem Wohlfahrtsstaat entwickelte, wurde er für die (potenziellen) Immigranten, also für jene, die der nationalen Gemeinschaft rechtlich fremd waren, mehr und mehr zu einem Polizeistaat.[2]

Diese Zwangsjacke, in die Immigranten genötigt wurden, riss während der Wirtschaftskrise der dreißiger Jahre auf. Durch die erste Asylkrise, ausgelöst durch die Flucht aus dem nationalsozialistischen Deutschland, wurde deutlich, dass die europäischen Staaten in ihren Möglichkeiten, die Einwanderung an den Grenzen zu kontrollieren, eingeschränkt waren.[3] Flüchtlinge vor antisemitischer Verfolgung waren, insbesondere ab 1938, entschlossen, auf jede Weise in ein Land zu kommen, das ihnen Sicherheit bieten konnte. Diese Zwangsmigranten hatten kaum eine andere Wahl, als illegal fremdes Territorium zu betreten. Waren einmal Grenzkontrollen umgangen oder Visumsfristen überschritten, weigerten sie sich standhaft, nach Deutschland zurückzukehren. Diese Gruppe unerwünschter, jedoch schwerlich repatriierbarer Immigranten war in großem Maße von Ausweisung ausgenommen. Effizienzerwägungen in Kombination mit humanitären Werten spielten eine vorrangige Rolle bei der Entscheidung, für diese Flüchtlinge eine Ausnahme zu machen. Sie war in dem Sinne rational, als die Verweigerung von Schutz kaum handhabbare innenpolitische und internationale Schwierigkeiten verursacht hätte.[4] Der politische Schutz von Flüchtlingen war ein Bekenntnis zur Menschenwürde als einem der wichtigsten Werte, auf deren Grundlage sich Europa im 18. und 19. Jahrhundert entwickelt hatte. Dieses humanitäre Menschenrechtserbe konnte im 20. Jahrhundert nicht ignoriert werden, aber Flüchtlingspolitik war in ihrer Essenz stets ein Kompromiss. Sie war auch ein Mittel, um die Autorität des Staates, Ausländer auszuschließen, zu rechtfertigen und zu stärken. Durch sie wurde das Recht geltend gemacht, den meisten Außenseitern durch Einwanderungskontrolle im Sinne nationaler Interessen den Zugang zu verwehren. Grenzkontrollen und Abschiebungspraxis waren akzeptabel, solange man für Flüchtlinge eine Ausnahme machte. Flüchtlinge im Sinne von Personen, die vor Menschenrechtsverletzungen flohen, wurden zunehmend als eine Kategorie von Immigranten betrachtet, die besondere Unterstützung verdienten.

James Hathaway schreibt dazu: »Flüchtlingsgesetzgebung hat bei der Migrationskontrolle die Funktion einer Deichschleuse. [...] [Sie] verhindert, dass der Zuwanderungsdruck sich in einem Maße aufbaut, das den Zusammenbruch der gesamten Struktur nach sich ziehen könnte.«[5] Eine solche Strategie, durch die nicht genehmen Immigranten Einlass gewährt wurde, war also ein Ergebnis protektionistischer Einwanderungspolitik.

Die Kodifizierung von Flüchtlingsrecht fand im belgischen und französischen nationalen Recht in den dreißiger Jahren statt, zum Teil auf der Grundlage der Konvention für Flüchtlinge aus Deutschland vom 4. Juli 1936.[6] Mit der Genfer Konvention über den Rechtsstatus von Flüchtlingen (1951) wurde das internationale Flüchtlingsregime in Europa und später in der Welt auf eine solide Basis gestellt.[7] Mit dieser historischen Vereinbarung wurde Flüchtlingsrecht erstmals internationales Recht und die Unterzeichnerstaaten erkannten erstmals explizit an, dass es bei der Einwanderungspolitik um allgemeine Interessen der internationalen Gemeinschaft ging. Die Gepflogenheit, Flüchtlinge in Nachbarländer weiterzuschicken, führte zu diplomatischen Spannungen.

Mit der Genfer Konvention verpflichteten sich alle Unterzeichnerstaaten, die Verantwortung für die an ihren Grenzen ankommenden Flüchtlinge zu übernehmen. Die Erfahrungen der dreißiger Jahre und der Kriegszeit führten dazu, dass das Interesse an einer Flüchtlingspolitik als Ventil der Migrationskontrolle zunahm.[8] Die einzelnen Staaten bemühten sich nun um internationale Kooperation, um gemeinsam Lösungen für die Probleme zu finden, die Flüchtlinge in den nationalen Einwanderungsgesetzgebungen darstellten. Die Genfer Konvention verbesserte die Kooperation, da sie verbindliche Verfahrensstandards etablierte.[9]

Alle europäischen Staaten traten der Konvention bei und verpflichteten sich somit, im Einklang mit liberalen Werten auf unfreiwillige Migration zu reagieren. Die Konvention schrieb ausschließlich das Prinzip des Non-Refoulement fest, also das Verbot für Mitgliederstaaten, Flüchtlinge in das Land der Verfolgung zurückzuweisen. Das schließt das Recht, Asyl zu beantragen für alle an den Grenzen Ankommenden ein, schreibt aber kein Bleiberecht für Flüchtlinge in dem jeweiligen Staat fest. Trotzdem entwickelte sich die Flüchtlingspolitik, wie sie in der Genfer Konvention festgeschrieben war, zu einem de-facto-Recht auf Asyl. Flüchtlingen wurden ein Daueraufenthaltsrecht und damit verbunden soziale Rechte zugestanden, und zwar nicht auf Grundlage des internationalen Rechts, sondern weil dies als die beste nationale Lösung zur Einhaltung des Non-Refoulement-Prinzips erschien. Die Stabilität der Herkunftsstaaten während des Kalten Krieges bewirkte ohnehin, dass eine sichere Rückkehr ausgeschlossen war.[10] Flüchtlinge wurden so zu Staatsbürgern des Aufnahmelandes assimiliert. Eine andere Entwicklung im internationalen Recht hatte ebenfalls Auswirkungen auf die heutige europäische Politik für Flüchtlinge. 1950, also ein Jahr, bevor die Genfer Konvention internationales Flüchtlingsrecht etablierte, wurde unter der Schirmherrschaft des Europarates die Europäische Konvention zum Schutz der Menschenrechte und Grundfreiheiten verabschiedet.[11] Artikel 3 der Konvention verbietet Folter und »unmenschliche oder erniedrigende Behandlung oder Strafe«. Die Menschenrechtskonvention schränkte damit die Möglichkeiten europäischer Staaten ein, Flüchtlinge in Länder zurückzuweisen, wo sie Folter oder anderer »unmenschlicher oder erniedrigender Behandlung oder Strafe« ausgesetzt sein könnten. Abschiebungen konnten so aus humanitären Gründen ausgesetzt werden.

Sobald Asylsuchende es bis an die Grenzen der Aufnahmestaaten geschafft haben, sind die Behörden durch diese beiden legalen Instrumente in ihrer Absicht, ihnen weiteren Zugang zu verweigern, eingeschränkt. Die Judikative kann auf der Grundlage der in diesen Gesetzestexten enthaltenen Schutzbestimmungen den administrativen Ermessensspielraum deutlich einschränken. Hinzu kommt eine aufmerksame Öffentlichkeit, die die Verwaltungsbehörden ebenfalls kontrolliert.

Eine europäische Flüchtlingspolitik

Die beiden gesetzlichen Instrumente – die Menschenrechtskonvention und die Genfer Flüchtlingskonvention – bilden die juristische Grundlage europäischer Flüchtlingspolitik. Trotzdem ist Einwanderungs- und damit verbunden auch Flüchtlingspolitik in den europäischen Mitgliedsstaaten sehr heterogen, unter anderem wegen unterschiedlicher historischer Erfahrungen mit der Einwanderung.

Die Europäische Union mit ihrem gemeinsamen Markt und einer einheitlichen Währung hatte 15 verschiedene Migrationsregimes. Dabei unterscheidet sich die historische Erfahrung mit Immigration in Südeuropa wesentlich von der in den traditionellen westeuropäischen Zielländern internationaler Migration. Während des Industriezeitalters wurden durch südeuropäische Staaten keine Arbeitskräfte im Ausland rekrutiert, im Gegenteil: Die Bürger dieser Länder waren es, welche die Arbeitskraft in den nordeuropäischen Ländern ergänzten.

Die südeuropäischen Staaten haben erst in den letzten Jahrzehnten Erfahrungen mit Einwanderung gemacht. Seit den achtziger Jahren sind die europäischen Mittelmeerländer rasch von Auswanderungs- zu Einwanderungsländern geworden. Während sich in Nordeuropa im Verlauf des 20. Jahrhunderts eine umfassende Einwanderungspolitik herausgebildet hat, findet dies in Südeuropa erst seit kurzem statt. Externe Kontrollen und Grenzkontrollen haben sich sehr schnell entwickelt und nähern sich der Praxis anderer europäischer Einwanderungsländer an. Alle europäischen Länder erlebten in den letzten Jahrzehnten eine Intensivierung ihrer externen Kontrolle, in Südeuropa geschah dies mit besonderer Geschwindigkeit. Externe Kontrolle umfasst die verstärkte Überwachung an den EU-Außengrenzen und Fernsteuerungsmechanismen wie etwa die Visumspflicht, Haftung der Beförderungsunternehmen für ihre Passagiere und die Zusammenarbeit mit Transit- und Herkunftsländern. Dagegen ist die interne Kontrolle in Südeuropa noch unterentwickelt und die dortige Ausländerpolitik zeigt, verglichen mit den Zuständen in Nordeuropa, gesellschaftlich bislang noch wenig Wirkung.[12]

Die Mitgliedsstaaten der EU waren recht zögerlich, eine europäische Flüchtlingspolitik zu entwickeln. In den achtziger Jahren gab es ausschließlich zwischenstaatliche Initiativen. Diese entwickelten sich sehr langsam und ohne Beteiligung der Öffentlichkeit. Das Meisterstück war das Schengener Abkommen (1995), das EU-interne Kontrollen abschaffte und zugleich die Kontrollen an den Außengrenzen verstärkte. Die Annahme des Dubliner Abkommens (1990), mit dem festgelegt wurde, welches Land innerhalb des Schengenbereichs zuständig für einen Asylantrag ist, dauerte Jahre. Die Schwierigkeiten bei der Durchsetzung dieser Vereinbarung waren dabei Indiz für das Misstrauen und den Unwillen unter den Mitgliedsstaaten, in Einwanderungsangelegenheiten zusammenzuarbeiten.[13]

In den neunziger Jahren wurde die Geheimhaltungspraxis der frühen zwischenstaatlichen Initiativen zugunsten einer offeneren Herangehensweise aufgegeben. Der Amsterdamer Vertrag, seit 1999 in Kraft, setzte die Fragen von Migration und Asyl auf die Agenda der Europäischen Union und behandelte sie nicht mehr als rein zwischenstaatliche Angelegenheiten. Mit der Vergemeinschaftung europäischer Migrationspolitik sind Initiativen nun wesentlich stärker der öffentlichen Debatte ausgesetzt.[14]

Allerdings waren die Mitgliedsstaaten noch nicht bereit, ihre Souveränität zu teilen. Entscheidungen mussten daher stets einstimmig angenommen werden. So konnten in der EU nur Initiativen begonnen werden, die den kleinsten gemeinsamen Nenner darstellten, so genannte Mindeststandards. Indirekt wirken sich solche Initiativen paradoxerweise gelegentlich negativ auf den Flüchtlingsschutz aus, wenn Mitgliedsstaaten die Mindeststandards als Empfehlungen missbrauchen. Zugleich erfordert die Diskussion über Flüchtlingsschutz auf der europäischen Ebene einen eher rechtsstaatlich orientierten Zugang.

Internationale Vereinbarungen zwischen Staaten schlossen bestimmte praktische ad-hoc-Lösungen aus, die den Exekutiven auf der nationalen Ebene bei Krisen in der Einwanderungspolitik zur Verfügung standen. Diese widersprüchlichen Einflüsse der Bemühungen um Europäisierung der Flüchtlingspolitik sind klar erkennbar in den Initiativen, welche die EU im Bereich des Flüchtlingsschutzes ergriff.

Seit Mai 2004 sind zumindest jene Bereiche der Asylpolitik, welche einstimmig verabschiedet wurden (Aufnahme, Flüchtlingsdefinition), Gegenstand regulärer legaler Verfahren auf EU-Ebene. Dies heißt auch, dass für Beschlüsse im Rat nur noch eine qualifizierte Mehrheit erforderlich ist. Der größere Teil der europäischen Einwanderungspolitik, aber auch die Ratsrichtlinie über Mindeststandards im Asylverfahren in den Mitgliedsstaaten müssen jedoch nach wie vor einstimmig beschlossen werden. Diese Klausel, die nun auch das Votum der neuen Mitgliedsländer einschließt, lässt noch langwierigere Entscheidungsprozesse erwarten.

Die meisten europäischen Initiativen betrafen bislang den Bereich der Migrationskontrolle. Die Anschläge vom 11. September 2001 und die Bedrohung durch Terrorismus hatten eigentlich nur geringen Einfluss auf die europäische Agenda, aber die dadurch ausgelösten Sicherheitsbedenken verstärkten den Fokus der Union auf irreguläre Migration und auf die Frage, wie die Festung Europa zu sichern sei. Man kann sich fragen, wie es angesichts der sich stetig verschärfenden restriktiven Einwanderungspolitik nach wie vor Flüchtlingen gelingt, bis zu den Grenzen Europas zu gelangen und dort Asyl zu suchen.[15]

Einwanderungskontrolle ist das Kernstück europäischer Einwanderungspolitik, aber auch im Bereich des Flüchtlingsschutzes hat die Europäische Union in letzter Zeit Entscheidungen getroffen, die für die Zukunft Europas von großer Bedeutung sind. Die Hauptfrage hierbei ist, welche Flüchtlinge ein Recht auf Schutz haben.

Die Flüchtlingsdefinition in Europa

In der ersten Hälfte des 20. Jahrhunderts war das Hauptkriterium für die Zuerkennung des Flüchtlingsstatus, dass das Leben oder die Freiheit einer Person wegen ihrer Handlungen oder Überzeugungen bedroht waren. In den meisten Ländern hatten Verfahrensweisen gegenüber Flüchtlingen einen informellen Charakter und die Flüchtlinge waren völlig vom Ermessen der Behörden abhängig. Für die Behörden waren nur verfolgte politische Aktivisten berechtigt, Unterstützung als Flüchtlinge zu erhalten. Selbst die wenigen formalen Asylverfahren in Europa (Frankreich, Belgien) waren auf das Ideal des politischen Flüchtlings zugeschnitten und während der dreißiger Jahre waren deshalb Juden, die für das, was sie waren, und nicht für das, was sie taten, verfolgt wurden, meist vom Flüchtlingsstatus ausgeschlossen. Politisch verfolgte mussten heimlich ins Ausland fliehen, während Juden Deutschland mit einem regulären Pass und der Zustimmung der NS-Behörden verließen. Die Flucht der Juden wurde deshalb als freiwillige Auswanderung interpretiert und der jüdische Exodus aus Deutschland offiziell nicht als Flüchtlingsbewegung betrachtet. Trotzdem hat man bis 1939 in den liberalen Ländern Europas jüdische Flüchtlinge in der Regel geduldet. 1939, als der Druck auf die Grenzen anwuchs, wurden deutsche Juden, die die Grenzkontrollen umgingen oder trotz abgelaufener Visa im Land blieben, zunehmend als illegale Einwanderer und nicht mehr als Flüchtlinge behandelt. Dieser Wandel der Politik konnte in jenen Ländern, die keine formale Flüchtlingspolitik entwickelt hatten, leicht umgesetzt werden. Da Flüchtlinge von der Gnade administrativen Ermessens abhängig waren, wurde die Ausweisung jüdischer Flüchtlinge institutionell nicht angefochten.

In den wenigen Ländern mit einer formalen Flüchtlingspolitik konnten die jeweils für die Gewährung von Asyl zuständigen Institutionen bei der Verweigerung des Schutzes für jüdische Flüchtlinge Einspruch erheben. Obwohl beispielsweise die belgische Asylbehörde den Flüchtlingsschutz zu gewährleisten hatte, wurde sie dieser Erwartung kaum gerecht. Die Asylbehörde selbst hatte keine Bedenken, Juden kollektiv den Zugang zum Flüchtlingsverfahren zu verwehren, aber immerhin beschränkte der Rechtsgrundsatz den behördlichen Ermessensspielraum, da die Judikative das Recht, um Asyl anzusuchen, schützte.[16]

Die Möglichkeiten, die Realität der Verfolgung zu ignorieren, verringerten sich mit der Genfer Flüchtlingskonvention von 1951, die einen Flüchtling als eine Person definierte, die »aus der begründeten Furcht vor Verfolgung wegen ihrer Rasse, Religion, Nationalität, Zugehörigkeit zu einer bestimmten sozialen Gruppe oder wegen ihrer politischen Überzeugung sich außerhalb des Landes befindet, dessen Staatsangehörigkeit sie besitzt, und den Schutz dieses Landes nicht in Anspruch nehmen kann oder wegen dieser Befürchtungen nicht in Anspruch nehmen will«.[17] Das subjektive Flüchtlingskonzept der Genfer Konvention und die vielen verschiedenen Verfolgungsgründe, die in ihr aufgelistet waren, stellten, verglichen mit vorhergehenden engeren, objektiven Flüchtlingskonzepten, eine Erweiterung dar. Diese Flüchtlingsdefinition erwies sich als offen genug, um sehr verschiedene Verfolgungsarten einzuschließen. Die Auslegung der in der Genfer Konvention enthaltenen Schutzregelungen war jedoch innerhalb Europas nicht einheitlich.

Der Zerfall von Staaten, insbesondere in Afrika, veranlasste manche europäischen Länder dazu, auch Verfolgung durch nichtstaatliche Akteure als Asylgrund zu betrachten. Menschen auf der Flucht vor nichtstaatlicher Verfolgung im Libanon in den siebziger, in Algerien in den achtziger und in Somalia und Liberia in den neunziger Jahren, die nicht auf Schutz durch ihren eigenen Staat rechnen konnten, wurden als berechtigt für den Flüchtlingsstatus angesehen. Allerdings weigerten sich nicht nur Deutschland, sondern auch die Schweiz und Frankreich, den Rahmen der Genfer Konvention zu erweitern. Damit enthielten sie solchen Flüchtlingen den Konventionsstatus vor.[18] Die gemeinsame Position des Europäischen Ministerrates im März 1996 negierte nach wie vor die Existenz von Verfolgung durch nichtstaatliche Parteien.[19]

Unterschiede in der Interpretation der Genfer Konvention können auch bezüglich der Zugehörigkeit zu einer bestimmten sozialen Gruppe als Verfolgungsgrund gefunden werden. In einigen Ländern wurden Frauen und Homosexuelle in diese Kategorie aufgenommen. Auf solche Weise passten diese Länder die Genfer Konvention an den Zeitgeist an. In anderen Ländern wurden geschlechtsspezifische Verfolgung und Verfolgung Homosexueller hingegen nicht als konventionsrelevant betrachtet. Betroffenen wurde daher der Schutz vorenthalten. Die restriktive Einstellung mancher Länder bei der Gewährung von Konventionsschutz – Deutschland ist dabei seit 1982 am berüchtigtsten – bedeutete nicht, dass betroffenen Personen auch der weitere Aufenthalt versagt wurde. Meistens wurden sie als de-facto-Flüchtlinge zugelassen. Der bereits zitierte Artikel 3 der Europäischen Menschenrechtskonvention (siehe S. 77) hatte eine legale Verpflichtung für die europäischen Staaten zur Folge, diese Flüchtlinge zu dulden.[20]

Dies war auch bei den Flüchtlingen vor Krieg oder allgemeiner Gewalt der Fall. Die Genfer Konvention bezieht sich auf eine strikt individuelle Verfolgung. Menschen, die einer Situation allgemeiner Gewalt entfliehen, sind durch die Konvention deshalb nicht geschützt. Diese Lücke kam durch den jugoslawischen Bürgerkrieg in der ersten Hälfte der neunziger Jahre (1991–1995) auf die politische Agenda. Kriegsflüchtlinge wurden meist auf der Basis von ad-hoc-Definitionen toleriert, waren aber vollkommen abhängig vom administrativen Ermessen.[21]

Das veranlasste Österreich 1998 während der EU-Präsidentschaft des Landes, den Rückzug aus der Genfer Konvention vorzuschlagen. Das Argument war, dass ein individuelles subjektives Recht auf Asyl nach dem Ende des Kalten Krieges nicht mehr angemessen sei. Nur ein flexibleres Instrument könne die zügige Hilfe ermöglichen, die in der neuen Ära mit ihren Massenfluchten vor Krieg und ethnischen Konflikten gebraucht werde.[22] Diese formale Infragestellung des Wertes der UN-Flüchtlingskonvention ist seither nicht wieder vorgekommen. Sie war der Tiefpunkt europäischer Flüchtlingspolitik.

Die Existenz einer großen Gruppe von Immigranten, die als nicht durch die Genfer Konvention geschützt betrachtet, aber trotzdem in Europa geduldet wurden, weil sie Schutz benötigten, regte jedoch die Entwicklung neuer Schutzmechanismen zur Ergänzung der Konvention an.

Deutschland hatte wegen seiner sehr strikten Interpretation der Genfer Konvention, aber hauptsächlich wegen seiner geografischen Nähe und Migrationsverbindungen zu Jugoslawien die größte Zahl von de-facto-Flüchtlingen. Seit den frühen neunziger Jahren hatte Deutschland ein europäisches Programm zur Lastenteilung im Fall von Massenflucht gefordert. Der Amsterdamer Vertrag setzte dieses Thema formal auf die Agenda, kurz darauf wurde in der Kosovokrise der Mangel an legalen Vorkehrungen für solche Flüchtlinge deutlich und die deutsche Forderung nach Lastenteilung noch einmal bestärkt.

Die erste Richtlinie im Bereich Asyl im Juli 2001 stellte in einem gewissen Maße ein Eingehen auf die deutsche Forderung dar. Diese Richtlinie über Mindestnormen für die Gewährung eines vorübergehenden Schutzes im Falle eines Massenzustroms von Vertriebenen bot eine Form von Lastenteilung auf der Basis freiwilliger Zustimmung des Mitgliedsstaates.[23] Genauso wichtig ist sicherlich, dass diese Richtlinie Schutz für Konventions- und de-facto-Flüchtlinge bot. Im April 2004 sorgte die Richtlinie des Rates über Mindestnormen für die Anerkennung als Flüchtlinge oder als Personen, die subsidiären Schutz benötigen, explizit für den Schutz der de-facto-Flüchtlinge.[24]

Die ad hoc entschiedenen und auf Ermessen basierenden Lösungen, die in den neunziger Jahren entwickelt wurden, sind nun durch einen rechtlichen Status für Opfer genereller Gewalt und andere durch die Europäische Konvention zum Schutz der Menschenrechte geschützte Personen ersetzt worden. Die Lücke im durch die Genfer Konvention gebotenen Schutz ist nun durch die Institutionalisierung von subsidiärem Schutz als Bestandteil europäischen Rechts geschlossen worden. Dieser eher rechtsgrundsätzliche Ansatz ist eine Verbesserung, die durch die Verlagerung von Flüchtlingsschutz auf eine supranationale Ebene erreicht werden konnte.

Zugleich ist die Genfer Konvention revitalisiert worden. Die Divergenzen in der Interpretation der Konvention innerhalb Europas sind durch eine offenere Flüchtlingsdefinition aufgehoben worden. Die Frage der Zugehörigkeit zu einer bestimmten sozialen Gruppe als Verfolgungsgrund ist großzügig definiert. Verfolgung von Homosexuellen und Frauen ist in dieser europäischen Richtlinie als Anlass zum Schutz nach der Genfer Konvention akzeptiert: »Die Zugehörigkeit zu einer sozialen Gruppe kann der Grund für Verfolgung sein, Zugehörigkeit bezieht sich hierbei auf das Teilen angeborener Merkmale, durch welche diese soziale Gruppe als verschieden von der umgebenden Gesellschaft betrachtet wird.« Dieser Definition schließt sich die folgende Bemerkung an: »Geschlechtsspezifische Aspekte können berücksichtigt werden, ohne an sich bereits die Vermutung der Anwendbarkeit dieses Artikels nahezulegen.« Dieser völlig unnötige Zusatz zeigt, dass die Erweiterung der Flüchtlingsdefinition widerwillig erfolgte und auf starken Widerstand stieß.

Tatsächlich ist die Hälfte der Menschheit potenziell durch diese Interpretation begünstigt, aber natürlich können nur Frauen, die verfolgt werden, mit Schutz rechnen. Die Richtlinie legt außerdem eindeutig fest, dass Verfolgung durch einen nichtstaatlichen Akteur für Schutz qualifizieren kann, wenn in der Herkunftsregion der Staat schwach oder nicht vorhanden ist.[25]

Die Harmonisierung der Interpretation der Genfer Konvention, die diese Richtlinie ankündigt, ist definitiv ein Fortschritt im Flüchtlingsschutz. Subsidiärer Schutz als rechtlicher Status ist ebenfalls ein deutlicher Fortschritt zu den bisherigen ad-hoc-Maßnahmen. Subsidiärer Schutz kann die Schutzlücke schließen, aber in der Definition der Schutzberechtigten finden sich Schwächen. Für subsidiären Schutz muss laut der Richtlinie eine ernsthafte individuelle Bedrohung des Lebens oder der Unversehrtheit einer Zivilperson infolge willkürlicher Gewalt im Rahmen eines internationalen oder innerstaatlichen bewaffneten Konflikts bestehen. Diese Voraussetzung ist in sich widersprüchlich, denn willkürliche Gewalt ist niemals eine individuelle, sondern stets eine kollektive Bedrohung.[26]

Dies sind natürlich Mindeststandards und bei der Umsetzung in nationales Recht wird sich zeigen, inwieweit die europäischen Staaten gewillt sind, über die sehr eng konzipierte Definition dieser Richtlinie hinauszugehen. Durch die Abkehr von den eng gefassten Auslegungen können die Nationalstaaten zeigen, dass sie die Wichtigkeit einer Politik für Flüchtlinge begriffen haben.

Auch in den Rechten, welche die Ratsrichtlinie den Flüchtlingen zugesteht, spiegelt sich der Konflikt zwischen Migrationskontrolle und Flüchtlingsschutz. Während europäische Staaten in der zweiten Hälfte des 20. Jahrhunderts Flüchtlinge zu eigenen Staatsbürgern assimilierten, geht es heute eher darum, ob Flüchtlinge Freizügigkeit und Arbeitsgenehmigung erhalten, ob sie Zugang zum öffentlichen Wohlfahrtssystem haben sollen, ob sie mit Familienangehörigen wiedervereinigt und wann ihnen ein Daueraufenthaltsrecht bewilligt werden sollte. Die Ratsrichtlinie bietet die Möglichkeit, für Empfänger subsidiären Schutzes das Recht zu arbeiten einzuschränken. Manche Staaten lassen die Flüchtlinge lieber von Sozialfürsorge leben, statt ihnen die Aufnahme einer Tätigkeit zu erlauben. Obwohl dies die finanzielle Last vergrößert, wird das Arbeitsverbot als Möglichkeit gesehen, ihren Aufenthalt in Europa unattraktiv zu gestalten. Durch den Zwang zum Müßiggang soll der Pull-Faktor der Schutzgewährung neutralisiert werden. Auch dies zeigt, dass Flüchtlingspolitik durch Erwägungen der Einwanderungspolitik untergraben wird.

In der Ratsrichtlinie sind noch weitere Instrumente zur Durchsetzung von Einwanderungspolitik zu finden. So verzögern europäische Staaten in zunehmendem Maße die Gewährung von unbefristeten Aufenthaltsgenehmigungen an Flüchtlinge. Flüchtlinge erhalten befristete Aufenthaltsgenehmigungen, deren Verlängerung davon abhängt, ob sie bei ihrer Rückkehr immer noch Risiken ausgesetzt wären. Sofern sie noch gefährdet sind, behalten sie natürlich den Schutz und insofern wird die Genfer Konvention eingehalten, aber nach wie vielen Jahren des Aufenthaltes kann ein Staat Menschen noch dahin zurückschicken, wo sie ursprünglich herkamen? Natürlich gibt es einen Wandel in der geopolitischen Situation. Im Gegensatz zur Ära des Kalten Krieges, als generell akzeptiert wurde, dass Flüchtlinge kamen, um zu bleiben, sind heute die verfolgenden Systeme weniger stabil und die Rückkehr von Flüchtlingen in ihr Herkunftsland kann in Erwägung gezogen werden. Die Einwanderungskontrolle spielt hier jedoch eine subtile Rolle und dieser Restriktionismus belastet ebenfalls die für Ausländerpolitik zuständige Verwaltung. Nirgendwo in Europa hat sich eine Verwaltung bei der Handhabung der sehr komplexen Asylkrise besonders hervorgetan.

Schlussfolgerung

Die in der Ratsrichtlinie gebotene Flüchtlingsdefinition ist großzügig, aber ihr mehrdeutiger Wortlaut spiegelt das Bedürfnis einiger Mitgliedsstaaten nach einer nichtselektiven Kontrolle. Dies schränkt die positiven Auswirkungen der Richtlinie ein. Die Funktion von Flüchtlingspolitik als Überlaufventil der Einwanderungskontrolle ist in Frage gestellt, wenn selbst bei der Definition derer, die für Schutz in Frage kommen, Interessen der Einwanderungsbeschränkung eine Rolle spielen. Man kann nur hoffen, dass die Mitgliedsstaaten im Prozess der Umsetzung der Richtlinie in nationales Recht diese Einflüsse tilgen. Einwanderungspolitik hat in den letzten Jahrzehnten rasant an Bedeutung gewonnen, doch sollte ihr Einfluss wenigstens bei der Definition der Gruppe der Schutzbedürftigen auf keinen Fall spürbar sein.

Überhaupt bis zu den Grenzen Europas zu kommen, ist für Flüchtlinge eine immer schwierigere Aufgabe geworden. Jene Flüchtlinge aufzunehmen, denen es gelingt, Asyl in Europa zu beanspruchen, ist das einzige Zugeständnis, das europäische Staaten machen müssen, um ihre riesigen Ressourcen zur Kontrolle der Grenzen nutzen zu können. Europa als eine Region, die sich in Bezug auf die Einhaltung der Menschenrechte als führend ansieht, sollte keine Angst haben,

Schutz zu gewähren, sondern es mit Stolz tun. Dies ist der einzige Weg, um der Erwartung gerecht zu werden, dass Europa ein Raum von Freiheit, Sicherheit und Gerechtigkeit ist – das offizielle Ziel der Vergemeinschaftung von Asyl- und Einwanderungsrecht.

Eine großzügige Flüchtlingsdefinition, die Flüchtlingen Zugang zu einem Status gewährt, der ihnen die volle Partizipation an der europäischen Gesellschaft ermöglicht, ist essenziell für einen solchen Ort von Freiheit, Sicherheit und Gerechtigkeit.

Unsere Gesellschaft reguliert den Zugang zu gemeinsamen Ressourcen durch administrative Mittel. Menschen den Zugang zu diesen kollektiven Ressourcen zu verweigern, indem man ihnen einen legalen Status vorenthält, drängt sie an die Ränder unserer hochregulierten Gesellschaft ab. Die Existenz illegaler und halblegaler Ausländer in unserer Mitte kann negative Auswirkungen auf die Lebens- und Arbeitsbedingungen haben, auf die wir uns demokratisch geeinigt haben. Für jene uneingeladenen Einwanderer, die keine Möglichkeit zur Rückkehr haben, gibt es für Politiker, die diese Art interner Apartheit ablehnen, aber nur eine Option: ihnen den legalen Status zu gewähren.

Eine formale europäische Flüchtlingspolitik, die alle mit einschließt, die nicht in der Lage sind, in ihr Ursprungsland zurückzukehren, wäre eine Lösung für jene Probleme unserer europäischen Gesellschaft, die aus unerwünschter Immigration resultieren. Dies wird zwar die globale Menschenrechtskrise nicht lösen und insofern könnte man zynisch von einer Schaufensterdekoration reden, die globale Apartheit versteckt. Jedoch kann eine humanitäre europäische Politik für jene Flüchtlinge, die es bis an die europäischen Grenzen schaffen, Verhaltensstandards auch für nichteuropäische Länder setzen. Die moralische Autorität Europas kann davon nur profitieren. Dies bedeutet allerdings, dass Europa bestimmte moralische Standards auch in seiner Politik der Verstärkung von Einwanderungskontrolle durch Fernsteuerung anwenden muss.

(Übersetzung aus dem Englischen von Claudia Curio)

Anmerkungen

[1] Ich beziehe mich hier auf das Weltsystem-Paradigma von Wallerstein und die von ihm verwendete Terminologie Zentrum versus Peripherie. Vgl. Immanuel Wallerstein, The Capitalist World Economy, Cambridge 1979.

[2] Frank Caestecker, The Changing Modalities of Regulation within Continental Europe 1870–1940, in: Anita Böcker et al. (Hg.), Regulation of Migration. International Experiences, Amsterdam 1998, S. 73–98, hier: S. 77–86. Ders., Alien Policy in Belgium, 1840–1940. The Creation of Guest Workers, Refugees and Illegal Aliens, Oxford 2000, S. 270–277. Gary Cross, Immigrant Workers in Industrial France: The Making of a new Laboring Class, Philadelphia 1983, S. 213–225. Leo Lucassen, Agent of Koopman? Theorie en praktijk van de controle op arbeidsmigratie in Nederland, 1918–1980, in: 't Hart, M. (Hg.), Nieuwe Nederlanders. Vestiging van migranten door de eeuwen heen, Amsterdam 1996, S. 151–168. Jochen Oltmer, Migration und Politik in der Weimarer Republik, Göttingen 2005, S. 361–363.

[3] In den zwanziger Jahren wurde für Flüchtlinge aus der Sowjetunion ein internationales Flüchtlingsregime eingeführt, die damit verbundenen Maßnahmen betrafen jedoch ausschließlich bereits in den Asylländern angekommene Immigranten. Dadurch, dass die Sowjetunion ihre Grenzen geschlossen hatte, gelangten keine neuen Flüchtlinge mehr in die westeuropäischen Staaten. Das internationale Flüchtlingsregime der zwanziger Jahre rührte nicht an das Recht der Staaten auf Schutz ihrer Grenzen; Claudena Skran, The Historical and Contemporary Context of International Responses of Asylum in: Journal of Policy History, 1992, IV, S. 8–35.

[4] Frank Caestecker und Bob Moore (Hg.), Refugees from Nazi Germany and the Liberal European States, 1933–1939, Oxford 2006.

[5] James C. Hathaway, The Law of Refugee Status, Toronto 1991.

[6] Caestecker und Moore, Refugees; Vicki Caron, Uneasy Asylum: France and the Jewish Refugee Crisis, 1933–1942, Stanford 1999, S. 122–139.

[7] Die Genfer Konvention trat erst 1954 in Kraft, als mit der Ratifizierung durch Australien das Minimum von sechs Unterzeichnerstaaten erreicht war. Bis zum Ende der fünfziger Jahre hatten alle europäischen Staaten außer Franco-Spanien unterzeichnet. Von den osteuropäischen Staaten wurde die Vereinbarung nur von Jugoslawien akzeptiert. Ab den sechziger Jahren ratifizierten weltweit immer mehr Staaten die Konvention, in den neunziger Jahren unterzeichneten die meisten ehemaligen Ostblockstaaten; Guy Goodwin-Gill, The Refugee in International Law, Oxford 1986.

[8] Zeugnis dafür sind das deutsche Grundgesetz von 1949 mit dem Artikel 16 und die italienische Verfassung von 1948, die beide auch Indiz für die ideologische Verpflichtung zum Recht auf Asyl sind; Klaus J. Bade, Migration in European History, Oxford 2003, S. 265–266.

[9] Gérard Noiriel, La Tyrannie du national. Le droit d'asile en Europe 1793–1993, Paris 1991, S. 139–149.

[10] Frank Caestecker, Vluchtelingenbeleid in de naoorlogse periode, Brüssel 1992, S. 65–107. Kim Salomon, Refugees in the Cold War. Toward a New International Refugee Regime in the Early Postwar Era, Lund 1991, S. 226. Alexis Spire, Etrangers à la carte. L'administration de l'immigration en France (1945–1975), Paris 2005, S. 59–63, S. 225–230 und S. 255.

[11] Jede Person, die sich in ihren Rechten entsprechend der Konvention von einer staatlichen Seite verletzt sieht, kann vor den Europäischen Gerichtshof für Menschenrechte gehen. Die Entscheidungen des Gerichtshofes sind juristisch bindend. Vor dem Inkrafttreten des Zusatzprotokolls 11 (1994) hatten Individuen keinen direkten Zugang zum Gerichtshof; sie mussten ihren Fall vor der Europäischen Kommission für Menschenrechte vortragen, welche, falls sie den Fall wohlbegründet fand, für die Person den Fall vor den Gerichtshof brachte. Protokoll 11 schaffte die Kommission ab, vergrößerte den Gerichtshof und ermöglichte es Individuen, ihren Fall direkt vorzubringen. Richard Plender und Nuala Mole, Beyond the Geneva Convention: Constructing a de facto Right of Asylum from International Human Rights Instruments, in: Nicholson Frances, Twomey Patrick (Hg.), Refugee Rights and Realities. Evolving International Concepts and Regimes, Cambridge 1999, S. 83–97.

[12] Greta Brochmann und Thomas Hammar (Hg.), Mechanisms of Immigration Control: a Comparative Analysis of European Regulation Policies, Oxford 1999, S. 12–15. Siehe auch die Beiträge von Axel Kreienbrink und Juliane Wetzel in diesem Buch.

[13] Andrew Geddes, Immigration and European Integration. Manchester 2000, S. 70–73. Elspeth Guild, The Developing Immigration and Asylum Policies of the European Union. Den Haag 1996. Kris Pollet, Asielrecht in de Europese unie. Antwerpen 1994. Jan Niessen, Five Years of EU Migration and Asylum Policymaking under the Amsterdam and Tampere Mandates, Brüssel 2004, S. 46.

[14] Jörg Monar, An ›Area of Freedom, Justice and Security‹ Progress and Deficits in Justice and Home Affairs, in: Philip Lynch, Nanette Neuwahl und Wyng Rees (Hg.), Reforming the European Union. From Maastricht to Amsterdam. New York 2000, S. 202–230. Kris Pollet, Asielbeleid in Europa, in: Ronald Commers

und Jan Blommaert (Hg.), Het Belgische asielbeleid. Kritische perspectieven, Berchem 2001, S. 261–321, hier: S. 280–320.

[15] Denise Efionayi-Mäder, Milena Chimienti, Janine Dahinden und Etienne Piguet (Hg.), Asyldestination Europa. Eine Geographie der Asylbewegungen, Zürich 2001, S. 49–62.

[16] Caestecker und Moore, Refugees.

[17] Diese Auslegung war eine Kopie der Definition der International Refugee Organisation von 1946, welche Flüchtlinge als Personen definierte, die begründete Einwände gegen die Rückkehr in ihr Herkunftsland hatten, inklusive »begründete Furcht vor Verfolgung wegen Rasse, Religion, Nationalität oder politischer Meinung«. Kim Salomon, Refugees in the Cold War. Toward a New International Refugee Regime in the Early Postwar Era, Lund 1991, S. 60. Ursprünglich war die Genfer Konvention beschränkt auf Personen, die Flüchtlinge aufgrund von Ereignissen geworden waren, die vor dem 1. Januar 1951 stattgefunden hatten. Staaten, die der Konvention beitraten, konnten ihren Geltungsrahmen noch weiter auf in Europa stattgefundene Ereignisse eingrenzen. 1967 wurden mit einem neuen Protokoll die zeitlichen und geographischen Beschränkungen beseitigt.

[18] Dirk Vanheule et al. (Hg.), Who is a Refugee? A Comparative Case Law Study, Den Haag 1996. Rupert Colville, Persecution Complex, in: Refugees, 1995, 3, 17–25, hier: S. 20.

[19] Amtsblatt der Europäischen Union, L-63 vom 13. 3. 1996.

[20] Christian Joppke, Immigration and the Nation-State: The United States, Germany and Great Britain, Oxford 1999, S. 88 ff.

[21] J. W. Dacyl, Europe Needs a New Protection System for ›Non-Convention‹ Refugees, in: International Journal of Refugee Law, 1995, VII, 4, S. 575–595.

[22] Memorandum der Präsidentschaft des Europarates an das K4-Komitee, doc. 9809/98, 1. Juli 1998, at para. 102. NRC Handelsblad, 29. 10. 1998.

[23] Amtsblatt der Europäischen Union, L-212 vom 7. 8. 2001. Temporärer Schutz als eine ausnahmsweise gewährte Übergangsschutzmaßnahme kann für höchstens drei Jahre erteilt werden und wirkt sich nicht nachteilig auf die Möglichkeit der Beantragung des Konventionsflüchtlingsstatus aus.

[24] Amtsblatt der Europäischen Union, L-304 vom 30. 9. 2004.

[25] Schutz kann solchen Asylsuchenden verwehrt werden, bei denen angenommen wird, dass ihre Sicherheit durch ihren eigenen Staat, aber auch durch Parteien oder Organisationen, inklusive internationale Organisationen garantiert werden kann, die eine Region oder einen größeren Teil eines staatlichen Territoriums kontrollieren. Die Diskussion über diese Art von Schutz ist

noch nicht beendet. Sie dreht sich um die Frage der Temporalität dieses Schutzes und in welchem Maße dieser mit nationalem Schutz gleichgesetzt werden kann.

26 Erwägung 26 der Richtlinie, die festsetzt, dass »Risiken, denen die Bevölkerung eines Landes [….] generell ausgesetzt ist, normalerweise an sich keine individuelle Bedrohung herstellen, die (jemanden für Schutz) qualifizieren« scheint ein weiterer unnötiger Zusatz.

Wolfgang Benz

Einwanderungsland Deutschland

Rückblick auf ein halbes Jahrhundert Migration

Deutschland hat 82,4 Millionen Einwohner, davon haben 7,3 Millionen nicht die deutsche Staatsangehörigkeit, das sind 8,9 Prozent. Den größten Anteil der Ausländer stellen Türken mit 27 Prozent, gefolgt von Bürgern Jugoslawiens bzw. seiner Nachfolgestaaten (14 Prozent), Italiens (8 Prozent), Griechenlands (5 Prozent), Polens (4 Prozent). Fast die Hälfte der Ausländer in Deutschland hat eine andere oder keine Staatsangehörigkeit. Ein Viertel der Ausländer kommt aus Mitgliedsstaaten der Europäischen Union.

Die Zahlen belegen, dass Deutschland im aktuellen Migrationsgeschehen eine beträchtliche Rolle spielt.[1] Der Rückblick bis zum Zweiten Weltkrieg – den Deutschland als Eroberungskrieg unter der Devise »Volk ohne Raum« begonnen und geführt hatte – zeigt, dass die letzten 60 Jahre von dramatischen Wanderungsbewegungen charakterisiert sind. Am Ende des Zweiten Weltkrieges und als unmittelbare Folge wurden ca. 13 Millionen Menschen deutscher Nationalität als Flüchtlinge und Vertriebene heimatlos. Sie kamen aus den Ostgebieten des Deutschen Reiches, sie waren vor der Roten Armee nach Westen geflohen oder nach den Beschlüssen der Potsdamer Konferenz aus Territorien der wiedererstandenen Staaten Polen und Tschechoslowakei sowie aus anderen Ländern Ost-Mitteleuropas und Süd-Osteuropas vertrieben worden. Zum einen kamen die Vertriebenen aus Gebieten, die seit Jahrhunderten zum Deutschen Reich gehört hatten wie Ostpreußen, Pommern, Schlesien, zum anderen hatten sie als deutsche Minderheiten in Böhmen und Mähren (als »Sudetendeutsche«), in Ungarn, in Jugoslawien und Rumänien und in Polen seit Jahrhunderten gelebt. Nach den Potsdamer Beschlüssen wurden zum Teil unter katastrophalen Umständen und hohen Verlusten bis 1950 rund 13 Millionen Menschen deutscher Sprache und Kultur in das verkleinerte und in vier Besatzungszonen geteilte Deutschland umgesiedelt. Etwa neun Millionen kamen in die westlichen Besatzungszonen, aus denen 1949 die Bundesrepublik Deutschland hervorging, ca. 3,6 Millionen wurden in der sowjetischen Besatzungszone, dem Territorium der DDR ab 1949, aufgenommen. Die Integration der Vertriebenen muss für beide deutschen Staaten, die westliche Bundesrepublik wie für die östliche DDR, als eine wunderbare Leistung gewürdigt werden.

Die Alliierten hatten ein Koalitionsverbot erlassen, d. h. die Vertriebenen durften sich nicht in eigenen politischen Parteien sammeln, die ihrer speziellen Interessenvertretung dienten. In der DDR gab es überdies die Sprachregelung, nach der strikt und ausschließlich von »Umsiedlern« die Rede war; auch kulturelle Traditionspflege wie in der Bundesrepublik war den Flüchtlingen und Vertriebenen in der DDR verboten. In der Bundesrepublik entstand nach dem Ende des Koalitionsverbots der Alliierten 1949 eine politische Interessenpartei, der Bund der Heimatvertriebenen und Entrechteten (BHE), die bis Anfang der sechziger Jahre als hochkonservative Bündnispartnerin der CDU eine Rolle spielte. Das Verschwinden der Partei ist ein Indiz für die Integration der Flüchtlinge, die auf dem Arbeitsmarkt der beiden deutschen Staaten gebraucht wurden, zum Teil die Kriegsverluste der Bevölkerung ausgleichen halfen und durch Ausbildung, Fleiß, Motivation und Leistungswillen am Wiederaufbau des kriegszerstörten Deutschland einen erheblichen Anteil hatten.[2]

Zur Wanderungsbilanz im Nachkriegsdeutschland gehören auch etwa 10 Millionen Menschen, die als Kriegsgefangene, als Zwangsarbeiter, KZ-Häftlinge nach der Befreiung in ihre Heimatländer zurückkehrten oder – wie vor allem die jüdischen *Displaced Persons* – Auswanderungsmöglichkeiten in die USA, nach Palästina (Israel) und andere Länder wie Australien abwarteten. Ein deutsches Phänomen der folgenden Jahre war die Binnenwanderung von Ost- nach Westdeutschland. Bis zum Bau der Berliner Mauer im August 1961, mit der die Flucht aus der DDR weitgehend unterbunden wurde, flohen durchschnittlich etwa 350 000 Menschen jährlich aus der DDR in die Bundesrepublik. Allerdings übersiedelten zwischen 1950 und 1961 auch insgesamt ca. 400 000 Menschen (also etwa 40 000 jährlich) von der Bundesrepublik in die DDR.

Konjunktur und Arbeitsmarkt waren in den fünfziger Jahren, im Zeichen des Wirtschaftswunders, Anlass zur Anwerbung ausländischer Arbeitskräfte durch die Bundesrepublik. 1955 wurde der erste Anwerbevertrag mit Italien abgeschlossen, es folgten Abkommen mit Spanien und Griechenland (1960), der Türkei (1961), Marokko (1963), Portugal (1964), Tunesien (1965) und Jugoslawien (1968). Höhepunkt der Wanderungsbewegung der Arbeitsmigranten in die Bundesrepublik war das Jahr 1970. Die Ölkrise führte dann zum Anwerbestopp im November 1973. Der Zuzug von »Gastarbeitern« kam dadurch zum Stillstand, nicht aber der Familiennachzug. Denn das ursprüngliche Konzept der Bundesrepublik, Arbeitskräfte anzuwerben und zu attraktiven Bedingungen (einschließlich aller für Deutsche geltenden Sozialleistungen) auf Zeit zu beschäftigen, erwies sich als realitätsfern. Die Arbeitskräfte waren nicht bereit, wie die Fremdarbeiter im NS-Staat im Lager eine isolierte Existenz zu fristen; sie wollten vielmehr ihre Familien nachkommen lassen und nicht nach kurzem Aufenthalt in die Heimat zurückkehren. Sie bekamen Kinder in Deutschland, die wenig Bezug zum Ursprungsland hatten und die Sprache der Großeltern, die sie im Urlaub von Deutschland aus besuchten, nicht beherrschten.

Auch in der DDR wurden ausländische Arbeitskräfte rekrutiert. Diese Arbeitsmigranten, sie stammten aus Vietnam, Mosambik und Kuba, mussten nach dem Rotationsprinzip nach Beendigung ihres Vertragsverhältnisses in ihre Heimatländer zurückkehren. Die »Vertragsarbeiter« lebten in Ghettos, von Familienzuwanderung war keine Rede. 1989, am Ende der DDR, gab es ca. 93 000 ausländische Arbeiter auf dem Gebiet der Deutschen Demokratischen Republik, die Mehrheit von ihnen (59 000) kam aus Nordvietnam.[3]

Mit dem Zusammenbruch der kommunistischen Herrschaft und der neuen Freizügigkeit in Ost-Europa erreichte zu Beginn der neunziger Jahre eine Welle von Zuwanderern Deutschland. Es handelte sich nicht nur um deutschstämmige Personen aus der Sowjetunion und den anderen Ostblockstaaten und um Asylbewerber aus diesen Ländern. 1990 hatte die letzte Volkskammer der DDR ein erleichtertes Einreiseverfahren für Juden aus der Sowjetunion beschlossen. Nach der Vereinigung blieb der Beschluss im Rahmen des »Gesetzes über Maßnahmen im Rahmen humanitärer Hilfsaktionen aufgenommener Flüchtlinge« gültig. Als »Kontingentflüchtlinge« werden die Juden (und ihre nichtjüdischen Angehörigen) in der Bundesrepublik integriert. Sie haben den jüdischen Gemeinden in Deutschland einen Zuwachs von etwa 70 000 Menschen gebracht: 1990 zählten sie knapp 30 000 Mitglieder, 2003 waren es 102 472.[4]

Bis in die neunziger Jahre verkündeten entgegen aller Realität alle Regierungen der Bundesrepublik den Grundsatz, Deutschland sei kein Einwanderungsland. Aus diesem Grund wurde auch auf eine generelle gesetzliche Regelung von Immigration verzichtet, die Kompetenzen für Migranten lagen zum Teil beim Innenministerium (nämlich Aufenthaltsrecht- und Staatsbürgerschaftsfragen), zum Teil beim Arbeitsministerium, da die Zuwanderer vor allem unter Gesichtspunkten des Arbeitsmarktes und der Sozialordnung betrachtet wurden. In der Praxis wurden freilich alle Flüchtlinge aus der DDR übernommen, sie erhielten sofort Sozialleistungen und automatisch die Staatsbürgerschaft der Bundesrepublik. Das wirkte zweifellos auf viele Bürger der DDR magnetisch; die Praxis verursachte der Bundesrepublik hohe Kosten, die aber als Preis des politischen Anspruchs auf die Einheit der deutschen Nation und im Gefühl der moralischen Überlegenheit über den kommunistischen zweiten deutschen Staat, dem die Bürger in Scharen entflohen, gerechtfertigt schien. De facto war mit dieser Übung die

Bundesrepublik Deutschland aber von Anfang an ein Einwanderungsland, das ihr zwischen der Staatsgründung 1949 und dem Mauerbau in Berlin einen Wanderungsgewinn von 4,2 Millionen Menschen bescherte.

Eine weitere Gruppe von Zuwanderern, der das Recht auf Einbürgerung garantiert war, bildeten Deutschstämmige, die als »Spätaussiedler« aus Ost-Europa in die Bundesrepublik kommen wollten. Der Betreuungsaufwand für diese Gruppe ist beträchtlich, da dahinter der politische Wille steht, sie rasch zu integrieren. Bis Juli 1996 war der Zuzug von »Spätaussiedlern« ohne besondere Formalitäten möglich, dann wurde eine Sprachprüfung im Herkunftsland (die nicht wiederholbar ist) als Voraussetzung des Aufnahmebescheids eingeführt. Die Zuwanderung von Spätaussiedlern erreichte in den neunziger Jahren ihren Höhepunkt. Zwischen 1990 und 2002 sind insgesamt 2,2 Millionen Menschen, die sich auf eine deutsche Herkunft berufen konnten, vor allem aus der ehemaligen Sowjetunion in die Bundesrepublik gekommen.[5]

In der Erinnerung an die Flüchtlinge, die als politische Gegner des Nationalsozialismus oder als Juden der Verfolgung ab 1933 durch Emigration aus Hitler-Deutschland entkommen waren und irgendwo Asyl gefunden hatten, verankerten die Gründungsväter der Bundesrepublik eine großzügige Asylregelung in der Verfassung. Im Artikel 16 des Grundgesetzes heißt es »Politisch Verfolgte genießen Asylrecht«, d. h. Personen, die wegen der Zugehörigkeit zu einer bestimmten Rasse, Religion, Nationalität, sozialen Gruppe oder politischen Überzeugung in ihrem Heimatland verfolgt werden, haben einen einklagbaren Anspruch auf dieses Grundrecht in der Bundesrepublik Deutschland. Außerdem gibt es neben diesem Recht auf politisches Asyl das »kleine Asyl« auf Grund der Genfer Flüchtlingskonvention. Ein Ausländer, dessen »Leben oder Freiheit wegen seiner Rasse, Religion, Staatsangehörigkeit, seiner Zugehörigkeit zu einer bestimmten Gruppe oder wegen seiner politischen Überzeugung« im Heimatland bedroht ist, erhält den Status eines Flüchtlings und Aufenthaltserlaubnis für zwei Jahre, die verlängert werden muss, wenn die Bedrohung anhält. Neben dieser Gruppe, den Konventionsflüchtlingen im »kleinen Asyl« gibt es noch die »befristete Duldung« aus anderen Gründen, wenn dem Flüchtling etwa bei einer Abschiebung Folter, Todesstrafe oder ähnliche Gefahren für Leib, Leben und Freiheit im Heimatland drohen. Die »befristete Duldung« ist kein Aufenthaltsrecht, sondern lediglich der Verzicht deutscher Behörden auf die Vollstreckung der Ausreiseverpflichtung.

Sowohl die Anwerbung von Gastarbeitern als auch die ständige Einladung an DDR-Bürger zur Übersiedlung in die Bundesrepublik, und ebenso die Einladung an Menschen deutscher Abstammung in den einstigen deutschen Siedlungsgebieten Ost- und Süd-Osteuropas, aber auch die Attraktivität der Asyl-Gesetzgebung machten die Bundesrepublik de facto schon mit ihrer Gründung zum Einwanderungsland. Zur Aufrechterhaltung der Doktrin, nach der Deutschland kein Einwanderungsland sein sollte, wurden seit den siebziger Jahren politische Maßnahmen ergriffen, die dieser Maxime Geltung verschaffen sollten. Dem Anwerbestopp für Gastarbeiter 1973 folgte 1983 das Rückkehrerförderungsgesetz, das den Arbeitsmigranten Anreize bot zur Rückkehr in ihre Heimatländer. Die Migrationspolitik war ab Mitte der siebziger Jahre, als eine Bund-Länder-Kommission Leitlinien zur Ausländerpolitik entwickelte, darauf gerichtet, lange ansässige Migranten zu integrieren und den Zuzug neuer Einwanderer zu begrenzen. Das Thema Ausländer wurde regelmäßig parteipolitisch instrumentalisiert, am 1. Januar 1991 trat nach gründlicher Reform ein neues Ausländergesetz in Kraft.

Das Ausländergesetz ist kein Einwanderungsgesetz, es regelt lediglich Einreise, Aufenthalt und Niederlassung von Ausländern in Deutschland, nicht Probleme der Einbürgerung. Aufenthaltsgenehmigung wird abgestuft als befristete oder unbefristete Aufenthaltserlaubnis erteilt oder als Aufenthaltsbewilligung oder Aufenthaltsbefugnis. Es handelt sich dabei um juristisch-bürokratische Feinheiten bei der Definition des Status eines in Deutschland lebenden Ausländers.

Gleichzeitig mit dem Ausländergesetz wurde die Asylpolitik neu geregelt. Eine Verfassungsänderung, die als Asylkompromiss der Parteien am 1. Juli 1993 in Kraft trat, erschwerte durch drei Regeln das Asylverfahren erheblich. Zum Ersten dürfen sich Personen, die über einen »sicheren Drittstaat« in die Bundesrepublik einreisen, nicht mehr auf das Grundrecht auf politisches Asyl berufen. Als »sichere Drittstaaten« sind alle Mitglieder der Europäischen Union definiert sowie viele weitere Nationen, in denen die Anwendung der Genfer Flüchtlingskonvention und der Europäischen Menschenrechtskonvention als sichergestellt gilt. Alle Nachbarstaaten der Bundesrepublik sind somit »sichere Drittstaaten«, in die Asylbewerber zurückgeschoben werden, ohne dass ein Asylverfahren eröffnet wird. Ein Asylbewerber, der einen entsprechenden Antrag stellen kann, muss deshalb mit dem Flugzeug direkt aus dem Lande seiner Verfolgung in die Bundesrepublik einreisen.

Das zweite Hindernis wurde mit dem Prinzip des sicheren Herkunftslandes errichtet. Das sind Länder, in denen nach Überzeugung des deutschen Gesetzgebers keine Verfolgung stattfindet. Asylsuchenden aus diesen Ländern wird daher in der Regel nach einem verkürzten Überprüfungsverfahren die Einreise verwehrt, falls sie nicht eine individuelle Verfolgung beweisen können. Als Drittes wurde die Flughafenregelung eingeführt, die bei Asylbewerbern aus »sicheren Herkunftsstaaten« und auch bei Antragsstellern ohne Ausweis angewendet wird, und zwar im Transitbereich des Einreiseflughafens. Innerhalb von 19 Tagen muss das verkürzte Verfahren abgeschlossen sein, wenn dies nicht möglich ist, muss zunächst einmal die Einreise in die Bundesrepublik erlaubt werden.[6]

Die Zahl der Asylanträge ist nach diesen Veränderungen in erheblichem Maße rückläufig. Das hängt mit der Abwehr an den Grenzen ebenso zusammen wie mit der Aussichtslosigkeit, Asyl in der Bundesrepublik zu erhalten bzw. mit der Schwierigkeit, einen Antrag auf politisches Asyl zu begründen. In der ersten Hälfte des Jahres 2004 hat die damals zuständige Behörde, das Bundesamt für die Anerkennung ausländischer Flüchtlinge über 40 110 Anträge von Asylbewerbern entschieden. Anerkannt wurden davon nur 1,7 Prozent. Im ersten Halbjahr 2004 sind 9458 neue Anträge auf Asyl in der Bundesrepublik Deutschland gestellt worden, das ist fast ein Drittel weniger als im gleichen Zeitraum des Vorjahres. Die Asylsuchenden kamen vor allem aus der Türkei (2595), aus Serbien und Montenegro (2328) sowie aus Russland (1476).[7]

Die Politiker haben im Frühjahr 2000 begonnen, die Realität, dass Deutschland ein Einwanderungsland ist und Zuwanderung braucht, anzuerkennen. Die »Unabhängige Kommission Zuwanderung«, im September 2000 vom Bundesminister des Innern eingesetzt, legte nach gründlicher Diskussion im Juli 2001 einen umfangreichen Bericht vor[8], auf dessen Grundlage ein Zuwanderungsgesetz beraten wurde, das freilich im ersten Anlauf scheiterte. Im März 2002 vom Bundestag verabschiedet, konnte das Gesetz wegen formaler Mängel nicht in Kraft treten. Immerhin bestand Konsens darüber, dass Regelungsbedarf in Sachen Zuwanderung bestand. Am 1. Juli 2004 wurde das Gesetz dann verabschiedet. Es trat am 1. Januar 2005 in Kraft. Schon mit seiner Verkündung im August 2004 wurde die Behörde für die Anerkennung ausländischer Flüchtlinge umgewandelt in das »Bundesamt für Migration und Flüchtlinge«. Das Amt, untergebracht in einer ehemaligen SS-Kaserne in Nürnberg am Rand des Parteitagsgeländes auf einem Areal, das nach dem Krieg *Displaced Persons* und Migranten beherbergte, widmet sich mit über 2000 Mitarbeitern der Tatsache, dass Deutschland ein Einwanderungsland ist.

Anmerkungen

[1] Bundesministerium des Innern, Sachverständigenrat für Zuwanderung und Integration, Migrationsbericht im Auftrag der Bundesregierung, aktualisierte Ausgabe November 2004.

[2] Erik Franzen, Die Vertriebenen. Hitlers letzte Opfer, Berlin 2002; Flucht und Vertreibung. Europa zwischen 1939 und 1948, Hamburg 2004.

[3] Herbert Brücker (Hrsg.), Migration: Potential und Effekte für den deutschen Arbeitsmarkt. Baden-Baden 2003; Ulrich Herbert, Geschichte der Ausländerpolitik in Deutschland. Saisonarbeiter, Gastarbeiter, Flüchtlinge, München 2001.

[4] Karin Weiß, Zwischen Integration und Ausgrenzung: Jüdische Zuwanderer aus der ehemaligen Sowjetunion in Deutschland, in: Jahrbuch für Antisemitismusforschung 11 (2002), S. 249–270; Sonja Haug, Jüdische Zuwanderer in Deutschland. Überblick über den Stand der Forschung, Nürnberg 2005 (Bundesamt für Migration und Flüchtlinge, Working Papers 3); Franziska Becker, Ankommen in Deutschland. Einwanderungspolitik als biographische Erfahrung im Migrationsprozeß russischer Juden, Berlin 2001.

[5] Anja Steinbach, Soziale Distanz. Ethnische Grenzziehung und die Eingliederung von Zuwanderern in Deutschland, Wiesbaden 2004.

[6] Edda Currle, Migration in Europa. Daten und Hintergründe, Stuttgart 2004, S. 18 f.

[7] Der Tagesspiegel, Berlin 20. 8. 2004.

[8] Zuwanderung gestalten. Integration fördern. Bericht der Unabhängigen Kommission »Zuwanderung«, Berlin 2001.

Rita Süssmuth

Asylrecht und Zuwanderungsgesetz der Bundesrepublik Deutschland

In meinen Ausführungen werde ich zunächst den Komplex behandeln, wie sich Flüchtlingsnachfrage und Asylnachfrage in Deutschland und in Europa entwickeln. Dann nehme ich Stellung zu der Frage, wie es um die Schicksale der Flüchtlinge selbst steht. Ferner ist zu erörtern, welche Auswirkungen die veränderten Schutzlagen in Deutschland und Europa für die Aufnahme von Flüchtlingen haben und wie der Flüchtlingsschutz in den Herkunftsländern wie in den benachbarten Regionen verbessert werden kann. Im letzten Teil gehe ich auf die Zusammenhänge zwischen Flucht und illegaler Zuwanderung ein.

Die Bundesrepublik Deutschland war bis zum Asylkompromiss Anfang der neunziger Jahre in der Ausrichtung des Flüchtlingsschutzes bestimmt von den Erfahrungen des Nationalsozialismus. Gerade deswegen ist wichtig, dass Menschen, die weltanschaulich, politisch und religiös verfolgt werden, bei uns Aufnahme finden. Flüchtlinge der neunziger Jahre in Deutschland waren in erster Linie Bürgerkriegsflüchtlinge aus dem Balkan. Hunderttausende suchten in Deutschland Schutz und erhielten ihn auch. Aber dieser Andrang führte zu einschneidenden Neuregelungen der Asylbestimmungen im Grundgesetz. Die gesetzliche Änderung war ein Kompromiss der Unions-geführten Koalition mit den Sozialdemokraten, indem Frieden im Innern und Schutz der Menschen nun austariert wurden. Wenn wir uns die letzten Jahre, also die Zeit nach dem Asylkompromiss anschauen, insbesondere die ab 1994, dann können wir sagen, dass nach der Neuregelung die Nachfrage nach Asyl in Deutschland stetig sank. Im Jahr vor dem in Krafttreten des Asylkompromisses, im Jahre 1992, gab es in Deutschland über 438 000 Asylanträge. Ein Jahr später waren es über 322 000 Anträge. 2002 blieb diese Zahl zum ersten Mal seit Ende des Kalten Krieges unter 100 000 und lag bei etwas über 91 000 Anträgen. Im Jahr 2004 betrug die Zahl der Asylanträge knapp über 50 000 Anträge. Die Anerkennungsquote in der Bundesrepublik Deutschland blieb im Sinne der Genfer Flüchtlingskonvention stets im einstelligen Bereich seit 1991. Seit 2002 liegt sie unter zwei Prozent.

Europa hat heute auch im Vergleich zu anderen Regionen der Welt, besonders zu Afrika und Asien, eine geringe Zahl von Asylsuchenden. Nach dem Bericht des UN-Hochkommissars für Flüchtlingsfragen vom 1. März 2005 ist die Zahl der Asylsuchenden in den 50 industrialisierten Staaten zurückgegangen. 2001 wurden 655 130 und 2004 396 380 Asylanträge in den Industriestaaten gestellt. In den 25 Ländern der europäischen Union gab es einen Rückgang von 438 970 auf 282 480 Asylanträge im Zeitraum 2001 bis 2004.

Die EU ist weit fortgeschritten in der gesetzlichen Harmonisierung von Asylfragen. Ich beginne mit den Asylregelungen in der EU, weil die Harmonisierung der nationalen Gesetze in der Europäischen Union bezüglich der Schutzgewährung für Flüchtlinge weitestgehend in Form von abgestimmten Mindeststandards abgeschlossen ist (2004). Vorreiter dieser Entwicklungen waren das Schengener Übereinkommen, der Maastricht-Vertrag sowie das erste Dublin-Abkommen. Seit dem Amsterdamer Vertrag wurden Mindeststandards für die Aufnahme, Verfahrensprüfung des Antrags, Verantwortungsaufteilung unter den Mitgliedsstaaten und Schutzgewährung aufgebaut. Zahlreiche EU-Richtlinien haben diese Harmonisierungen zustande gebracht. Asylfragen sind heute der Zuständigkeit der EU zugeordnet. Das Ergebnis ist ein effizienteres, aber auch ein restriktiveres System, was anhand der Asylbewerberzahlen innerhalb der EU zu erkennen ist. Die Beschlüsse von Tampere haben die Weiterentwicklung der Zusammenarbeit in Asylfragen vertieft und den Weg für ein gemeinsames Asylsystem in seinen Mitgliedsstaaten vorbereitet.

Gegenwärtig herrschen die folgenden Mindeststandards in der EU:

- »Verfahrensgarantien für Asylbewerber (das Recht, gegen eine Entscheidung Einspruch zu erheben, die Möglichkeit, befragt zu werden, Zugang zu Rechtshilfe);
- Mindestanforderungen hinsichtlich der Entscheidungsfindung (Entscheidungen müssen individuell, objektiv und unparteiisch von Personal getroffen werden, das auf Asyl- und Flüchtlingsfragen spezialisiert ist und speziell zu diesem Zweck ausgebildet wurde);
- gemeinsame Normen für die Anwendung bestimmter Konzepte und Methoden (›unzulässiger Antrag‹, ›offensichtlich unbegründeter Antrag‹, ›sicheres Drittland‹ und ›sicheres Herkunftsland‹).«[1]

Für die Zukunft plant die EU eine verstärkte Zusammenarbeit mit Drittstaaten, um die Rückkehr abgelehnter Asylbewerber zu beschleunigen und damit den illegalen Aufenthalt Nicht-Schutzbedürftiger zu vermeiden.

Der Rückgang der Asylsuchenden in der EU und Deutschland ist weniger ein Ausdruck dafür, dass die tatsächliche Zahl der Schutzbedürftigen geringer wird. Der Rückgang bedeutet, dass die schutzbedürftigen Personen immer mehr Schwierigkeiten haben, aus den Krisenregionen in Aufnahmeländer zu flüchten, in denen sie dann auch Schutz finden. Ein Grund dafür sind erhöhte Anforderungen europäischer Staaten an Flüchtlinge, Verfolgung im Heimatland nachzuweisen, damit ihnen nach der Genfer Flüchtlingskonvention Schutz gewährt werden kann. Gleichzeitig zeichnen sich zwei Trends ab. Erstens: Staaten, in denen zunehmend Schutz gewährt wird, liegen geografisch an der Peripherie der sicheren Länder. Beispielsweise sind in den Jahren 2000 bis 2003 die Zahlen der Asylbewerber in Zypern (von 650 auf 4410 Anträge), in Griechenland (von 3080 auf 8180 Anträge) und auf Malta (von 70 auf 570 Anträge) stetig gestiegen. Demgegenüber gingen in geografisch entfernten EU-Staaten wie Deutschland, Dänemark und den Niederlanden die

Zahlen der Asylbewerber zwischen 2000 und 2003 stark zurück. Die Zunahme sicherer Drittstaaten nach dem Ende des Kalten Krieges bedeutete zusätzlich eine Umverteilung der Schutzgewährung auf mehr Länder, auch auf Länder außerhalb der Europäischen Union. Ferner setzte 2004 eine neue Entwicklung ein. Die Daten zeigen, dass 2004 ein starker Rückgang der Asylsuchenden auch in den sicheren Staaten der Peripherie stattfand, beispielsweise in Zypern und Griechenland. Dies deutet an, dass sich die restriktiven Regelungen gegenüber Asylsuchenden ausbreiten.

Für die Schutzbedürftigkeit steht das Beispiel Kongo, es steht in gleicher Weise für Darfur oder den Irak: »Die Lektüre der Menschenrechtsberichte kostet Überwindung. Einige Opfer sind drei Jahre alt, andere über 70. Manchen wird in die Vagina geschossen, anderen werden nach der Vergewaltigung die Augen ausgedrückt, damit sie die Täter nicht identifizieren können. Manche Milizen vergewaltigen, um einen Sieg zu feiern, andere, um sich für eine Niederlage zu entschädigen. Wieder andere, um das soziale Gefüge der anderen Ethnie zu zerstören. Wenn die Frauen aus Angst nicht mehr aufs Feld gehen, kein Wasser mehr holen oder in die Wälder flüchten, dann ist das Dorf, die Gemeinschaft, am Ende. *Effacer le tableau* – die Tafel abwischen – nennt man im Kongo, was in Bosnien ethnische Säuberung hieß.«[2]

Wir haben Anfang der neunziger Jahre gedacht, so etwas würde in Europa nicht mehr eintreten, haben aber erleben müssen, dass Brutalität gegenüber Menschen in gar keiner Weise ausgestorben ist. Was wir auf dem Balkan hautnah erlebt haben, findet in der Welt in beträchtlichem Maße weiterhin statt. Die Nichteinhaltung der Genfer Flüchtlingskonvention haben wir unlängst wieder in weiten Teilen Afrikas erlebt. Aus Südafrika wurde berichtet, dass Menschenrechte verletzt und Flüchtlinge zusammengeschlagen werden, oft in brutalster Weise. Dabei versteht sich Südafrika als ein Land, das für die Menschenrechte gekämpft hat.

Welche Chancen haben Flüchtlinge, angesichts der Kluft zwischen ihren Schicksalen und den faktischen Rahmenbedingungen der Schutzgewährung in Europa bei uns? Heute gelingt es nur Angehörigen der Mittelschicht oder jenem Personenkreis, der die Flucht finanzieren kann, überhaupt nach Europa zu gelangen. Flüchtlinge werden zu Unrecht als schwache, schlecht ausgebildete, wenig kompetente Menschen gesehen. Einzelstudien zeigen, dass sie im Gegenteil zum Teil hoch qualifiziert sind. Das gilt nicht nur für Flüchtlinge vom afrikanischen oder asiatischen Kontinent, sondern auch für diejenigen aus Osteuropa. Die Fähigkeiten und Abschlüsse von Flüchtlingen werden oft nicht anerkannt. Nach einem verbreiteten Vorurteil handelt es sich um schwache, höchst hilfsbedürftige Menschen. Sie sind aber tatsächlich leistungsfähig, suchen Schutz, wollen arbeiten und ihren Lebensunterhalt selbst verdienen.

Dass sie schutzbedürftig sind, darf nicht dazu führen, ihre Stärken, Kenntnisse, Kompetenzen zu unterschätzen. Aus diesem Grund sollte man nicht die Asylsuchenden in die Negativschublade stecken und die Wirtschafts- oder Arbeitsmigranten in die Positivschublade. Das führt nicht nur zur Aufspaltung und Polarisierung, sondern zu einer völlig unangemessenen Behandlung des Personenkreises. Viele wissen nicht, dass sich die Familien in den Entsendeländern verschulden (wie das beispielsweise für Asylsuchende aus dem Iran oder aus afrikanischen Ländern zutrifft), um für den »Allerbesten« aus der Familie ein besseres Leben zu ermöglichen, verbunden mit der Erwartung, dass diese Person die Lebensumstände der Gesamtfamilie verbessern wird. Das heißt, das Bildungsniveau von Asylsuchenden ist in aller Regel recht hoch und ebenso das Abschlussniveau. Doch diese Tatsache ist bisher in Deutschland wenig bekannt. Unsere Verfahren haben weiterhin zur Folge, dass bei Nichtanerkennung der Abschlüsse und bei Arbeitsverboten Asylsuchende geringe Chancen haben, sich über Erwerbstätigkeit zu integrieren. Dieses Problem hat sich mit der schlechten Arbeitsmarktlage noch verstärkt.

Die Deutschen und die EU-Europäer haben den Schutz der Flüchtlinge seit den neunziger Jahren weitestgehend eingeschränkt. Ich weise auf den veränderten Artikel 16a des Grundgesetzes hin.

In der Fassung von 1993 lautet er: »Abs. 1: Politisch Verfolgte genießen Asylrecht. Abs. 2: Auf Abs. 1 kann sich zukünftig nicht berufen, wer aus einem Mitgliedsstaat der Europäischen Gemeinschaft oder aus einem anderen Drittstaat einreist, in dem die Anwendung des Abkommens über die Rechtsstellung der Flüchtlinge und der Konvention zum Schutz der Menschenrechte und Grundfreiheiten sichergestellt ist.« Das heißt, wer über einen sicheren Drittstaat einreist, kann keinen Asylantrag in Deutschland stellen. Das ist eine maßgebliche Veränderung. Die EU-Entwicklung ähnelt der deutschen Entwicklung. Was liegt der deutschen und der EU-Regelung zu Grunde? Ein Abwehrmechanismus.

Seit dem 1. 1. 2005 gibt es in Deutschland ein neues Zuwanderungsgesetz. Dieses Gesetz erfasst auch die humanitäre Zuwanderung und die Schutzgewährung. Es beinhaltet einige Verbesserungen in der Schutzgewährung, geht aber nicht so weit wie frühere Gesetzesentwürfe vorgeschlagen haben. Da das Gesetz über vier Jahre diskutiert wurde, einmal scheiterte und abschließend durch den Vermittlungsausschuss ging, fielen einige Verbesserungsvorschläge des humanitären Schutzes weg. Zu den Verbesserungen des Gesetzes gehört, dass nichtstaatliche und geschlechtsspezifische Verfolgung als Anerkennungsgrund für Schutzgewährung gelten. Eine weitere Verbesserung ist, dass anerkannte Flüchtlinge nach der Genfer Flüchtlingskonvention (GFK) den unbefristeten Aufenthaltstitel bereits nach drei Jahren bekommen und dann einen Anspruch auf Familiennachzug haben unter der Bedingung, dass der Lebensunterhalt der Familie gesichert ist. Die Kettenduldung konnte nach dem Vermittlungsausschuss nicht ganz abgeschafft werden. Das Gesetz reduziert jedoch die damit verbundene Zukunftsunsicherheit. Eine Kettenduldung kann in eingegrenzter Form entstehen, wenn Ausreisehindernisse maximal 18 Monate vorliegen und diese der Schutzsuchende nicht zu vertreten hat. Ein sofortiger gleichrangiger Zugang zum Arbeitsmarkt konnte allgemein bei der Schutzgewährung nicht erreicht werden.

Was zur EU-Regelung der Einschränkung der Schutzgewährung

gehört, ist die politische Regelung über den sicheren Drittstaat. Bei der Rückführung von Schutzsuchenden galt der Grundsatz, wenn ein Land die Anforderungen der Genfer Flüchtlingskonvention befolgt, ist die Rückführung von Flüchtlingen möglich. Menschenrechtsorganisationen haben die sichere Drittstaatsregelung heftig kritisiert, weil sie den Flüchtlingsschutz einschränkt. Das Flüchtlingsrecht ist in zwei wichtigen Punkten im neuen Zuwanderungsrecht verbessert worden, doch müssen wir deutlich sehen, dass die Abwehrmechanismen dominieren.

In der Frage der Flüchtlingscamps beispielsweise in Afrika geht es auch darum, den Flüchtlingsstrom so zu steuern, dass Flüchtlinge gar nicht erst nach Europa kommen. Schutzmechanismen sollen in den Fluchtregionen entwickelt werden. Ich gehe nicht davon aus, dass der deutsche Innenminister einen schlechten Status für die Flüchtlinge anstrebt und damit deren Schutz in der Region verringern will, er will im Gegenteil den Schutz dringend erhöhen. Aber ich teile die Auffassung seiner Kritiker in der Europäischen Union, ob es nun Frankreich, Spanien oder Italien ist. Es muss gewährleistet sein – sonst sind wir nämlich bei der Ausweitung der Drittstaatenlösung –, dass Flüchtlinge einen Asylantrag in dem Land stellen können, in dem sie Schutz suchen.

Es gibt einen Zusammenhang zwischen Flucht und Illegalität. Wo legale Kanäle der Zuwanderung geschlossen bleiben, die Notwendigkeit der Wanderung jedoch hoch bleibt, steigt die illegale Zuwanderung. Die Schweiz, beispielsweise, hat gerade unter Blocher ein sehr restriktives Flüchtlingsrecht. Nicht von ungefähr waren es Schweizer Vertreter, die als Erste bei der Europäischen Kommission als Nicht-EU-Mitglieder vorstellig wurden, mit der Frage: ›Was tun wir im Bereich der illegalen Zuwanderung?‹ Denn wir haben eine erhebliche Zunahme der illegalen Zuwanderung in EU-Europa. Die Europäische Union findet sich in einer Vielzahl von widersprüchlichen Maßnahmen: eingeschränkte Schutzgewährung, Abwehr legaler und illegaler Migration, aber auch Legalisierungsmaßnahmen wie z. B. in Spanien.

Allerdings müssen wir uns bewusst sein, dass angesichts der weltweiten Migration, besonders der Armutsflüchtlinge, die dann oft abwertend als Wirtschaftsasylanten bezeichnet werden, durch eine stärkere Öffnung oder eine stärkere Legalisierung der Strom der Flüchtlinge nicht abbrechen würde. Ein Beispiel: Trotz aller Maßnahmen, die Amerika gegen die illegale Zuwanderung getroffen hat, haben die USA bei 33 Millionen Migranten schätzungsweise 11 Millionen illegale Zuwanderer im Land. Die Überlegung, eine Legalisierung vorzunehmen, die Präsident Bush zunächst im Wahlkampf äußerte, hat immer noch keine Mehrheit im Parlament. Aber wir haben Länder in Europa – etwa Spanien, Italien, Frankreich, Portugal, Griechenland oder Belgien –, in denen in Abständen Legalisierungen vorgenommen werden. Das hat Gründe, die im Bereich der Integration liegen, aber auch der Sozialleistungen, der Steuern, der Vermeidung von Lohndumping. Man muss aber wissen: Zum Teil ist die Wirtschaft, wie auch die Politik, an einer Legalisierung gar nicht interessiert. Es sind nicht nur politische Aspekte, die bei der Frage, wie viele Menschen unsere Gesellschaft aufnimmt, eine Rolle spielen, sondern es sind in ganz hohem Maße wirtschaftliche Interessen. Legale Migranten sind teurer als illegale.

Würden wir denn durch eine stärkere Legalisierung das Problem lösen? Nein. Wir können das Problem reduzieren. Dennoch ist es wichtig zu wissen, je strikter die Regelungen für das Asyl sind, je weniger Arbeitsmigranten ins Land gelassen werden, desto höher ist die Zahl der Illegalen. Das belegen die weltweiten Daten. Umgekehrt können wir nicht sagen, dass es bei Öffnung der Kanäle für eine legale Zuwanderung keine Illegalen mehr geben würde. Dennoch ist wichtig, dass wir Themen wie illegale Zuwanderung und Legalisierung nicht tabuisieren oder ignorieren. Menschen haben bisher immer Mittel und Wege der Immigration gefunden und werden es auch in Zukunft tun.

Die Gewährung von Schutz wird in der EU an immer schärferen Kriterien ausgerichtet. Die Flüchtlingsströme gehen zunehmend an bestimmten Ländern der EU und an der EU insgesamt vorbei. Ich erinnere an dieser Stelle an eine Maßnahme in den Niederlanden: Flüchtlinge in nicht abgeschlossenen Verfahren, 26 000 an der Zahl, wurden zurückgeschickt und ihr Verfahren außerhalb der Niederlande weiter verfolgt.

Die Veränderungen der europäischen und nationalen Regelungen zur Schutzgewährung haben nicht zu einer qualitativen Erhöhung des Flüchtlingsschutzes beigetragen, wohl aber zur Verringerung der Nachfrage. Stattdessen zeichnet sich ein Trend der Abwehr ab. Die politische und wirtschaftliche Struktur in den Herkunftsländern soll verbessert werden, so dass der Zwang zur Flucht stark vermindert wird.

Deswegen ist es auch eine humanitäre Verpflichtung zu fragen, welche Lösungen wir in diesem Bereich national bzw. regional anbieten. Es geht um besseres Regieren, um die Forderung nach ›Good Governance‹, um Ächtung der Korruption, um Entwicklung auf den Gebieten Bildung, Arbeit, Umwelt und Infrastruktur. Es geht um die Öffnung der Arbeitsmärkte. Das sind die dringlichen Anforderungen in einer globalisierten Welt. Aber so lange Menschen politisch, physisch oder psychisch lebensgefährlich bedroht sind, gilt es die internationalen Konventionen des Flüchtlingsschutzes prioritär einzuhalten.

Anmerkungen

[1] Vgl. http://europa.eu.int/comm/justice_home/fsj/asylum/standards/fsj_asylum_standards_de.htm

[2] Die Zeit, 17. 3. 2005.

Peter Widmann

Gerettet und geduldet

Berliner Vietnamesen und die deutsche Flüchtlings- und Migrationspolitik

Im vergangenen Vierteljahrhundert machten in Deutschland wenige Migrantengruppen so gegensätzliche Erfahrungen mit den Spielarten deutscher Flüchtlings- und Einwanderungspolitik wie die Vietnamesen. Die verschiedenen Gruppen in der Minderheit lernten das ganze Spektrum staatlicher Strategien kennen, vom entschiedenen Angebot einer Integrationsperspektive bis zu einer Politik der Abwehr, die Eingliederung auch dann noch behinderte, als eine Rückkehr nach Vietnam kaum mehr in Betracht kam.

Zwei Gruppen prägen die vietnamesische Minderheit in Deutschland: Die Familien der Boatpeople kamen auf der Flucht vor der kommunistischen Regierung ihres Landes in die Bundesrepublik. Sie stellten einen großen Teil der 38 000 Kontingentflüchtlinge aus Indochina, die zwischen 1979 und 1984 in Westdeutschland Aufnahme fanden. Kinder und Zusammenführungen von Familien ließen die Zahl der Vietnamesen in der alten Bundesrepublik bis zum Jahr 1990 auf 46 000 wachsen. Die zweite Gruppe bilden die ehemaligen Vertragsarbeiter, die in den achtziger Jahren in die DDR kamen. 1989 zählte das Ostberliner Innenministerium 60 000 Vietnamesen im Land. Nach der deutschen Vereinigung versuchte ein Teil der Vertragsarbeiter, durch einen Asylantrag Aufenthaltsrecht zu erwerben. So kamen auch zahlreiche der zunächst als Arbeitsmigranten Eingereisten mit der deutschen Flüchtlingspolitik in Berührung.

Ende 2003 waren in Deutschland rund 88 000 vietnamesische Staatsangehörige gemeldet. Rechnet man die Eingebürgerten dazu, darf man inzwischen von etwa 120 000 Menschen vietnamesischer Herkunft ausgehen. Damit lebt in Deutschland die fünftgrößte vietnamesische Gemeinschaft außerhalb des Herkunftslandes – nach den Vereinigten Staaten, Frankreich, Australien und Kanada.[1]

Die Umstände, unter denen Vietnamesen nach Deutschland kamen, prägten das Leben der unterschiedlichen Gruppen in der Minderheit – allein durch die Statushierarchie des deutschen Flüchtlings- und Ausländerrechts, das sich in der Gruppe zu seinem ganzen Ausmaß entfaltete. An ihrem oberen Ende stehen die ehemaligen Boatpeople und ihre Familien. Als Kontingentflüchtlinge hatten sie von Anfang an Aussicht auf dauernden Aufenthalt und das Recht, eine Arbeit aufzunehmen. Am anderen Ende der Hierarchie finden sich abgelehnte Asylbewerber, denen die Ausländerbehörden lediglich eine Duldung von einigen Monaten gewähren, und Menschen ohne Aufenthaltsdokumente.[2]

Die vietnamesische Minderheit zeigt, wie unzureichend der Begriff der »Kultur«, den man in öffentlichen Debatten gern bemüht und selten genauer bestimmt, Integrationsprozesse und ihre Hindernisse erklärt. Vielmehr beruhen Disparitäten der Lebenslagen, der sozialen Sicherheit und des rechtlichen Status zum guten Teil auf Chancen und Hindernissen, die deutsche Flüchtlings- und Ausländerpolitik in den vergangenen 25 Jahren schuf. In der vietnamesischen Minderheit reicht das Spektrum vom stabilen Mittelstand auf der einen Seite bis zum von Abschiebung bedrohten Illegalen auf der anderen. Dazwischen finden sich Kleinhändler, die von früh bis spät arbeiten, um Familienmitglieder in Vietnam zu unterstützen. Die Unterschiede spiegeln sich auch in der Außenwahrnehmung. Gelten die Bootsflüchtlinge und ihre Kinder als Musterbeispiel gelungener Integration, verband die Öffentlichkeit ehemalige Vertragsarbeiter in den neunziger Jahren mit illegalem Zigarettenhandel und einer Schmuggler-Mafia, die mit Mordanschlägen auf Landsleute für Aufsehen sorgte.

Berlin: Nähe und Distanz

Die Lage der beiden Gruppen zeigt sich in Berlin auf engem Raum. Die Bootsflüchtlinge wohnen bis heute vor allem im Westen der Stadt, die ehemaligen Vertragsarbeiter im Osten, wenn auch in den vergangenen Jahren einige von ihnen ein Geschäft im Westteil eröffnet haben. Dabei dürften die Familien früherer Vertragsarbeiter die Mehrheit bilden: Über drei Viertel der in Berlin gemeldeten 10 000 Vietnamesen leben in den östlichen Bezirken, ebenso wie vermutlich mehrere Tausend nicht gemeldete.[3]

Seit der deutschen Vereinigung sind Vietnamesen aus dem Osten und dem Westen zwar in Kontakt zueinander gekommen, doch sie gehen noch immer getrennte Wege. Einrichtungen und Verbände der Minderheit spiegeln das wider. Das Vietnam-Haus, ein 1983 gegründetes Selbsthilfezentrum in Berlin-Kreuzberg, suchen vor allem ehemalige Bootsflüchtlinge auf. Nur vereinzelt finden Vertragsarbeiter ihren Weg dorthin. Manche von ihnen befürchten, die vietnamesische Botschaft könnte sie als staatsfeindlich betrachten, wenn sie sich in den Institutionen derer aufhalten, die vor der kommunistischen Regierung geflohen sind. Auch religiöse Einrichtungen finden sich vor allem im Westen der Stadt, die Vietnamesisch-Buddhistische Gemeinschaft, die Pagode Linh Thuu, ein buddhistischer Friedhof und die Katholische Vietnamesische Gemeinde. Im Osten entstanden Verbände erst nach dem Mauerfall, wie die »Vereinigung der Vietnamesen in Berlin und Brandenburg« in Berlin-Lichtenberg oder der Verband »Reistrommel« im Bezirk Hohenschönhausen – Organisationen, die Vietnamesen aus Westberlin kaum aufsuchen.

Während die Boatpeople aus dem Süden Vietnams flüchteten, kamen die meisten Vertragsarbeiter aus dem Norden. Beide Gruppen schreiben sich gegenseitig verschiedene Mentalitäten zu, und nach der deutschen Vereinigung entwickelten sich Stereotypen übereinander: Manche der ehemaligen Bootsflüchtlinge hielten die Vertragsarbeiter für Gefolgsleute der Hanoier Kommunisten oder assoziierten sie mit dem illegalen Zigarettenhandel, der ihrer Ansicht nach in den Jahren nach dem Mauerfall dem Ruf der Vietnamesen geschadet und Ausländerfeindschaft gefördert habe.[4] Unter den früheren Vertragsarbeitern hieß es dagegen mitunter, die Landsleute im Westen seien »verdeutscht« und arrogant. So wachsen auch die in Deutschland geborenen Kinder in zwei Gemeinschaften und in Distanz zueinander auf.

Boatpeople

Nach ihrer lebensgefährlichen Flucht hatten die Boatpeople bessere Voraussetzungen als manche andere Flüchtlingsgruppe, in der Bundesrepublik Fuß zu fassen. Von Anfang an stellten sie sich auf ein längeres Bleiben ein, glaubte doch keiner der über das Meer Geflohenen an ein baldiges Ende des kommunistischen Staates.[5] Die Regierung in Bonn sah das ebenso: Auf Initiative der Bundestagsfraktionen von SPD und FDP schufen Bundestag und Bundesrat im Juli 1980 mit dem Gesetz zu Kontingentflüchtlingen die Voraussetzung für Eingliederungsmaßnahmen und der unbefristeten Aufenthaltserlaubnis als Regelfall.[6] Die Betroffenen hatten zu den gleichen Leistungen Zugang wie Asylberechtigte, absolvierten Deutschkurse von acht bis zwölf Monaten Dauer und fanden Rat bei der beruflichen Neuorientierung.[7] Verbände wie das Rote Kreuz und die Caritas unterstützten die Ankommenden, die bald auch Initiativen zur Selbsthilfe gründeten.

Gegenüber den Boatpeople zeigten sich viele in der Mehrheitsgesellschaft offener als gegenüber anderen, die in den folgenden Jahren nach Deutschland kamen – die Debatte über Zuwanderer und Flüchtlinge sollte sich erst in den späten achtziger Jahren zuspitzen. Das Fernsehen zeigte Bilder von Frauen, Männern und Kindern, die dem Ertrinken auf hoher See knapp entgangen waren und die zudem in die Wahrnehmungsmuster des Kalten Krieges passten. Die Zahl der Ankommenden war begrenzt, und nachdem die Behörden sie auf die deutschen Länder verteilt hatten, wurden die kleinen Gruppen im Alltag fast unsichtbar.[8]

Viele der Flüchtlinge aus der südvietnamesischen Mittelschicht gaben sich in Deutschland mit einem niedrigeren beruflichen Status zufrieden als sie ihn gewohnt waren. Sie nahmen Stellen als Aushilfen in Werkstätten und Restaurantküchen an, sie arbeiteten im Schichtdienst, als Büroangestellte oder als Facharbeiter. Ein großer Teil hat sich ökonomisch integriert, Arbeitslosigkeit und Armut scheinen die Gruppe in geringerem Maß zu treffen als viele andere Immigranten.[9]

Die Flüchtlinge aus Vietnam erscheinen als Helden einer Erfolgsgeschichte, sofern man sie überhaupt noch öffentlich wahrnimmt. Rupert Neudeck, Gründer der Hilfsorganisation »Cap Anamur«, die viele aus dem Meer rettete, sieht in der Integration der Boatpeople »eine der schönsten Geschichten innerhalb der humanitären Arbeit«.[10] Die zweite Generation schickt sich gerade an, in Ausbildung und Beruf ein Anschlusskapitel zu schreiben. Die Kinder der Boatpeople durchlaufen die Schulen ohne besondere Schwierigkeiten, und ein großer Teil studiert an den Universitäten.

Vertragsarbeiter

Die vietnamesische Migrationsgeschichte im Osten erscheint dagegen als eine Chronik der Ausgrenzung und des Kampfes um Bleiberecht. Von der SED in den siebziger und achtziger Jahren angeworben, linderten die Vertragsarbeiter den Mangel an Produktionspersonal in fast 1000 Betrieben Ostdeutschlands – in der Auto-, Elektro- und Chemieindustrie, im Braunkohletagebau, in Großwäschereien und Schlachthöfen.

Abgeschirmt von der Bevölkerung lebten die Arbeitsmigranten in Wohnheimen der Betriebe und hatten bis auf den Schnellkurs zu Beginn ihres Aufenthalts kaum eine Chance, Deutsch zu lernen.

Das geheime Abkommen, das Regierungsvertreter der DDR und Vietnams im April 1980 in Berlin unterzeichneten, verhinderte die Integration. Es begrenzte den Aufenthalt auf vier Jahre; Familienangehörige mussten in Vietnam bleiben, nur in Ausnahmefällen konnten die DDR-Betriebe Ehepartner beschäftigen.[11] Vertragsarbeiterinnen, die in der DDR schwanger wurden, hatten die Wahl zwischen Heimkehr und Abtreibung.

Nach der Vereinigung

Während der Wende verloren die Vertragsarbeiter als Erste ihre Stellen und damit auch ihre betriebseigenen Unterkünfte. Ein Teil der Vietnamesen kehrte nun zurück in die Heimat, der andere blieb oder kam wieder, waren doch die Chancen auf Arbeit und Einkommen in Deutschland immer noch besser als in Vietnam. Die Bundesregierung hatte sich indes zum Ziel gesetzt, für eine baldige Rückkehr der Vertragsarbeiter nach Vietnam zu sorgen.[12] Sie unterband ihre rechtliche Gleichstellung mit den Arbeitsmigranten im Westen, die nach einer Anzahl von Jahren legalen Aufenthalts ein dauerhaftes Bleiberecht erwerben konnten.

Ein Teil der Vertragsarbeiter versuchte durch einen Asylantrag ein Aufenthaltsrecht zu bekommen. 40 000 Vietnamesen beantragten in den ersten vier Jahren nach dem Mauerfall Asyl in Deutschland.[13] Die ehemaligen Vertragsarbeiter aus der DDR bildeten indes nur einen Teil der Bewerber.[14] Um eine Familienzusammenführung zu erreichen, beantragten auch Angehörige Asyl, dazu kamen Vietnamesen, die in anderen kommunistischen Ländern als Vertragsarbeiter tätig gewesen waren.

Die deutschen Behörden lehnten fast alle Anträge ab, konnten aber in vielen Fällen die Bewerber nicht abschieben, weil die vietnamesische Regierung deren Aufnahme verweigerte. Mit dem Asylantrag hatten sich die Betroffenen in einen Schwebezustand manövriert, der keine Aussicht auf dauerhaftes Aufenthaltsrecht bot. Ein

Beschluss der Innenministerkonferenz vom Mai 1993 verschaffte einem Teil der Betroffenen eine Aufenthaltsbefugnis für zwei Jahre, sofern sie gesicherten Lebensunterhalt und Straffreiheit nachweisen konnten und ihren Asylantrag zurückzogen.[15]

Wohl hatten die Betroffenen nun Rechtssicherheit auf Zeit, aber kein Bleiberecht auf Dauer. Ehemalige »Gastarbeiter« im Westen Deutschlands erhielten eine unbefristete Aufenthaltserlaubnis, wenn sie acht Jahre lang eine Aufenthaltsbefugnis besessen hatten. Die Arbeitsjahre der Vietnamesen in der DDR hatten lange kein entsprechendes rechtliches Gewicht – bis im Sommer 1997 Bundestag und Bundesrat die Diskriminierung der Arbeitsmigranten in Ostdeutschland aufhoben und die Behörden die Zeit in der DDR anrechneten.[16]

So konnte seit 1997 immerhin ein Teil der ehemaligen Vertragsarbeiter auf längere Sicht planen, Arbeitgebern und Geldinstituten den Nachweis dauerhaften Aufenthalts erbringen und Leistungen wie Kinder- oder Erziehungsgeld beantragen.[17] Zu dem Zeitpunkt hatten viele aus der Gruppe zehn Jahre und länger in Deutschland gelebt, bis sich ihnen eine Aufenthaltsperspektive eröffnete, die die Boatpeople schon nach ihrer Ankunft hatten.

Rückführungsabkommen

Wer die Bedingungen der Innenminister vom Mai 1993 für eine zweijährige Aufenthaltsbefugnis nicht erfüllte, sollte im Rahmen eines deutsch-vietnamesischen Rückführungsabkommens zwangsrepatriiert werden. Der Vereinbarung zufolge, die Bundesinnenminister Manfred Kanther und der vietnamesische Vizeaußenminister Nguyen Dy Nien im Juli 1995 in Berlin unterzeichneten, sollte Vietnam bis zum Jahr 2000 diejenigen Staatsbürger aufnehmen, die ohne Aufenthaltstitel in Deutschland lebten. Von 40 000 Menschen war die Rede. Im Gegenzug zahlte die deutsche Regierung 100 Millionen Mark an Vietnam – unter anderem, wie es hieß, zur wirtschaftlichen Eingliederung der Rückkehrer.[18]

Das Abkommen enttäuschte die Erwartungen. Die Zahl der Abschiebungen blieb weit unter den angekündigten jährlichen Quoten, weil die vietnamesischen Behörden Einreisegenehmigungen nur schleppend ausstellten. Auf eine Kleine Anfrage der PDS-Fraktion im Bundestag berichtete die Bundesregierung im Juli 2002 von 8656 Menschen, die im Rahmen des Abkommens nach Vietnam zurückgekehrt seien. Der Statistik zufolge erreichte die Zahl der jährlichen Rückführungen im Jahr 1997 mit 2162 Menschen einen Höchststand, um danach kontinuierlich zu sinken.[19] Angesichts hoher Überweisungen der Auslandsvietnamesen aus Industriestaaten in ihr Herkunftsland vermuten Beobachter, dass die Regierung in Hanoi an deren Rückkehr kaum ein Interesse hat.[20] Die Journalistin und Vietnam-Expertin Marina Mai berichtete im Jahr 1998 außerdem, dass viele Vietnamesen sich der drohenden Abschiebung nach Polen, Tschechien und in die Slowakei entzogen hätten, wo schon größere Gemeinschaften deutsch sprechender Vietnamesen lebten und an den Grenzen zu Deutschland und Österreich Marktstände betrieben.[21]

Ein Hauptzweck des Abkommens dürfte 1995 ohnehin in seiner symbolischen Bedeutung gelegen haben. Innenminister Kanther bezeichnete die Entscheidung als Signal an »vietnamesische Gangster- und Schlepperorganisationen« und erklärte: »Die Bundesrepublik ist kein Einwanderungsland, deshalb müssen die Menschen in ihre Heimat zurückkehren.«[22] Auch der christdemokratische Berliner Innensenator Dieter Heckelmann kündigte 1995 an, Vietnamesen aus der deutschen Hauptstadt abschieben zu lassen, und erklärte, man versetze dem illegalen Zigarettenhandel damit einen »entscheidenden Schlag«.[23] Heckelmann sprach von über 1000 Vietnamesen, die aus Berlin repatriiert werden sollten.[24]

Die Berliner Ausländerbeauftragte Barbara John kritisierte im Januar 1995 die auf fünf Jahre festgelegten Rückführungsquoten, sahen sie doch für die Betroffenen einen lang anhaltenden Schwebezustand ohne klaren Aufenthaltsstatus vor. Das, so John, steigere die Chancen der Schmugglerringe, unter den Berliner Vietnamesen Straßenverkäufer anzuwerben.[25] Ihre Kritik verwies auf zirkuläre Prozesse, die repressive Minderheiten- und Migrationspolitik immer wieder in Gang setzt: Dabei schafft eine Praxis, die einseitig auf Abschreckung setzt, durch ihre Folgen fortwährend ihre eigene vermeintliche Legitimation. Sie drängt Betroffene in eine Randlage, in der sie der Umwelt als integrationsunwillige Problemgruppe erscheinen.

Weil die deutschen Innenbehörden einen Aufenthaltsstatus verweigerten und die vietnamesische Regierung die Aufnahme ihrer Landsleute verschleppte, lebten viele Vietnamesen über Jahre mit der Drohung, dass die Behörden sie jederzeit abschieben konnten. Manche erhielten nicht einmal eine Duldung, die eine Abschiebung für drei Monate aussetzt. Erst im Jahr 1997 zwang das Bundesverwaltungsgericht mit einem Urteil die Berliner Innenverwaltung, denjenigen mindestens eine Duldung auszustellen, die nicht abgeschoben werden konnten.[26]

Ökonomische Rahmenbedingungen

Die staatliche Integrationsverweigerung der achtziger Jahre in der DDR und die Integrationsbehinderung der neunziger Jahre im vereinten Deutschland wirken bis heute nach und prägen die Sozialisation der zweiten Generation der Vietnamesen im Ostteil der Stadt. Weil die meisten Vertragsarbeiter nur wenig Deutsch sprachen und im Rahmen des Regierungsabkommens zwischen der DDR und Vietnam nur eingeschränkt Berufsqualifikationen erwerben konnten, blieb vielen nur, sich als Kleinunternehmer selbstständig zu machen, um die Voraussetzung einer Aufenthaltsperspektive zu schaffen. In den östlichen Stadtbezirken Berlins trifft man heute auf viele vietnamesische Händler. Sie betreiben

Kioske, Blumen-, Lebensmittel- und Imbissgeschäfte oder verkaufen Bekleidung.

Die Arbeit als Kleinhändler nimmt viel Zeit in Anspruch, und für die Kinder, die in Deutschland geboren sind oder aus Vietnam nachzogen, bleibt wenig Zeit. So berichtet der Betreiber eines Obst- und Gemüsestandes in Berlin-Kaulsdorf und Vater zweier Söhne, dass er mitunter schon um drei Uhr morgens beim Großhändler seine Ware holt, und erst um acht Uhr abends beginnt, seinen Stand zu schließen und aufzuräumen – ein Tagesablauf wie der vieler Kleinhändler.[27] Einige der Vietnamesen im Ostteil Berlins sind zwar bei Firmen als Arbeiter angestellt, doch ihre Dienstzeiten sind kaum familienfreundlicher. Sie finden vor allem Stellen im Schichtdienst, für die Deutsche wegen der Arbeitsbedingungen und des geringen Lohns kaum zur Verfügung stehen.[28]

Die Erwartungen der Verwandten in Vietnam verschärfen den Druck. Wer es schaffte, im Ausland Arbeit zu finden, war schon zur Zeit der DDR der Hoffnungsträger seiner Familie. Waren und Geld schickten die Vertragsarbeiter nach Hause, um die bescheidenen Verhältnisse der Daheimgebliebenen zu verbessern. Mit ihrem Wohlstandsniveau, so erinnert sich die Sozialarbeiterin Vo Cam Trang vom Bayouma-Haus in Berlin-Friedrichshain, sei die DDR im Vergleich zu der von dreißig Jahren Krieg ausgelaugten Heimat als Paradies erschienen. Für das vereinigte Deutschland gelte das erst recht, und so kreise das Leben vieler Vietnamesen der ersten Generation allein um Einkommen und Beruf.[29]

Die vietnamesischen Läden sind Familienbetriebe, und daraus entstehen Ansprüche an die Nachwachsenden. Die Kinder stehen unter dem doppelten Leistungsdruck, die Schule erfolgreich zu meistern und den Eltern bei der Arbeit zu helfen. Jungen fahren nachts mit dem Vater zum Großhändler und verladen die Ware, Mädchen versorgen den Haushalt. Dabei, so beobachtet Tamara Hentschel, die Geschäftsführerin des Verbandes Reistrommel, spürten die Eltern offensichtlich ein Ungenügen, und suchten es mit Geld und Geschenken auszugleichen. Dem Mangel an Zuwendung stehe deshalb oft reichliches Taschengeld gegenüber und ein üppig ausstaffiertes Spielzimmer. Die Kinder versuchten, so Hentschel, das Muster, das sie von den Eltern lernten, in der Schule anzuwenden und sich mit Geschenken die Zuneigung ihrer Mitschüler zu erwerben. Das rufe Befremden hervor, und so ende der Versuch, Freunde zu gewinnen, mitunter auch in der eigenen Isolierung.[30]

Trennungsfolgen

Zu den ökonomischen Verhältnissen, die sich aus der Migrationsgeschichte der ehemaligen Vertragsarbeiter entwickelt haben, kommen die Folgen langjähriger Trennung. Der erst spät angelaufene Familiennachzug ist bis heute im Gang, und so lebten etwa Vertragsarbeiter, die im Jahr 1987 in die DDR gekommen waren, über eineinhalb Jahrzehnte getrennt von ihren Partnern und sahen sie nur während seltener Heimaturlaube.

Daran zerbrachen viele Familien. Jede zweite Ehe ehemaliger Vertragsarbeiter ist inzwischen geschieden, schätzt Le-Duc Duong von der Vereinigung der Vietnamesen in Berlin und Brandenburg. Auch Tamara Hentschel beobachtet, wie Zusammenführungen scheitern. Manche Männer, so berichtet sie, sind in Deutschland während der Jahre der Trennung neue Beziehungen eingegangen und haben ihre Ehe nur noch zum Schein aufrechterhalten. Um eine Beziehung zu retten, bekamen ältere nachgezogene Ehefrauen mitunter noch Kinder, die schwer unter ihrer Rolle leiden. Zudem finden sich nachziehende Ehepartner zunächst wirtschaftlich und sozial in vollständiger Abhängigkeit. Besonders Männer scheinen oft kaum akzeptieren zu können, auf ihre Frau angewiesen zu sein. Eine der Ursachen ehelicher Gewalt dürfte in daraus entstehenden Konflikten liegen, und so ist die Flucht in ein Frauenhaus oft das Ergebnis einer gescheiterten Zusammenführung.[31]

In einer besonders schwierigen Lage sind Jugendliche, die erst im Alter von 14 oder 15 Jahren im Familiennachzug nach Deutschland kommen. Ohne Beziehung zu Gleichaltrigen müssen sie sich in einer neuen Umwelt orientieren, deren Sprache sie nicht verstehen. Die Eltern schicken sie oft auf eigene Kosten in private Sprachschulen und Weiterbildungsakademien, doch scheitern trotzdem viele am Schulabschluss – am Ende bleibt die Mitarbeit im elterlichen Geschäft.[32] Der späte Familiennachzug trifft die Kinder damit in doppelter Hinsicht: durch schwierige Verhältnisse in den Familien und durch den Zwang, sich in einem neuen Land zurechtzufinden.

Kräftefelder

Zu den Problemen, die durch das jahrelange Verweigern oder Verschleppen einer Aufenthaltsperspektive entstanden waren, kommen weitere, die jenseits rechtlicher Hindernisse ohnehin die Einwanderersituation prägen. Sie zeigen sich in der zweiten Generation sowohl im Osten als auch im Westen Berlins. Unabhängig von der Biografie ihrer Eltern stellt sich den Kindern der Boatpeople und der Vertragsarbeiter die Aufgabe, Wege zu finden zwischen den Erwartungen eines Elternhauses vietnamesischer Herkunft und der deutschen Umwelt, und mit Ängsten und Stereotypen auf beiden Seiten umzugehen. Ihre Suche führt sie durch unübersichtliches Gelände – eine Erfahrung, die auch Kinder von anderen Flüchtlingen und Arbeitsmigranten machen.

Der Kultur- und Sozialanthropologe Werner Schiffauer hat das eindrucksvoll am Beispiel der Kinder und Enkel türkischer Einwanderer in Deutschland beschrieben. Er warnt zu Recht vor schlichten Modellen der Akkulturation, denen zufolge über die Generationen hinweg ein Prozess der Angleichung in eine Richtung voranschreite. Vielmehr, so konstatiert er, müsse jede Generation neu mit den Spannungen zwischen Identifikation und Opposition umgehen, mit Gefühlen von Liebe und Hass für das, was man jeweils für das Eigene oder das Fremde hält.[33]

Auch die Kinder der Bootsflüchtlinge, die mit Erfolg in der deutschen Gesellschaft Fuß gefasst haben, sind Akteure solcher Konflikte. Die Sozialberaterin Thúy Nonnemann vom Vietnam-Haus in Berlin-Kreuzberg sieht dabei die zweite Generation im Westen in einer noch intensiveren Auseinandersetzung als die Altersgenossen im Osten. Viele Familien der Boatpeople aus Südvietnam hielten, so Nonnemann, stärker an überlieferten Erziehungsvorstellungen fest, als die Vertragsarbeiter aus dem seit 1945 kommunistisch regierten Norden. Traditioneller orientierte Eltern erwarten dem konfuzianischen Ideal entsprechend, dass sich die Kinder in die Hierarchie der Familie einfügen und dem Vater und nach ihm dem älteren Bruder gehorchen. Solche Auffassungen richten sich dabei an Mädchen stärker als an Jungen, denn die Regeln der Schicklichkeit gelten für sie in besonderem Maß.

Dabei können die Erwartungen der Eltern und der Umwelt in Widerspruch zueinander treten. Le-Duc Duong von der Vereinigung der Vietnamesen beobachtet das sowohl als Sprachlehrer wie auch als Vater. In der deutschen Umwelt erlernten die Kinder, wie er es charakterisiert, ein »demokratischeres« Verhalten als es die traditionelle Erziehung vorsehe. Sie versuchten, ihre Wünsche gegenüber den Eltern durchzusetzen und ihnen zu widersprechen, wenn sie anderer Meinung seien. Das gewohnte Rollenmuster für Eltern aus Vietnam sei das von Vorgesetzten, während das deutsche eher das von Freunden sei.[34] Auch Tamara Hentschel vom Verband Reistrommel sieht die Differenz: »In den vietnamesischen Familien haben die Kinder nicht zu diskutieren über Probleme in der Familie. In der deutschen Gesellschaft herrscht aber eine Streitkultur.«[35] Die Sprachkompetenz der Jüngeren verschiebt gleichzeitig in den Familien die Gewichte der Autorität. Weil die Kinder gut deutsch sprechen, treten sie für ihre Eltern als Dolmetscher auf und finden sich dabei in der Rolle der Überlegenen.

Die Strenge traditionsorientierter Familien schlägt sich Thúy Nonnemanns Wahrnehmung nach in der Sprache der Kinder nieder – in einem Vietnamesisch, das für die praktischen Fragen des Alltags angemessen sei, aber an Grenzen stoße, wenn es Gefühle ausdrücken soll. Ähnliche Diagnosen kann man auch im Osten der Stadt hören. Tamara Hentschel spricht von einem »Selbstbedienungs-Vietnamesisch«, das die zweite Generation der Vertragsarbeiter verwende, ein Medium für bloße Notwendigkeiten.[36] Die Vereinigung der Vietnamesen bietet Vietnamesischkurse an, um den Sprachverlust aufzuhalten, und empfiehlt den Eltern darüber hinaus, ihre Kinder noch im Vorschulalter nach Vietnam zu schicken und sie dort für ein paar Monate bei Großeltern oder Geschwistern zu lassen. Das vergrößere die Sprachkompetenz der Kinder stark, so Le-Duc Duong: »Sie lernen sehr schnell, aber man muss ihnen auch die Gelegenheit geben.«[37]

In den Familien der ehemaligen Vertragsarbeiter verschärfen sich die Kommunikationsprobleme dadurch, dass sich die Eltern außerhalb ihrer Arbeit in eine vietnamesischsprachige Welt zurückziehen. Sie treffen vor allem Landsleute und nehmen am Leben Berlins außerhalb dieses Kreises kaum teil. Viele Eltern scheuen inzwischen auch die Anstrengungen, ihre deutschen Sprachkenntnisse zu erweitern. Nach den langen Tagen in den Geschäften und auf den Märkten bleibt wenig Zeit, und mancher meint resigniert, er sei längst zu alt.[38]

Schulen und Behörden haben, wie man beim Verband Reistrommel beobachtet, selten Verständnis für die Sprachschwierigkeiten. An Elternabenden nehmen Lehrer und Schulleiter kaum Rücksicht auf vietnamesische Mütter und Väter, die durch die Sprachbarriere von den Diskussionen ausgeschlossen bleiben. Auch Mitarbeiter des Jugendamtes verhandeln nur auf Deutsch. Organisationen, die das ausgleichen könnten, haben wegen der Finanznot des Berliner Senats kaum noch Personal. Die Vereinigung der Vietnamesen beschäftigt nur noch einen hauptamtlichen Mitarbeiter, der Verband Reistrommel kann seit Anfang 2005 noch zwei halbe Stellen besetzen.[39]

Kommunikation

Der Mangel an Zeit für die Kinder und die Sprachschwierigkeiten, so beobachten Sozialarbeiter in West und Ost, gehen einher mit einem spärlichen Austausch zwischen den Generationen. Die Kinder wissen wenig vom Leben ihrer Eltern, von der Flucht über das Meer und der Zeit in den Flüchtlingslagern, vom Alltag in der DDR und den Erlebnissen während der Wende, ebenso wenig vom Krieg und vom Hunger in Vietnam, mit dem die erste Generation aufgewachsen ist. Die Eltern erhoffen von ihren Töchtern und Söhnen, was ihnen selbst verwehrt blieb, ohne ihren Kindern dabei begreiflich zu machen, warum ihnen ihre Wünsche so wichtig sind.[40]

Das bestärkt die zweite Generation darin, sich eigene Orientierungsmarken zu suchen. Der 25-jährige Quang, Jura-Student an der Berliner Humboldt-Universität, ist der Ansicht, dass manche Eltern kein Vorbild seien: »Das Problem ist, dass die Eltern nicht tun, was sie selbst sagen. Zwar werden die Kinder dem Druck von ihren Eltern ausgesetzt, aber die Eltern selbst führen es nicht vor. Wenn sie von ihren Kindern verlangen, dass sie gut in der Schule sind, heißt das, dass die Kinder mit der deutschen Gesellschaft gut klar kommen müssen. ... Sie wollen für ihre Kinder das, was sie selbst nicht erreicht haben, und verwirren die Kinder damit!«[41]

Distanz

Regelmäßig können die Eltern beobachten, dass ihre Kinder Distanz markieren. Sein Sohn, erzählt Le-Duc Duong, betrachte das Vietnamesische als Fremdsprache, obwohl er es gut beherrsche, und das Deutsche als seine Muttersprache. Das sei eine gängige Ansicht in seiner Altersgruppe. Der Büroleiter der Vereinigung der Vietnamesen beobachtet Vorbehalte der Jüngeren gegen die Traditionspflege etwa dann, wenn sich Vietnamesen zu Feiern treffen. Die Aufforderung, zu solchen Anlässen traditionelle Kleidung zu tragen, löse bei den Kindern ebenso Missmut aus wie vietnamesische Volksmusik. Viele der zweiten Generation, konstatiert die Sozialarbeiterin Vo Cam Trang, verleugneten ihre vietnamesische Identität und übernähmen die Gewohnheiten der deutschen Umwelt bis zu den Vorlieben beim Essen.[42]

Auch Besuche im Herkunftsland der Eltern können Erlebnisse der Distanz mit sich bringen. In einer Firmvorbereitungsgruppe der Katholischen Vietnamesischen Gemeinde Berlin von St. Josef berichtet ein Junge, dass ihm der Ort, an dem er in Vietnam war, zu schmutzig gewesen sei, und eine Altersgenossin aus der Gruppe erzählt, sie habe sich dort vor allem gelangweilt, weil sie viele Tage nur im Haus der Familie zubringen musste. Sie sei deshalb froh gewesen, wieder nach Deutschland zurückzukehren.[43] Generell, so berichtet Thúy Nonnemann, gingen die Kinder zur Tradition zunächst auf Distanz, erst später, mit 16 oder 18 Jahren, stelle sich die Frage nach den Wurzeln dringender.

Angst

Möglicherweise sehen Eltern in solchen Fällen auch dort einen Kulturkonflikt, wo tatsächlich ein gewöhnlicher Generationskonflikt aufbricht, den auch deutsche Familien austragen. An Berichten über Erlebnisse der Distanz zeigt sich indes, dass Angst in Prozessen der Migration und der Integration ein wichtiger Faktor ist. Sowohl im Osten als auch im Westen fürchten Eltern, dass ihren Kindern Sprache und Traditionen ihres Herkunftslandes fremd werden – eine Angst, die sie mit der ersten Generation anderer Flüchtlinge und Einwanderer teilen. Balance zu halten ist schwierig:

Einerseits wollen die Eltern, dass die Kinder viel und gut Deutsch sprechen, damit sie erfolgreich sind, doch der Wunsch geht einher mit der Furcht der Mütter und Väter, dass sich die zweite Generation gerade dadurch von ihnen entfernt.

Manche Eltern begegnen offensichtlich dieser Angst mit dem Versuch, die Kinder vor der Umwelt zu bewahren. So muss der Verband Reistrommel bei Veranstaltungen für Kinder und Jugendliche mitunter großen Aufwand betreiben, die Teilnehmer von zu Hause abzuholen und sie zurückzubringen, scheuen sich doch die Eltern, die Kinder allein mit der S-Bahn fahren zu lassen. Manche Väter und Mütter, so erscheint es der Geschäftsführerin Tamara Hentschel, nähmen die deutsche Umwelt vor allem als bedrohlich und zügellos wahr. Zwar dürften Erfahrungen mit Fremdenfeindlichkeit dabei eine Rolle spielen, doch können sie Hentschels Ansicht nach nicht allein das Bedürfnis erklären, die Kinder abzuschirmen.[44]

Zuschreibungen

Von der Umwelt als fremd betrachtet zu werden gehört wie die Angst zum Kräftefeld der Migration – in Deutschland wie im Herkunftsland der Eltern. Besonders scharf kann das bei den Besuchen in Vietnam hervortreten. Die in Deutschland geborenen Kinder übergehen mitunter die feinen Gliederungen von Rängen und Titeln in der Verwandtschaft und verletzen damit die Tradition, in der man es etwa als respektlos empfindet, die Großeltern zu duzen. Die Kinder, die gewohnt sind, als Gleichberechtigte aufzutreten, befremden die Verwandten und finden sich schließlich als Ausländer wahrgenommen.[45] Auch außerhalb der Familie können Jugendliche bei Besuchen in Vietnam solche Erfahrungen machen. So berichtet der 24-jährige Hieu: »Die Leute da denken, dass ich besser bin, weil ich aus dem Ausland komme, obwohl es gar nicht stimmt.«[46]

So kann ein Jugendlicher in Vietnam erleben, was er aus

Deutschland kennt. Wenn sich hier auch die Erfahrung gewalttätiger Fremdenfeindlichkeit inzwischen auf Einzelfälle beschränkt, sieht sich die zweite Generation regelmäßig durch Worte und Haltungen ausgegrenzt. Die 24-jährige Verwaltungsangestellte Quy erklärt, die Bundesrepublik werde nie ihre Heimat werden, denn »überall wohin ich laufe, sieht man mich nicht als Deutsche. … Die anderen Europäer hier können sich wirklich wie zu Hause fühlen, weil niemand danach fragt, woher sie kommen, weil sie wie die Deutschen aussehen.«[47]

Abwehr und Integration

So zeigen sich zwei Problemzusammenhänge der Integration von Flüchtlingen und Arbeitsmigranten: auf der einen Seite die auf politischen Entscheidungen beruhenden Integrationschancen, auf der anderen Generationskonflikte, die außerhalb des Bereichs staatlicher Steuerung liegen. Dort wo Flüchtlings- und Migrationspolitik Einfluss hat, kann sie verhindern, dass jahrelanges Verschleppen von Aufenthaltsperspektiven Integrationsprobleme verschärft. Das gilt umso mehr, als politische und rechtliche Entscheidungen auch symbolische und atmosphärische Dimensionen haben. Einer Politik, die über Jahre im Land lebenden Menschen signalisiert, sie seien unerwünscht, fehlt am Ende die Glaubwürdigkeit, von Migranten die Hinwendung zur Mehrheitsgesellschaft zu fordern.

Anmerkungen

[1] Zahlen nach Martin Baumann, Migration, Religion, Integration. Buddhistische Vietnamesen und hinduistische Tamilen in Deutschland, Marburg 2000, S. 28, 30 f., 35; Andreas Müggenburg, Die ausländischen Vertragsarbeitnehmer in der ehemaligen DDR. Darstellung und Dokumentation, Berlin 1996, S. 7; Statistisches Bundesamt (Hrsg.), Strukturdaten über die ausländische Bevölkerung 1997, Wiesbaden 1997, S. 19; Bericht der Beauftragten der Bundesregierung für Migration, Flüchtlinge und Integration über die Lage der Ausländerinnen und Ausländer in Deutschland, Berlin, Juni 2005, S. 577.

[2] Vgl. zur Statushierarchie des deutschen Flüchtlingsrechts Peter Kühne/Harald Rüßler, Die Lebensverhältnisse der deutschen Flüchtlinge, Frankfurt am Main 2000, S. 33.

[3] Am 31. 12. 2004 waren 10 858 vietnamesische Staatsbürger in Berlin gemeldet (>www.statistik-berlin.de/framesets/berl1.htm<, 10. 7. 2005). Am 31. 12. 2000, im letzten Jahr vor der Berliner Bezirksreform, in dem die Statistik noch zwischen Bezirken des alten Ost- und Westteils der Stadt unterschied, lebten von den damals 8903 in Berlin gemeldeten Vietnamesen 6885 im Ostteil der Stadt, vor allem in den Bezirken Hohenschönhausen, Lichtenberg und Marzahn. Eine Aufstellung findet sich in: Beauftragte für Migration und Integration des Senats von Berlin (Hrsg.), Bericht zur Integrations- und Ausländerpolitik in Berlin 2000, Berlin 2002, Anhang 2, Tabelle 8.1, o. S.

[4] Vgl. dazu etwa Irmtraud Köhler, Die Suche nach der zweiten Heimat: Das Vietnam-Haus, in: Vietnamesen in Berlin, Sonderausgabe des DAMID-Informationsdienstes, Berlin 1993, S. 37.

[5] Interview mit Thúy Nonnemann, Vietnam-Haus Berlin, am 12. 2. 2004.

[6] Gesetz über Maßnahmen für im Rahmen humanitärer Hilfsaktionen aufgenommene Flüchtlinge vom 22. Juli 1980, Bundesgesetzblatt 1980, Teil I, S. 1057. Vgl. zu den Umständen, unter denen die Flüchtlinge ankamen: Michael Blume/Detlef Kantowsky, Einleitung, in: Dies. (Hrsg.), Assimilation, Integration, Isolation. Fallstudien zum Eingliederungsprozess südostasiatischer Flüchtlinge in der Bundesrepublik Deutschland. Teil 1: Analysen und Empfehlungen, Köln 1988, S. XIII–XX.

[7] Baumann, Migration, S. 39.

[8] Ebd., S. 37.

[9] Ebd., S. 40; Interviews mit Kaplan Ngoc Ha Do, Katholische Vietnamesische Gemeinde Berlin, und Thúy Nonnemann, Vietnam-Haus Berlin.

[10] Interview mit Rupert Neudeck in: ruprecht. Heidelberger Studierendenzeitung Nr. 87 vom 7. 12. 2003, S. 3.

[11] Das ›Abkommen zwischen der Deutschen Demokratischen Republik und der Regierung der Sozialistischen Republik Vietnam über die zeitweilige Beschäftigung und Qualifizierung vietnamesischer Werktätiger in Betrieben der Deutschen Demokratischen Republik‹ vom 11. April 1980 ist abgedruckt in: Müggenburg, Vertragsarbeitnehmer, S. 83–98. Zu seiner Geheimhaltung siehe ebd., S. 24.

[12] Vgl. dazu Astrid Krebs, Daheimgeblieben in der Fremde. Vietnamesische Vertragsarbeiterinnen zwischen sozialistischer Anwerbung und marktwirtschaftlicher Abschiebung, Diplomarbeit an der Fachhochschule für Sozialarbeit und Sozialpädagogik ›Alice Salomon‹, Berlin, April 1999, S. 20–31 (http://www.dienhong.de/fileadmin/user_upload/dienhong/docs/publik/diplom.pdf, 9. 7. 2005).

[13] Baumann, Migration, S. 33.

[14] FAZ 2. 6. 1996.

[15] Baumann, Migration, S. 33.

[16] Art. 1, Abs. 27 des Gesetzes zur Änderung ausländer- und asylverfahrensrechtlicher Vorschriften vom 29. 10. 1997, in: Bundesgesetzblatt 1997, Teil 1, S. 2587.

[17] Dien Hong – Gemeinsam unter einem Dach e. V. (Hrsg.): Berufliche und soziale Integration ehemaliger DDR-VertragsarbeiterInnen in Rostock. Ein Modellprojekt im Auftrag des Bundesministeriums für Arbeit und Sozialordnung. Juni 1994 – Dezember 1997 (www.dienhong.de/bma/bma-broschüre.html#7; 18. 3. 2004).

[18] FAZ vom 15. 4. 1995.

[19] Deutscher Bundestag, Drucksache 14/9772 vom 11. 7. 2002.

[20] FAZ 2. 6. 1996.

[21] Tageszeitung vom 22. 9. 1998.

[22] Tagesspiegel vom 22. 7. 1995.

[23] Tageszeitung vom 25. 8. 1995.

[24] Tageszeitung vom 12. 1. 1995.

[25] Tageszeitung vom 12. 1. 1995.

[26] Vgl. dazu den Artikel des Vorsitzenden Richters am Bundesverwaltungsgericht, Percy MacLean, Keiner bleibt jetzt länger, tageszeitung vom 10. 10. 1997.

[27] Julia Schweizer, Interview mit Hoang, in: Reistrommel e. V. (Hrsg.), Fremde Heimat Deutschland!? Lebenssituation der vietnamesischen Migranten in Berlin, Berlin 2003, S. 15.

[28] Interview mit Le-Duc Duong, Vereinigung der Vietnamesen in Berlin und Brandenburg, am 13. 2. 2004.

[29] Interview mit Vo Cam Trang, Bayouma-Haus Berlin-Friedrichshain, am 19. 2. 2004.

[30] Interview mit Tamara Hentschel, Reistrommel e. V., am 3. 3. 2004.

[31] Ebd.

[32] Interview Vo Cam Trang.

[33] Werner Schiffauer, Migration und kulturelle Differenz. Studie für das Büro der Ausländerbeauftragten des Senats von Berlin, Berlin 2002, S. 15–28.

[34] Interview Le-Duc Duong.

[35] Interview mit Tamara Hentschel in: Reistrommel e. V., Fremde Heimat, S. 19.

[36] Interview Tamara Hentschel.

[37] Interview Le-Duc Duong.

[38] Interviews Vo Cam Trang und Le-Duc Doung.

[39] Interviews Tamara Hentschel und Le-Duc Doung.

[40] Interviews Thúy Nonnemann und Tamara Hentschel.

[41] Das Zitat stammt aus einer Diskussion unter Berliner Jugendlichen, deren Eltern als Vertragsarbeiter aus Vietnam in die DDR kamen. Sie ist abgedruckt in: Reistrommel e. V. (Hrsg.), Fremde Heimat, S. 4–8, hier S. 5.

[42] Interviews Le-Duc Duong und Tamara Hentschel.

[43] Gruppengespräch mit der Firmvorbereitungsgruppe am 14. 3. 2004.

[44] Interview Tamara Hentschel.

[45] Interview Le-Duc Duong.

[46] Reistrommel e. V. (Hrsg.), Fremde Heimat, S. 4 f.

[47] Ebd., S. 4 f.

Wolfgang Benz

Die Pazifische Lösung

Die Abwehr von Asylbewerbern durch das Einwanderungsland Australien

Das Einwanderungsland Australien[1] betreibt gegen Asylbewerber eine rigorose Politik der Verweigerung. Unerwünscht sind Asylbewerber grundsätzlich, denn deren Anreise verstößt gegen die australischen Gesetze. Wer sich den Küsten des fünften Kontinents ohne Visum nähert, für den verwandelt sich das so heitere und gastfreundliche Land in eine Festung, deren Besatzung unerbittlich Recht und Gesetz gegen alle Humanität verteidigt.[2] Die Kriegsmarine zwingt Flüchtlingsschiffe zum Abdrehen, schickt überfüllte, kaum seetüchtige Boote wieder auf hohe See, deportiert Schiffbrüchige in abgelegene Internierungslager.

Das Schicksal der vom norwegischen Frachter »Tampa« von einer sinkenden Fähre vor Indonesien geretteten 433 Flüchtlinge hat im August/September 2001 die Welt bewegt.[3] Die australische Regierung blieb unbeugsam, war durch Schlagzeilen und den Vorwurf des Generalsekretärs der UNO, dies sei keine Art, mit Flüchtlingen umzugehen, unbeeindruckt und verkündete am 2. September 2001 die »Pazifische Lösung«: Flüchtlinge können nur auf dem australischen Festland einen Asylantrag stellen, nicht auf vorgelagerten Inseln, und am Erreichen des Festlands werden sie deshalb nach Kräften gehindert. Die Flüchtlingskonvention von 1951 wird mit der »Pazifischen Lösung« so eng ausgelegt wie von kaum einem anderen Land. Die Ministerin für Einwanderungsfragen, Amanda Vanstone, erklärt die geltende Rechtslage nach dem Einwanderungsgesetz von 1958: Alle Ausländer, die sich unrechtmäßig, also ohne gültiges Visum, auf dem australischen Kontinent aufhalten, müssen interniert werden (»mandatory detention«). Die Internierten haben das Gesetz gebrochen, entweder durch den Versuch, Australien ohne Erlaubnis zu betreten oder durch illegalen Aufenthalt, wenn sie z. B. mit einem Touristenvisum eingereist, aber nicht rechtzeitig wieder ausgereist sind.

Die Bitte um Asyl, um dauernden und sicheren Aufenthalt aufgrund von Verfolgung in einem anderen Land ist bei der Pazifischen Lösung nicht ausgeschlossen, sie setzt aber ein gültiges Visum voraus, das sich der Asylbewerber im Heimatland, also etwa im Bürgerkriegsgebiet, als politisch Verfolgter unter Lebensgefahr beschaffen muss. Der Ankömmling ohne Visum muss sich auf einen monate-, ja jahrelangen Aufenthalt im Internierungslager und auf die gewaltsame Deportation gefasst machen.

Die Argumentation der australischen Einwanderungsbürokratie lässt zwar grundsätzlich Raum für humanitäre Entscheidungen, ordnet sie aber den gesetzlichen Bestimmungen nach, und so sind »illegal entrants« zuerst und vor allem Gesetzesbrecher, die eingesperrt werden müssen: »Die Internierung ist die Folge der illegalen Ankunft und hat nichts zu tun mit möglicherweise nachfolgenden Anträgen auf Asylgewährung«.[4]

Die Methoden der Abschreckung wurden nach dem Tampa-Konflikt nur verfeinert. Grundsätzlich gilt die Philosophie der Verweigerung schon seit Beginn der neunziger Jahre. Seit 1999 erhalten Asylbewerber auch im positiven Fall nur noch ein auf drei Jahre begrenztes Schutzvisum (Temporary Protection Visa, TPV), das u. a. die Nachholung von Familienangehörigen verbietet und soziale Leistungen einschränkt.

Derzeit existieren in Australien sechs Haftstätten zur Internierung illegaler Ankömmlinge. Außerdem gibt es Lager auf fremden Territorien, nämlich auf Nauru und Manus Island (Papua-Neuguinea), die von Australien finanziert und im Auftrag Australiens betrieben werden. Die Haftstätten unterscheiden sich formal, kaum in der Praxis. Als Immigration Detention Centre auf dem Festland fungieren Villawood südwestlich von Sydney (Kapazität ca. 500 Gefangene), Maribyrnong bei Melbourne (Kapazität 70 Insassen),

Perth in Westaustralien (Kapazität von 55 Personen). In diesen Lagern werden Personen wegen Visavergehen bzw. wegen des Versuchs der illegalen Einreise über Flughäfen interniert. Im »Immigration Reception and Processing Centre (IRPC)« auf Christmas Island werden Bootsankömmlinge festgesetzt. In Baxter in Südaustralien ist als Nachfolgeeinrichtung des berüchtigten 2003 geschlossenen Lagers Woomera die Baxter Immigration Detention Facility seit Juli 2002 in Betrieb (mit einer Aufnahmekapazität von 660 Personen, die um weitere 220 Gefangenenplätze bei Bedarf erweitert werden kann). Dort waren im August 2004 insgesamt 235 Männer, zwölf Frauen und zwei Kinder interniert. Die Haftbedingungen in Baxter gelten nach Auskunft von Menschenrechtsorganisationen, Refugee Rights Activists und Anwälten als besonders unerfreulich. Sie stehen offenbar denen von Woomera kaum nach. In die Schlagzeilen geriet das Lager Baxter Anfang 2005 durch den Fall einer verwirrten Australierin, die aus einem psychiatrischen Krankenhaus geflohen war, und, da die Deutschstämmige sich als »Anna Schmidt« ausgab und deutsch redete, für eine illegale Einwanderin gehalten und zunächst im Gefängnis und dann im Detention Camp Baxter interniert wurde.[5]

In Port Augusta, ebenfalls in Südaustralien, befindet sich ein Residential Housing Project (RHP), das seit November 2003 in acht Drei-Zimmer-Häusern die »familiengerechte Unterbringung« von 40 Personen ermöglichen soll.

Bis September 2002 existierte das »Immigration Reception and Processing Centre« (IRPC) Curtin, 40 km nordwestlich von Derby in Westaustralien, am Rande der Wüste. Ebenfalls in Westaustralien bestand seit 1991 das Lager Port Hedland; dort wurden im Januar 2003 von protestierenden Flüchtlingen Gebäude in Brand gesteckt, die Einrichtung wurde im Juni 2004 geschlossen. Woomera in der südaustralischen Wüste und wie Curtin und Port Hedland offiziell als IRPC deklariert, war im November 1999 eröffnet und im April 2003 geschlossen worden. Zur Geschichte Woomeras gehören ein Hungerstreik 2002, gewaltsame

Proteste und eine Brandstiftung 2003, bei der 43 Gebäude zerstört wurden.

Auf dem Inselchen Nauru im Westpazifik, einst deutsche Kolonie, seit 1968 drittkleinster unabhängiger Staat der Erde, unterhalten die Australier ein Detention Camp. Dorthin wurden die Bootsflüchtlinge deportiert, die der norwegische Frachter »Tampa« im August 2001 aus Seenot gerettet hatte. Außer den Afghanen und Irakern der »Tampa«, die in zwei getrennten Lagern auf der Insel untergebracht sind, brachte die Fregatte »Tobruk« Mitte Oktober 2001 weitere 262 Flüchtlinge, die vor der australischen Küste aufgegriffen worden waren, nach Nauru. Die australische Regierung bezahlt mit Geld, Waren und Dienstleistungen für den Unterhalt des Lagers; der arme Kleinststaat verbessert dadurch zwar nicht seine Reputation, aber sein Bruttosozialprodukt erheblich. Nauru hat knapp 12 000 Einwohner, das Territorium ist 21,3 qkm groß, durch jahrzehntelangen Phosphatabbau ausgebeutet und verwüstet. Trinkwasser ist knapp. Die australische Regierung fühlt sich für die Vorgänge im 2000 km entfernten Internierungslager, dessen Betrieb durch das private Gefängnisunternehmen »Global Solutions« sie bezahlt, nicht verantwortlich. Mit dem Hinweis auf die Souveränität der Insel existieren die Probleme der Deportierten für Canberra nicht mehr, auch der australischen Human Rights Commission sind die Hände gebunden, für Menschenrechtsorganisationen und für die Medien ist der Ort des Skandals nicht zugänglich. Die Regie der Haftstätten auf Nauru und Manus Island liegt in Händen der International Organisation for Migration (IOM), die im Auftrag vieler Regierungen die bei der Abwehr von Unerwünschten anfallenden Arbeiten, etwa die Abschiebung, erledigt. Das Hauptquartier von IOM befindet sich in der Schweiz.[6] Die Bewachung der Lager auf den Pazifikinseln obliegt der privaten Firma »Australian Chubb Security« und der australischen Bundespolizei. Der damalige australische Einwanderungsminister besuchte im Februar 2002 die Insel Nauru. Die Kinder, die ihn hoffnungsvoll mit Blumen begrüßen wollten, ignorierte er, den erwachsenen

Internierten hielt er eine kurze Rede nach Gutsherrenart, in der er ihnen klar machte, dass sie nicht die geringste Chance hätten, sich »durch die Hintertür« in Australien einzuschleichen.[7]

Die Pazifikinsel am Ende der Welt wäre der Prototyp einer europäischen Lösung, die auf Internierungslager fern der eigenen Küsten setzt, um Unerwünschte erst gar nicht bis zur Haustür vorzulassen. Ein rechtloser Ort, für den keiner sich verantwortlich fühlt, der auf nordafrikanischem Boden, in der libyschen Wüste etwa, Flüchtlingen und Asylsuchenden die Illusion gibt, ihre Sache würde verstanden und behandelt. Eine Scheinlösung, die von der lebensgefährlichen Reise auf Seelenverkäufern übers Mittelmehr nach Italien oder Spanien abhalten soll, um den Europäern die schrecklichen Bilder von Seenot und Untergang zu ersparen und das Gewissen zu beruhigen, weil die »Lösung« immerhin Kosten verursacht. Die Unglücklichen, die die Internierungslager bevölkern würden, säßen in der Falle.

Das lässt sich am Geschick der auf Nauru Internierten ohne Mühe deutlich machen. Im Dezember 2003 begann ein Hungerstreik, der sich bis Weihnachten ausbreitete. Es waren vor allem Angehörige der muslimischen Minderheit, der Hazara, die gegen die Internierung protestierten. Manche hatten sich die Lippen zugenäht, eine Form des Protestes, die bereits in Woomera und anderen Detention Camps praktiziert worden war.[8] »Freedom or Death« lautete die Parole der Streikenden und »Do not forget us in your happiness«. Aber genau dazu ist die Mehrheit der australischen Gesellschaft entschlossen (und die Australier sind natürlich keine schlechteren Menschen als die Angehörigen anderer Nationen. Nur stehen sie eben mit ihrer Politik gegen Asylbewerber derzeit im Rampenlicht).

Der Wortführer der Hungernden auf Nauru versuchte die Hoffnungslosigkeit der Internierten zu erklären: »Wir Hazara waren schon immer und überall Verfolgte. Ich weiß nicht, welche Verbrechen wir begangen haben. Wir flohen aus Afghanistan, um Zuflucht in Australien zu finden, aber die australische Regierung wies uns zurück und erklärte, wir hätten nicht bewiesen, dass wir Verfolgte sind. Die afghanische Regierung sagt, dass wir keine Afghanen sind. Wenn wir nach Pakistan oder in den Iran auswandern wollen, sagen die Leute dort, ihr verfluchten dummen Afghanen! Warum seid ihr gekommen? Sie sagen, wir hätten unser Land zerstört und jetzt wollten wir ihres zerstören. Es gibt keinen Platz auf der Erde, wo wir Obdach finden«.[9] Die Flüchtlinge vor den Taliban Afghanistans werden ebenso wie die Verfolgten aus Saddam Husseins Irak mit den Regimes, denen sie entflohen, identifiziert. Sie gelten als potenzielle Terroristen. Die Herkunft konstelliert die Ablehnung.

Die Haftbedingungen auf der heißen und feuchten Insel Nauru zerstören die physische und psychische Gesundheit der Internierten. Im Juli 2002 stellte die International Organisation for Migration den niederländischen Psychiater Dr. Maarten Dormaar ein. Er sollte sich um das psychische Befinden der auf Nauru Internierten kümmern. Seine Berichte, die auf eingehenden Untersuchungen und Beobachtungen basierten, waren vernichtend: Die Mehrzahl der Gefangenen leidet nach kurzer Zeit unter schweren seelischen Störungen. Doch die Untersuchungsergebnisse des Arztes interessierten die Verantwortlichen nicht. Im November 2002 quittierte der Psychiater den Dienst.[10]

Das Exempel, das die australische Regierung an den Asylsuchenden statuiert, ist teuer. Nach offiziellen Angaben kostet der Betrieb von Nauru 72 Millionen australische Dollar und das Detention Centre auf Manus Island, das zu Papua-Neuguinea gehört, 42,5 Millionen. Dazu kommen die Kosten für die Deportation und die Leistungen, die den Regierungen von Nauru und Papua-Neuguinea die Duldung der Haftanstalten auf ihrem Territorium schmackhaft machen. Zur Exekution der pazifischen Lösung hat die australische Regierung den für 2001/2002 vorgesehenen Haushaltsplan von 250 Millionen Dollar mehr als verdoppelt auf 572 Millionen. Weitere 431 Millionen Dollar sind innerhalb von vier Jahren bis 2006 für die Abwehr von Flüchtlingen in *Camps off shore* (Nauru und Manus Island) veranschlagt sowie 455 Millionen für den Bau, Unterhalt und Betrieb eines Internierungslagers auf der zu Australien gehörenden Weihnachtsinsel, die im asylrechtlichen Sinne zum exterritorialen Gebiet erklärt wurde.[11]

Die längste Internierungszeit erlebt Peter Qasim; er wurde 1974 als Muslim in Kaschmir geboren, entkam politischer Verfolgung in seinem Heimatland, um das Indien und Pakistan sich streiten, als 24-Jähriger und erreichte 1998 mit einem falschen indischen Pass als Bootsflüchtling den westaustralischen Hafen Perth. Zunächst in Port Hedland, dann in Baxter interniert, wurden seine Asylgesuche in allen Instanzen abgelehnt, da er politische Verfolgung nicht überzeugend nachweisen konnte. Im September 2004 verweigerte die Einwanderungsministerin Amanda Vanstone das Gnadenvisum aus humanitären Gründen. Deportiert werden kann Peter Qasim nicht, da er keine Dokumente besitzt und die indische Regierung nichts von ihm wissen will. Beim Stand der Dinge wird er, womöglich lebenslänglich, in Baxter oder in einem anderen Detention Centre seiner Freiheit beraubt bleiben. Der australische Steuerzahler bezahlt für die Haft des Unglücklichen. Bis Anfang September 2004 kostete dies 612 066 australische Dollar.[12]

Die australische Botschaft in Berlin schwieg diplomatisch, als sie sich mit meinem Wunsch, eines der Lager zu besuchen, in dem Asylsuchende interniert werden, konfrontiert sah. Natürlich war die Bitte um Augenschein, begründet mit dem wissenschaftlichen Interesse des Historikers und Exilforschers, naiv gewesen. Aber sie war ebenso wie der Wunsch selbst legal und auf Legalität wird in Australien großer Wert gelegt. Das bestätigte auch der Beamte der Einwanderungsbehörde der australischen Regierung in Canberra, dem der Wunsch, das Detention Camp Villawood bei Sydney zu besuchen, durch das deutsche Konsulat abermals vorgetragen wurde: Das Lager Villawood sei errichtet worden, um Personen zu internieren, die keine Aufenthaltserlaubnis für Australien hätten. Die Mehrheit der Internierten bestehe nicht aus Asylsuchenden, sondern aus fremden Gesetzesbrechern, die nur für sehr kurze Zeit bis zu ihrer Abschiebung dort festgehalten würden. Den Betreibern des Lagers läge die Sicherheit der Einrichtung, die Privatsphäre und das Wohlbefinden der Insassen am Herzen, deshalb seien nur Besuche von Angehörigen oder anderen Privatpersonen möglich, um familiäre und soziale Kontakte aufrechtzuerhalten. Für Forschungszwecke, empfahl der Beamte, stehe das Internet mit Informationen über Grenzkontrolle, Menschenschmuggel, Visa-Bestimmungen usw. zur Verfügung.[13]

Villawood, eine Autostunde südwestlich von Sydney, ist eine Siedlung, wie es unzählige gibt im Umkreis der großen Städte, von Provinzialität und Gewerbefleiß geprägt. Im Handels- und Dienstleistungsdistrikt des ländlichen Ortes liegt das Lager, leicht erkennbar an den Sicherheitseinrichtungen. Zwei Metallzäune, dazwischen ein Verhau aus jenem rasiermesserscharfen gerollten Sägeblatt, das den einstigen Stacheldraht als harmlose Spielerei erscheinen lässt. Ein Menschenkäfig, der Beobachtung in beide Richtungen zulässt. Denn das freie Feld hinter dem Zaun ist, im Sommer wie im Winter, der einzige Ort, an dem die Internierten ihre Besucher empfangen können. Der Platz ist reichlich mit Plastikstühlen möbliert, ein paar Schutzdächer gegen die Sonne sind installiert, etliche Bäume gibt es auch. Die Unterkünfte sind off limits. Man kann das Treiben im Käfig von außen gut beobachten, es mutet fröhlich an, Menschengruppen beim Picknick, einzelne gehen spazieren, andere liegen im Gras.

Das Gefängnis wird in privater Regie betrieben, das hat bereits Tradition und rechnet sich besser. Das Personal ist Besuchern gegenüber freundlich gelangweilt, aber es herrscht wohl Anweisung, die Prozedur langwierig und abschreckend zu gestalten. Man füllt einen Antrag aus, zieht eine Nummer und wartet. Der Warteraum für 60 bis 70 Besucher ist karg. Unerfindlich, warum es fast zwei Stunden dauert, bis man aufgerufen wird. Eine Vermutung geht dahin, dass die neu installierte Software im Computersystem so kompliziert ist, dass es lange dauern muss. Viel Arbeit wird aber nicht investiert. Name und Adresse des Besuchers werden eingegeben und welchen *detainee* er sehen will. Mein Freund, den ich besuchen möchte, heißt Mohammed Ali, er ist Palästinenser und kam vor vier Jahren aus Syrien. Seitdem ist er in Villawood interniert. Mir wird die Postleitzahl meiner australischen Adresse abverlangt, ich nenne, da ich sie nicht weiß, eine Zahlenfolge, die Befriedigung schafft, und muss noch mein Portemonnaie und die Taschenuhr zurücklassen. Dafür gibt es Schließfächer, die aber nur von Besuchern, die mit der Eisenbahn angereist sind, benutzt werden dürfen. Die anderen müssen ein paar hundert Meter zum Auto zurück und dort die Sicherheit gefährdenden Gegenstände hinterlassen. Insbesondere Handys sind nicht erlaubt im Lager. Die Mehrzahl der Internierten besitzt freilich das wichtige Instrument, und es kommt auch vor, dass sich ein Bewacher eines ausleiht, um zu Hause anzurufen, wenn er sein eigenes vergessen hat. Vorletzte Station des Besuchers, der mit einem blauen Armband und einer Nummer markiert wird, ist die Kontrolle mit dem elektronischen Detektor, dann gibt es einen Stempel auf die Hand, ehe die Personenschleuse durchschritten wird. Danach, im Vorfeld des Menschenkäfigs, wird noch einmal die Nummer des Armbands registriert und dann der Käfig aufgetan.

Mohammed Ali, der vor vier Jahren – 2000 – mit großen Hoffnungen in Australien ankam, erwartet uns am Zaun. Nicki, die mich mitgenommen hat, ist Regieassistentin. Sie hat bei einem Theaterstück mitgewirkt, das Schicksale von Internierten zeigt, sie besucht Mohammed Ali seit einem halben Jahr. Besuche sind unbegrenzt möglich, täglich von 13.00–19.00 Uhr. Nicki gehört zu einer australischen Minderheit, die es sich zur Aufgabe gemacht hat, Solidarität zu zeigen, menschliche Zuwendung zu leben, die nicht weiter nach Gründen und der Biografie vor der Internierung fragt. Nicki ist von der existenziellen Gefährdung durch Einsamkeit und erzwungenes Nichtstun angerührt. Von Mohammed Ali weiß ich nicht viel mehr, als dass er vor acht Jahren in Moskau Ingenieurwissenschaften studiert hat und dass sein Bruder in einem syrischen Gefängnis sitzt. Nicki, die dem Palästinenser Mohammed helfen will, ist übrigens Jüdin.

Es gab besonders trostlose Zeiten, als niemand im Gefängnis Mohammed Alis Sprache sprach. Depressionen erfassen den Gefangenen immer wieder. Körperlich ist er gesund – nur ein Zahnarzt wäre vonnöten, aber die aufwändige Behandlung von Internierten ist nicht vorgesehen. Eine Folge des erzwungenen Nichtstuns ist die Konzentrationsschwäche, die Mohammed Ali oft befällt. Dann haben seine Besucher das Gefühl, durch ihn hindurch zu reden, und merken, dass er nichts auffassen kann von dem, was man ihm sagt oder dass er es gleich wieder vergessen wird. Mohammed Ali ist nicht der dienstälteste Gefangene; ein Mann aus dem Sudan, Abdlmoneim Khogali, ist seit sieben Jahren interniert. Er sollte 1999 gewaltsam deportiert werden, in Handschellen gefesselt, vergeblich unter quieszierende Drogen gesetzt wehrte er sich so energisch gegen die Abschiebung, dass der Flugkapitän den Transport verweigerte und beim zweiten Versuch Passagiere sich gegen die Wachmannschaften wandten. Wegen Aufsässigkeit wurde er mehrfach mit Gefängnis bestraft und misshandelt. Die lange Internierung erscheint umso absurder, als schließlich mehr als 90 Prozent der *detainee*s das erhoffte Schutzvisum erhalten, das zu vorläufigem dreijährigem Aufenthalt berechtigt.[14]

Kinder leben ebenfalls in Villawood. Das Lager ist für 510 Gefangene ausgelegt (bei Bedarf können 190 weitere untergebracht werden). Im November 2004, zur Zeit meines Besuches, ist es voll belegt, überwiegend mit Männern, aber auch etwa 90 Frauen und 30 bis 40 Kinder sind derzeit dort interniert. Die australische Regierung ist stolz darauf, dass Familien zusammen leben dürfen, dass es eine Vorschule für 2- bis 5-Jährige und eine Elementarschule für 5- bis 12-Jährige gibt. Die Regel ist freilich die, dass die Familienväter von ihren Familien getrennt im Camp sitzen, während Frauen und Kinder unter etwas erträglicheren Bedingungen oder in Freiheit leben. Das Villawood Immigration Detention Centre, so die offizielle Bezeichnung, bietet auch – folgt man der Information im Internet – Unterhaltungsmöglichkeiten wie Fernsehen und Computerspiele, die Gefangenen können Sport treiben oder mit den üblichen Apparaten im Fitness-Studio trainieren, sich mit Yoga, Massagen, Tischtennis und Musik entspannen, für die Kinder gibt es drei Spielplätze. Die Realität sieht freilich anders aus, denn von erzwungener Untätigkeit kann man sich nicht entspannen, und wenn man keine andere Beschäftigung hat, als seine Matratze zu betrachten oder auf die Wand der Unterkunft zu starren, dann hat man ernste psychische Störungen zu erwarten, und sie treten unweigerlich ein, bis zum Wahnsinn.

Ein Fall hat auch die Öffentlichkeit bewegt. Im März 2000 kam Mohammed Badraie mit seiner Frau und dem fünfjährigen Sohn Shayan aus dem Iran nach Australien, um dort Asyl zu finden. Die Familie wurde in Woomera, dem 2003 geschlossenen berüchtigten Detention Camp in der südaustralischen Wüste, interniert. Dort wurde Shabnam, Shayans Schwester, geboren. Der Fünfjährige erlebte im März, April und Juli 2000 Revolten, bei denen sich verzweifelte Häftlinge selbst anzündeten oder mit Messern verletzten. Der Aufruhr in Woomera wurde auf die übliche Weise mit Tränengas, Wasserwerfern und Schlagstöcken durch Angestellte des privaten Gefängnisunternehmens Australasian Correctional Management (ACM) und Polizei mit massiver Gewalt niedergekämpft.[15] Dramatische Ereignisse nicht nur für Kinder, wie die Selbstmordrate in den Camps beweist (sie ist drei- bis siebzehnmal höher als im übrigen Australien).

Die Berichterstattung in den Medien veranlasste einige wenige Bürger Australiens, sich mit den Asylsuchenden zu solidarisieren.[16] In kleinen Gruppen organisierten sie sich, um für die Menschenrechte der Internierten einzutreten. Die Mehrheit der Australier freilich vertraut der Regierung, die unter Verweis auf Recht und Gesetz einen von ungebetenen Flüchtlingen nicht behelligten Australian Way of Life garantiert. Der damalige Einwanderungsminister Phillip Ruddock versicherte auf bohrende Journalistenfragen stets mit sanfter Stimme, andere Möglichkeiten als die angewendeten Mittel der obligatorischen Haft gäbe es nicht, um einer Überflutung des Kontinents durch illegale Einwanderer Einhalt zu gebieten.[17]

Shayan wurde mit seiner Familie im März 2001 nach einjährigem Aufenthalt in Woomera nach Villawood verlegt. Dort wurde der längst traumatisierte Junge zum zweiten Mal Zeuge des Selbstmordversuchs eines Häftlings, der sich die Pulsadern aufschnitt. Shayan verfiel in Sprachlosigkeit, verweigerte jede Nahrungsaufnahme, litt unter Panikattacken, diagnostiziert als »acute and chronic posttraumatic stress disorder«. Er verlor den Kontakt zur Außenwelt und wurde als Sterbender wahrgenommen. Am 15. Mai 2001 kam er in eine Kinderklinik zur Stabilisierung seines physischen Zustands. Ärzte und Psychologen rieten so vergeblich wie dringend von jeder weiteren Internierung ab. Sechs Tage nach der Entlassung aus der Klinik musste er wieder hospitalisiert werden, insgesamt verbrachte Shayan bei mehrfachem Aufenthalt acht Wochen im Krankenhaus, dazwischen wurde er zurück nach Villawood gebracht. Gegen den Willen der Eltern kam er im August 2001 in eine Pflegefamilie, in der er, unterbrochen wiederum von Klinikaufenthalten, bis Januar 2002 blieb. Im Januar 2002 durften Shayans Mutter und seine Schwester Villawood verlassen, im August 2002 erhielt die Familie die begehrten Temporary Protection Visa, die für drei Jahre den legalen Aufenthalt im Lande erlauben.[18]

Shayans Fall ist spektakulär, aber nicht ungewöhnlich. Weil Menschenrechts-Aktivisten von ihm erfuhren, eine engagierte Anwältin sich seines Falles annahm, weil die Medien sich interessierten, wurde von der Human Rights and Equal Opportunity Commission eine Untersuchung durchgeführt, der Bericht vom Oktober 2002 enthielt schwere Vorwürfe gegen die Regierung und wurde Grundlage eines Schadensersatz-Prozesses gegen die australische Regierung.[19] Shayan fand auch den Weg in die medizinische Fachliteratur.[20] Die Folgen der Traumata, die er erlitt, sind nicht absehbar. Formal ist der Fall immerhin zu einem vorläufigen glimpflichen Ende gekommen, nachdem das Asylbegehren der Familie Badraie erstmals im September 2000 und nach Einspruch gegen die Entscheidung des Refugee Review Tribunal im März 2001 abermals abgelehnt worden war.

Der Rechtsweg sieht die Anrufung des Obersten Gerichts als letzte Möglichkeit vor, und schließlich hat der Minister für Einwanderung nach dem Migration Act von 1958 die Möglichkeit, das Visum aus humanitären Gründen zu gewähren. Das Leid Shayans wäre mindestens zu lindern gewesen, wenn die bürokratischen Erfordernisse nicht aus Prinzip als die höherwertigen Rechtsgüter betrachtet worden wären.

Dr. Sev Ozdowski, der Human Rights Commissioner für Australien, residiert in Sydney in einem pompösen Büro mit phantastischem Blick aus dem 17. Stock über den Hafen. Er stammt aus Polen, das er in den siebziger Jahren verließ. Über Hamburg emigrierte er nach Australien, machte Karriere in der Regierung. Mit dem Amt des Human Rights Commissioner habe er Freunde verloren, sagt er, aber auf seinen Bericht über Kinder in Detention Camps ist er stolz: Alle Fakten beruhen auf Zeugenbefragungen und Augenschein in den Lagern, und die geschilderten Schicksale sind so eindrucksvoll wie deprimierend. Der Kommissar sei konservativer gewesen, als er noch im Büro des Premierministers arbeitete, sagen Leute aus der Menschenrechts-Bewegung, die ihn kennen. Er scheint die Ära der in Haft genommenen Kinder für Vergangenheit zu halten. Nur noch einige wenige seien in den Lagern, meint er im November 2004. Die Frauen der Initiative »Childout« präsentieren aber eine Liste, nach der noch 101 Minderjährige (die jüngsten sind Babys aus Afghanistan und China in Baxter) interniert sind. Die Damen, die für die Freilassung der Kinder kämpfen, sind gut informiert, ich bekomme von ihnen die interne Korrespondenz zwischen den Zuständigen in Villawood und der Regierung, in der die Modalitäten und Risiken der Abschiebung meines Freundes Mohammed Ali nach Syrien diskutiert werden.

Der Beauftragte für die Menschenrechte weist übrigens den in der Presse gelegentlich angestellten Vergleich mit Konzentrationslagern[21] energisch zurück. Er nimmt dafür außer den natürlich richtigen Argumenten auch die emotionale Autorität des Mannes ein, der Angehörige in Dachau verloren hat.

Seinen Bericht, gedruckt als Buch mit über 900 Seiten[22], hat er der Regierung mit unmissverständlichen Worten überreicht. Die automatische Haft verstoße gegen die Konvention zum Nutzen der Kinder, die lange Einsperrung schädige ihre Gesundheit, für ihre Erziehung sei nicht gesorgt. »Wir haben den Kindern einen Teil ihres Lebens gestohlen.« Das war im Mai 2004.[23]

Ngareta Rossell ist Journalistin mit multikulturellen Themen, sie arbeitete vorher in der Tourismusbranche, lebte längere Zeit in Frankreich. Seit 2001 engagiert sie sich für Flüchtlinge, vor allem in der Organisation Childout »Children out of Detention Camps«. Sie ist auch deren lebendes Gedächtnis, ihr Haus in Sydney ist voll mit Zeitungsausschnitten, Berichten, Dokumenten. Das informelle Netz der Helfer hat sie im Wesentlichen zustande gebracht, als sie bei Rechtsanwälten, Psychiatern, Journalisten für die Rechte der Flüchtlinge warb.

Vor den Wahlen wurden Kinder publikumswirksam aus den Detention Camps entlassen, aber geändert hat sich nichts.[24] Die folgende Affäre spielt im November 2004. Die 33-jährige Seseana Naikelekele ist seit zwei Jahren in Villawood interniert. Sie stammt von den Fidschi-Inseln, ist 1989 mit einem Touristenvisum nach Australien gekommen, hat dort geheiratet, ist Mutter von fünf Kindern. Die beiden Ältesten, Sally (12) und Jope (10) haben die australische Staatsbürgerschaft, die anderen können ohne Probleme Australier werden, wenn sie zehn Jahre alt sind. Aber die Mutter selbst hat keine Chance. Nachdem alle rechtlichen Möglichkeiten, in Australien zu bleiben, erschöpft sind, wird sie nach Fidschi deportiert. Die Rückkehr nach Australien ist praktisch ausgeschlossen, die Einreise ist drei Jahre lang automatisch gesperrt, und bei einer späteren Ankunft würde eine Rechnung in Höhe von etwa 80 000 australischen Dollars auf sie warten für die Kosten des Aufenthalts in Villawood und des Verfahrens der Deportation.

Seseanas Mann, von dem sie getrennt lebt, wird ebenfalls deportiert. Die vier zurückbleibenden Kinder haben die letzten Monate bei ihrer Mutter im Detention Camp verbracht, sie werden zu

Verwandten gegeben. Den jüngsten Sohn, Glen, nimmt Seseana mit auf die Fidschi, denn ihm würde die Trennung das Herz brechen. Er ist übrigens Australier, denn sein Vater hatte den Status *permanent resident*.[25]

Ein Beauftragter des Hohen Kommissars für Menschenrechte der UNO besuchte im Mai 2002 Australien, um – nach den Berichten über die skandalösen Zustände in Woomera – die Politik der »Pazifischen Lösung« zu studieren. Der UNO-Vertreter, Richter Bhagwati aus Indien, sprach mit Männern, Frauen und Kindern, die monate- und jahrelang im Detention Camp gesessen hatten, als »Gefangene, die keinerlei Straftat begangen haben«. Ihr einziges Vergehen bestand darin, dass sie ihre Heimat verließen, um Zuflucht oder ein besseres Leben auf australischem Boden zu suchen. Der Bericht ließ an Deutlichkeit kaum zu wünschen übrig, ohne freilich die Verantwortlichen zu beeindrucken.[26] Ein australischer Bürgerrechts-Aktivist schrieb unter Bezug auf diesen Bericht mehr als zwei Jahre später: »Wir wissen, unsere Regierung lügt. Wir wissen, unsere Regierung verbirgt die Wahrheit... Was können wir tun? Wenn nur eine Regierung eines wichtigen westlichen Staates öffentlich unsere Regierung verurteilen würde, dann wäre das vielleicht der Impuls, dass wir diesen Wahnsinn beenden könnten.«[27]

Anmerkungen

[1] Vgl. Wolfgang Benz (Hrsg.), Zuflucht Australien – Exil und Immigration, Themenheft Zeitschrift für Geschichtswissenschaft 50 (2002), S. 294–351; James Jupp, From White Australia to Woomera. The Story of Australian Immigration, Cambridge 2002; Post-1947 Migration to Australia and the Socio-Political Incorporation of Migrants, in: Institut für Migrationsforschung und Interkulturelle Studien Osnabrück (Hrsg.), IMIS-Beiträge H. 13/1999.

[2] Robert Manne with David Corlett, Sending them Home. Refugees and the New Politics of Indifference, in: Quarterly Essay 13 (2004), S. 1–95.

[3] Peter Mares, A Pacific Solution. Reflections on the Tampa affair and September 11, in: Eureka Street, Nov. 2001.

[4] Senator Amanda Vanstone, Frequently Asked Questions www.minister.immi.gov.au/faq/illegalmigration.htm

[5] Andra Jackson, Solved: mystery of detainee »Anna«, in: The Age 5. 2. 2005; Philip Hudson, Russell Skelton, Minister rules out apology to »Anna«, in: Sunday Age 6. 2. 2005; Sven Hansen, Psychisch kranke Frau monatelang interniert. Weil sich in Australien eine verwirrte Frau als Deutsche ausgab, wurde sie wie illegale Einwanderer in einem Wüstenlager interniert. Ihre psychische Erkrankung blieb unbehandelt, dafür gab es immer wieder Isolationshaft, in: taz 9. 2. 2005.

[6] Die Organisation operiert weltweit nach der Devise »IOM is committed to the principle that humane and orderly migration benefits migrants and society«. IOM Mission statement, http:/www.iom.int/en/who/main_mission.shtml.

[7] Robert Manne, Postcards from Hell, in: The Age, 27. 3. 2004.

[8] Wolfgang Pomrehn, Hungerstreik am Ende der Welt. Lage der Flüchtlinge auf der Pazifikinsel Nauru spitzt sich zu. Canberra kaufte sich frei, in: junge Welt 19. 12. 2003.

[9] Manne, The Age 27. 3. 2004.

[10] The Age 27. 3. 2004.

[11] Peter Mares, Borderline. Australia's Response to Refugees and Asylum Seekers in the Wake of the Tampa, Sydney 2002 (2nd ed.), S. 140.

[12] Michelle Cazzulino, A Man with no Past, no Future, no Hope, in: The Daily Telegraph 9. 9. 2004.

[13] Sehr herzlich danke ich allen, die meine Recherchen unterstützt haben, insbesondere Jacquie Everitt, Konrad Kwiet, Nicki Novy, Ngareta Rossell (Sydney) und Lee Kersten (Adelaide).

[14] Complaints Abdmoneim Khogali from Sudan against ACM company and

with Department of Immigration and Multicultural Affairs, aufgenommen und transkribiert von Ngareta Rossell, Typoscript 3. 10. 2004.

[15] Im Dezember 2003 wechselte die Regie der Detention Camps von Australasian Correctional Management Pty Ltd. (ACM) zu einer anderen privaten Firma.

[16] Das Theaterstück von Ros Horin »Through the Wire« thematisiert nach Interviews die Schicksale von Internierten. Es wurde im Studio des Sydney Opera House Ende 2003/Anfang 2004 produziert und spiegelt das Engagement einer Minderheit in der australischen Öffentlichkeit.

[17] Australische Fernsehstationen beschäftigen sich z. T. sehr kritisch mit der Politik der »pazifischen Lösung«, z. B. Four Corners TV, 13. 8. 2001 (The Inside Story), Sunday TV, 5. 5. 2002, Lateline; Aufzeichnungen im Archiv des Zentrums für Antisemitismusforschung; die hier beschriebenen Fälle sind größtenteils darin dokumentiert, ebenso zahlreiche Statements.

[18] Human Rights and Equal Opportunity Commission, Report of an inquiry into a complaint by Mr Mohammed Badraie on behalf of his son Shayan regarding acts or practices of the Commonwealth of Australia (the Department of Immigration, Multicultural and Indigenous Affairs), Sydney, 2002.

[19] Ende August 2005 wurde die Klage eingereicht. Sie hat Präzedenzcharakter und könnte im Erfolgsfalle eine Flut weiterer Klagen nach sich ziehen. Vgl. Berliner Morgenpost, 30. 8. 2005 (»Zehnjähriger verklagt Australien wegen Haft«).

[20] Karen J. Zwi, Brenda Herzberg, David Dossetor, Jyotsna Field, A Child in Detention: dilemmas faced by health professionals, in: The Medical Journal of Australia 179 (2003), S. 319–322.

[21] Cynthia Banham, Woomera Conditons likened to Nazi days, in: The Sydney Morning Herald 20. 9. 2002.

[22] Human Rights and Equal Opportunity Commission, A Last Resort? National Inquiry into Children in Immigration Detention, Sydney 2004.

[23] Human Rights Commission Dr. Sev Ozdowski, 14. 5. 2004, Launch Statement »A Last Resort?«.

[24] Nach offiziellen Angaben waren Mitte Mai 2005 insgesamt 908 Menschen in Lagern unter Aufsicht des Departement of Immigration and Multicultural and Indigenous Affairs interniert, und zwar in Perth 17 Männer, in Baxter 195 Männer, 20 Frauen und 2 Kinder, in Port Augusta 12 Frauen und 19 Kinder, in Villawood 378 Männer, 79 Frauen, 28 Kinder, in Maribyrnong 51 Männer, 17 Frauen und ein Kind. Auf Christmas Island waren 18 Männer, 9 Frauen und 8 Kinder, auf Nauru 44 Männer und 6 Kinder interniert. The Age, 26. 5. 2005.

[25] Elizabeth Colman, Aussie children may be deported, in: The Australian, 2. 11. 2004; dies., Deported mother to lose her children, ebenda, 4. 11. 2004; Frank Walker, Mother's painful sacrifice. Deportation to Fiji splits family of six, in: The Sun-Herald, 7. 11. 2004.

[26] Report of Justice P. N. Bhagwati, Regional Advisor for Asia and the Pacific of the UN High Commissioner for Human Rights, Mission to Australia 24 May to 2 June 2002: Human Rights and Immigration Detention in Australia, Typoscript.

[27] Tim Ashton an den Verfasser, 22. 11. 2004.

Juliane Wetzel

Italien und die Bootsflüchtlinge aus Afrika

»Was kosten ›Clandestini‹?«[1], »Ein Exodus, der in die Hölle führt«[2], »Flüchtlingsdrama: Wir mussten die Leichen ins Meer werfen«[3], »Flucht nach Europa: Beginn neuer Flüchtlingswelle nach Italien«[4], »Von Flüchtlingen und Menschenschmugglern«[5], »Abschotten statt abschieben«[6], »Clandestini: Corteo abitanti Lampedusa« (Illegale: Demonstration der Bewohner Lampedusas)[7], »Gli isolani preoccupati per l'annullamento di numerosi soggiorni« (Inselbewohner besorgt wegen der Absage zahlreicher Übernachtungsgäste)[8] – dies ist nur eine Auswahl der Schlagzeilen aus deutschen und italienischen Medien von 1998 bis heute, die sich dem Schicksal der Bootsflüchtlinge auf dem Weg von Afrika in Richtung Italien, insbesondere auf die italienische Insel Lampedusa, widmen. »Clandestini« so werden die illegalen Zuwanderer in Italien genannt, die »Heimlichen«, ein weitaus tiefgründigerer Terminus als der juristisch abgeleitete Begriff »Illegale«.

Während der NS-Zeit war Italien neben Frankreich zu einem der zentralen Transitländer für Tausende von Flüchtlingen geworden. Wegen der Erfahrungen vieler italienischer Familien, deren Mitglieder selbst als Emigranten in die USA und nach Nordeuropa gewandert waren, wurden die verfolgten Zuwanderer damals in Italien von der Bevölkerung positiver aufgenommen als dies in anderen Immigrationsländern der Fall war. Viele zeigten Verständnis für die Probleme der Emigranten und kritisierten den Rassismus. Von den italienischen Häfen machten sich die jüdischen Auswanderer, die größtenteils über geheime Routen ins Land gekommen waren, zumeist auf illegalen Schiffen auf den Weg nach Palästina, Shanghai sowie nach Nord- und Südamerika.[9]

Nach dem Krieg wanderten viele Arbeitsmigranten – vor allem

aus Süditalien – aus (von 1900 bis 2000 verließen 30 Millionen Italiener ihre Heimat)[10], man denke nur an das Anwerbeabkommen mit der Bundesrepublik 1955. Noch heute stellen Italiener nach den Türken die zweitgrößte ausländische Bevölkerungsgruppe in der Bundesrepublik. In den achtziger Jahren jedoch wurde Italien unversehens von einem klassischen Auswandererland zu einem Land der Einwanderung. Vor allem die illegale Zuwanderung, aber auch die Instrumentalisierung der Immigration durch Parteien wie die Lega Nord und die Allianza Nazionale sowie die sich verschlechternde wirtschaftliche Situation in Europa haben in Italien eine negative, z. T. rassistische Haltung gegenüber Ausländern befördert. Sie richtet sich besonders gegen die starke albanische Minderheit, die viele Italiener mit der gestiegenen Kriminalität, mit Drogenhandel und Prostitution in Verbindung bringen.[11] Mancher Vertreter der katholischen Kirche (der Kardinal von Bologna etwa) polemisiert gegen die starke Zuwanderung von Muslimen, die als »Anschlag« auf die christlichen Grundlagen betrachtet wird.

Nur durch etwas über hundert Seemeilen getrennt grenzt Italien an den afrikanischen Kontinent, dem viele Menschen aus wirtschaftlicher Not oder wegen politischer Verfolgung entfliehen wollen. Zudem erhöhen historische Bindungen an die nordafrikanischen Regionen die Bereitschaft der Flüchtlinge, Italien als erstes Ziel ihrer Migration anzusteuern. Die nur etwa 20 qkm große Insel Lampedusa, seit mehr als 20 Jahren Ziel der illegalen Zuwanderer, ist der südlichste Punkt Italiens, südlich von Malta und selbst noch südlicher als das tunesische Susah gelegen. Man benötigt acht bis zehn Stunden mit der Fähre, um Sizilien zu erreichen. Von Afrika kommend, ist Lampedusa die erste Anlaufstelle, um auf europäischen Boden zu gelangen. Für viele Tunesier und Marokkaner etwa ist die Provinz Ragusa auf Sizilien bevorzugtes Ziel, hier leben bereits viele Landsleute, die einen bedeutenden Anteil der Bewohner und der Arbeiter in den Gewächshäusern etwa in Scoglitti stellen. Dort gibt es Couscous und dort befindet sich das Exportzentrum des italienischen Frühgemüses.

Die verzweifelten Menschen aus Afrika werden mit Hilfe von Schlepperbanden, die die geografische Lage Italiens und die schier unmögliche Überwachung einer mehr als 7000 km langen Küste nutzen, in überfüllten Kähnen an die Ufer des Landes gebracht, um von dort – wenn sie nicht gefasst werden – in Italien unterzutauchen oder weiter zu wandern in andere Länder der Europäischen Union.

Für das Jahr 2000 wiesen italienische Statistiken 272 000 legale Zuwanderer aus Marokko, aber auch aus Albanien, Rumänien, China und den Philippinen aus. Gegenüber 1998 mit 111 000 bedeutete dies eine Steigerung um mehr als das Doppelte. Vom 1. Januar bis 31. August 2002 kamen 11 115 illegale Einwanderer auf Sizilien an, im Vergleich zu 2564 im Jahr 2001 und 1724 im Jahr 2000. Gleichzeitig gingen jedoch die Schiffslandungen in Apulien und Kalabrien stark zurück. Nach Angaben des Staatssekretärs für Einwanderungsfragen im italienischen Innenministerium, Mantovano, ist diese Entwicklung die Folge einer veränderten Route der illegalen Einwanderung. Sie geht darauf zurück, dass die Seepatrouillen die Balkanroute und den Weg zum Otranto-Kanal abgeschnitten haben.[12]

Die Veränderungen haben aber auch etwas mit dem Sieg der Mitte-Rechts-Regierung von Silvio Berlusconi zu tun, der der italienischen Immigrationspolitik eine neue Wendung gab. Mit den beiden rechtsgerichteten Koalitionspartnern Allianza Nazionale und der Lega Nord, die ihre ablehnende Haltung gegenüber Zuwanderung zum Wahlkampfthema gemacht hatten und immer wieder durch Hetze gegen Ausländer, insbesondere gegen die »Clandestini« (»clandestini fuori« – Illegale raus!)[13] auffielen, erfolgte eine zunehmende Verschärfung der Zuwanderungspolitik. Praktische Folge dieser politischen Veränderungen war die Tatsache, dass die beiden Führer der rechtsgerichteten Koalitionspartner Umberto Bossi und Gianfranco Fini dem neuen Gesetz vom 10. September 2002 ihren Namen gaben. Mit dem »Bossi-Fini«-Gesetz traten Bestimmungen in Kraft, die erstmals auch einige Regelungen zum Asylrecht aufnahmen (ein eigentliches Asylgesetz gibt es nach wie vor nicht und damit ist Italien das einzige Land der EU ohne ein solches Gesetz; Asylrecht wird in Italien seit dem so genannten Martelli-Gesetz im Rahmen des Einwanderungsgesetzes geregelt). Nach dem Bossi-Fini-Gesetz werden Ausländer, die eine Aufenthaltserlaubnis (oder deren Verlängerung) beantragen, erkennungsdienstlich registriert; Abschiebungsentscheidungen werden sofort umgesetzt, auch wenn der Betroffene Rechtsmittel einlegt; die Rückführung an die Landesgrenze geschieht durch die Polizei. Eine Abschiebung hat in der Regel das Verbot der Wiedereinreise innerhalb von zehn Jahren zur Folge; ein Ausländer, der nach einer Abschiebung wieder nach Italien einreist, kann für sechs bis zwölf Monate inhaftiert werden, dann wird er wieder abgeschoben. Ausländer können bis zu sechzig Tage in einem Aufnahmezentrum festgehalten werden (vorher dreißig Tage); ist innerhalb dieser Frist keine Abschiebungsentscheidung gefallen, ordnet der Questore an, dass der Ausländer das Land innerhalb von fünf Tagen verlassen muss. Im Falle der Zuwiderhandlung kann der Ausländer sofort in Haft genommen und mit einer Gefängnisstrafe von sechs bis zwölf Monaten belegt werden. Anschließend wird er erneut abgeschoben und muss im Falle seiner Rückkehr nach Italien mit einer Gefängnisstrafe zwischen einem und vier Jahren rechnen. Kritik kam vor allem von kirchlichen Hilfsorganisationen, die dem Gesetz vorwarfen, es würde die demokratischen Rechte des Asylsuchenden ignorieren.[14] Auch Gewerkschaften und Arbeitgeberverbände äußerten Bedenken gegen das Gesetz, vor allem mit dem Argument, es könnte die Volkswirtschaft schädigen, weil ausländische Arbeitskräfte benötigt würden.[15]

Das erste italienische Einwanderungsgesetz, benannt nach dem damaligen Vizepräsidenten Martelli, war 1990 in Kraft getreten. Es hatte erstmals den Eintritt und den Aufenthalt von Ausländern in Italien geregelt, also den Schutz der Flüchtlinge erweitert. Zudem waren Richtlinien für Asylverfahren festgelegt worden, aber eben nicht in einem eigenen Gesetz. Das Schengener Abkommen wurde in Italien erst im Oktober 1997 wirksam, die vollständige Anwendung inklusive des See- und Landesdurchgangsverkehrs erfolgte allerdings erst am 1. April 1998. Das Martelli-Gesetz sah strenge Maßnahmen in Bezug auf die Überwachung der Einreise und des Aufenthaltes der Ausländer vor und eröffnete bereits die Möglichkeit einer unmittelbaren Ausweisung mit Abschiebung (statt wie bis dahin einer Ausweisung mit 15 Tagen Zeit, um das Land zu verlassen). Entsprechend der gesetzlichen Vorgaben konnten Maßnahmen der Polizeiaufsicht mit Zwangsaufenthalt an einem bestimmten Ort verhängt werden. Allerdings kamen solche Maßnahmen damals aus Mangel an Mitteln und Personal kaum zur Anwendung.[16] Die nächste Gesetzesinitiative erfolgte dann im Juli 1998 von der Mitte-Links-Regierung mit dem Zuwanderungsgesetz »Turco-Napolitano«, das die Zuwanderung und Bestimmungen über den Rechtsstatus der Ausländer regelte und zur Einrichtung von 14 Auffang- und Abschiebelagern (CPT-Centro di Permanenza Temporanea) in ganz Italien führte. Durch die Inhaftierung der Boatpeople von der Cap Anamur 2004 wurden die Abschiebelager in Agrigent und Caltanissetta auch in Deutschland bekannt. Weitere solcher Zentren befinden sich in Apulien, wo vor allem albanische Flüchtlinge interniert waren, die später aber leer standen, nachdem die Abkommen mit Albanien die Zuwanderung gegen Null gehen ließen.

In der Nacht vom 24. auf den 25. Dezember 1996 ereignete sich eines der schwersten Schiffsunglücke in der Geschichte des Mittelmeers, über das lange Zeit Stillschweigen bewahrt wurde. Mindestens 200, wenn nicht gar 300 »Clandestini« – die meisten von ihnen Pakistani – starben zwischen Malta und Sizilien, südlich von Capo Passero, im Meer, als zwei Flüchtlingsschiffe zusammenstießen. Einer der Überlebenden, der Pakistani Shakoor Ahmad, berichtete im Juli 1997 vor der Staatsanwaltschaft in Regio Calabria: Am 22. November 1996 war er zusammen mit 13 weiteren Flüchtlingen aus Pakistan mit dem Flugzeug von Karatschi nach Dubai gestartet und von dort nach Oman und schließlich nach Kairo weitergereist.

Die Grenzbeamten hatten sie an allen vier Orten passieren lassen. Ein Hafenangestellter in Karatschi sowie vier Schieber erhielten jeweils 4000 Dollar. Mit einem gemeinsamen Dokument, das sie als Seeleute auswies, sollten die 14 in Kairo als Arbeiter an Bord gehen und dann seien sie ganz schnell in Italien, wurde ihnen versichert, allerdings nicht ohne jene, die sie begleiteten und ihnen Unterkunft gewährten, wieder entsprechend zu entlohnen. Mit Hilfe einer »Anwältin« wurden die Flüchtlinge weiter per Bus nach Alexandria gebracht, wo sie sich auf der »Friendship« einschifften. Das Boot fuhr unter panamaischer Flagge und wurde von einem griechischen Kapitän mit russischer Mannschaft gelenkt. Außer ihnen befanden sich Senegalesen, Tamilen und Inder an Bord, alle verborgen unter Deck; sie hatten bedeutend mehr für die illegale Überfahrt bezahlt: 8000–13 000 Dollar die Senegalesen und 7000–8000 die Inder. Viele von ihnen waren aus Istanbul, andere über die türkischen Häfen Antakia und Adana angereist; insgesamt befanden sich schließlich Passagiere von vier Booten auf der »Friendship«. Immer wieder kamen neue Flüchtlinge hinzu. Zwölf Tage blieb das Schiff im Hafen, bis es schließlich zwischen 350 und 400 Menschen an Bord hatte. Ein Großteil von ihnen wurde dann auf die »Hira« und schließlich auf die »Yohan« umgeladen. Letztere fuhr unter der Flagge von Honduras und wurde von einem libanesischen Kapitän, der in Griechenland lebte, navigiert. Die mit knapp 500 Personen beladene »Yohan« kreuzte etwa 20 Tage zwischen Malta und Sizilien, dann versuchte sie in einem sizilianischen Hafen anzulegen, wurde aber von der Küstenwache gezwungen abzudrehen. Ein 18 Meter langer maltesischer Holzkahn, die F174, sollte schließlich die Passagiere an Land bringen. Die Menschen auf der »Yohan« waren nicht mehr zu halten, sie gerieten in Panik und versuchten – entgegen der Anordnungen – schnellstens auf den Kahn zu kommen, auf dem sich bereits 50 Personen befanden. Das mit 400 Personen beladene Boot stieß bei starkem Seegang 30 km vor der Küste Italiens mit der »Yohan« zusammen. Das Holzschiff zerbarst und die meisten der völlig geschwächten Flüchtlinge starben im Meer. Nur etwa 20 gelang es, sich auf die »Yohan« zu retten, die abdrehte und die Schiffbrüchigen sich selbst überließ. Die italienischen Behörden zweifelten lange an der Geschichte, obwohl zahlreiche Leichen an Land geschwemmt wurden. Erst als die britische Presse über die Ereignisse berichtete, nahm man auch in Italien davon Notiz.[17]

Immer wieder ereignen sich solche Schiffsunglücke an den Küsten der italienischen Inseln, die Liste der Opfer ist lang. Allerdings muss auch die Solidarität der Bevölkerung, etwa der sizilianischen Fischer, genannt werden. Am 7. März 2000 kenterte ein überfülltes Flüchtlingsboot 72 Meilen südöstlich von Lampedusa; Fischern gelang es 10 Personen zu retten, 70 allerdings starben. Die Überlebenden wurden vom ärztlichen Notdienst in Lampedusa versorgt.[18]

Die italienische Küstenwache versucht alles, um die zumeist in Libyen gestarteten Schiffe davon abzuhalten in Italien anzulegen. Sie zwingt sie bereits im offenen Meer zum Abdrehen. Trotzdem schaffen es immer wieder Boote, diese Blockaden zu umgehen und in Lampedusa zu landen. Der Bürgermeister von Lampedusa, Bruno Siragusa vom Mitte-Rechts-Bündnis, fühlt sich mit den Problemen allein gelassen und hofft auf Hilfe aus Rom.[19] Bereits 2003 hatte er öffentlich um Unterstützung gebeten, allerdings vergeblich.

Am 17. Oktober 2003 machten Fischer 53 Seemeilen vor Lampedusa einen Kutter aus, auf dem sie »Szenen aus dem Inferno von Dante« beobachteten. Leichen und Menschen, die zwischen Leben und Tod schwebten, waren übereinander geschichtet. Die Männer des Hafenkommandos mussten Sägen verwenden, um die Toten aus dem Maschinenraum zu bergen. Nachdem im Frühsommer des Jahres zahlreiche Flüchtlinge aus Tunesien und Libyen in Richtung Italien aufgebrochen waren, nahmen die illegalen Einwanderungsversuche mit dem Ziel Lampedusa im Herbst noch einmal zu. Der Hafenkommandant von Lampedusa kommentierte: »Etwas hat den Druck dort drüben (also in Afrika) wieder erhöht.«[20] Der italienische Innenminister Giuseppe Pisanu war im Sommer nach

Tunesien und Libyen gereist, um die dortigen Regierungen aufzufordern, ihre Kontrollen zu verstärken, dies hatte offensichtlich zunächst zu einem Rückgang geführt. Ein erstes Abkommen mit Libyen war offensichtlich Anfang Juli unterzeichnet worden, allerdings wurde über den Inhalt nur wenig bekannt, nur dass verstärkt Küstenpatrouillen durchgeführt werden sollten. Im Juni hatten noch 3000 Boatpeople Lampedusa erreicht, in den folgenden Monaten belief sich die Zahl auf nur wenige Hundert.

Bereits die Mitte-Links-Regierung (Oktober 1998–April 2000) unter Massimo d'Alema hatte Abkommen mit Mittelmeeranrainerstaaten getroffen, die die illegale Zuwanderung eindämmen sollten. Im Frühjahr 1999 verhandelte die italienische mit der albanischen Regierung über eine striktere Küstenüberwachung, nicht zuletzt auch deshalb, weil Italien von der EU unter Druck gesetzt wurde, die Schlupflöcher an seiner Küste zu schließen. Allerdings verstärkte sich damals auch im eigenen Land die Kritik an der moderaten Ausländerpolitik der Regierung. D'Alema hielt aber trotz starker Proteste an dem Vorhaben fest, mehr als 200 000 illegale Einwanderer zu amnestieren.[21] Im Unterschied zu anderen Ländern hat Italien vielen »Clandestini« durch Amnestie in den Jahren 1986, 1990, 1995, 1998 und 1999 die Möglichkeit gegeben, ihren Status zu legalisieren. Auch die Mitte-Rechts-Regierung verfügte 2002 eine solche Legalisierungsaktion, bei der 650 000 ausländische Staatsbürger Bleiberecht erhielten, um damit vor allem die Schattenwirtschaft zu bekämpfen.[22]

Die Ereignisse im Oktober 2003, als sich die Situation erneut dramatisch zuspitzte, kommentierte Lampedusas Bürgermeister Siracusa mit den Worten: »Das ist ein Exodus von biblischer Dimension, allein schaffen wir das hier nicht.«[23] Ein neues Auffanglager sollte gebaut werden, da das bestehende höchstens für 200 Flüchtlinge Platz bietet, allerdings oft um das Vielfache mehr unterbringen musste. Die 5300 Inseleinwohner allerdings wehrten sich dagegen mit Protesten und Unterschriftsaktionen. Dies wiederholte sich im März des Jahres, als abermals der Vorstoß, ein neues Auffanglager zu errichten, von den Bewohnern mit starken Protesten abgelehnt wurde. Die Stimmung war zudem angeheizt, weil innerhalb von 48 Stunden mehr als 1000 Flüchtlinge in Lampedusa angekommen waren.

Eine der Mitorganisatoren der Protestaktion, die vor allem die Angst der Bewohner vor dem bereits zu verzeichnenden Einbruch der Tourismusbranche kanalisierte, war die Abgeordnete der Lega Nord, Angela Maraventano.[24] Obgleich die Lega Nord ihre Anhänger im Wesentlichen in Norditalien hat, kann Maraventano hier im äußersten Süden des Landes mit Zuspruch rechnen; im Juni 2004 erhielt sie bei den Europawahlen im Wahlkreis Sardinien-Lampedusa 1400 Stimmen (Lampedusa hat 5300 Einwohner).[25] Der Vorsitzende ihrer Partei, Umberto Bossi, Reformminister der Regierung Berlusconi, hatte im Sommer 2003 verlangt, dass es der Küstenwache erlaubt sein müsse, auf Flüchtlingsboote zu schießen. Dem ›Corriere della Sera‹ gegenüber sagte er im Juni: »Ich habe genug von den illegalen Immigranten. Nach der zweiten oder dritten Warnung ... Bumm, geht die Kanone los. Ohne viel herumzureden. ... Illegale Immigranten müssen verjagt werden, auf die freundliche oder hässliche Art. Irgendwann kommt der Moment, wo Gewalt angewendet werden muss.«[26] Bossis rüde Auslassungen stießen auf scharfe Kritik, auch bei seinen Koalitionspartnern. Noch im Jahre 2000 hatten Bossi und Berlusconi, damals noch in der Opposition, ähnliche Vorschläge als Gesetzesentwurf eingebracht, nach denen Sicherheitskräfte auf die Menschenschmugglerboote hätten schießen dürfen; das ging allerdings selbst Parteifreunden zu weit.[27]

Im September 2004 hatte der Lega-Nord-Europaabgeordnete Mario Borghezio den Bewohnern Lampedusas zugesagt, endlich Schritte einzuleiten, um »sich nicht nur dieser Situation höchster Not zu stellen, sondern auch die dringend notwendigen Initiativen zu ergreifen, endlich diesen biblischen Exodus und den beschämenden Verkehr menschlicher Wesen bereits von Beginn an zu blockieren«.[28] Einen Monat zuvor hatte der damalige Reformminister Roberto Calderoli, ebenfalls ein Abgeordneter der Lega Nord, gefordert: »Basta, die Regierung muss sie [die illegalen Zuwanderer] zurückweisen, egal mit welchen Mitteln. Wir müssen die Grenzen schließen; mit Macht gegen diejenigen vorgehen, die versuchen, mit aller Macht illegal auf italienisches Territorium zu gelangen. Und wir benötigen sofort Gesetze, um dem islamischen Terrorismus entgegen zu wirken.«[29] Calderoli verbindet die Abwehr der illegalen Zuwanderung mit dem Kampf gegen Terrorismus und unterstellt damit, dass mit den »Clandestini« Terroristen ins Land kämen.

Anfang Oktober 2004 ergriff die italienische Regierung drastische Maßnahmen und schob an nur einem Wochenende ca. 1000 der etwa 2500 Flüchtlinge, die innerhalb einer Woche die Insel Lampedusa erreicht hatten,[30] nach Libyen ab. Sie erhielten weder die Gelegenheit, einen Asylantrag zu stellen, noch wurde – wie eigentlich vorgeschrieben – das Herkunftsland der Flüchtlinge ermittelt, zudem wurden sie an den Händen gefesselt in bereitstehende Flugzeuge gebracht.[31] Damit setzten sich die Behörden auf Anweisung der Regierung nicht nur über italienisches, sondern auch über internationales Recht hinweg, sie missachteten die Genfer Flüchtlingskonvention und die EU-Standards für Asylverfahren; der Hohe Flüchtlingskommissar der Vereinten Nationen erhielt erst nach fünf Tagen Zugang zu den Inhaftierten, bei einem erneuten Vorstoß im März 2005 wurde ihm dieser gänzlich verweigert. Die Organisation »Pro Asyl« sprach von »Massendeportationen« und Amnesty International, das seit Jahren das Fehlen eines Asylgesetzes in Italien anmahnt, wies darauf hin, dass sich Italien »schwerwiegendster Verletzungen internationalen Rechts schuldig mache«.[32] Innenminister Pisanu verteidigte sein Vorgehen mit dem Hinweis, auf Lampedusa sei mit der Flüchtlingswelle ein »Ausnahmezustand« erreicht gewesen, der ihn zum Handeln gezwungen hätte. Allerdings wäre es auch möglich gewesen, die anderen Auffanglager an der Adria zu nutzen, die seit den Rücknahmeabkommen mit Albanien leer stehen. Die ›taz‹ kommentierte die italienischen Abschiebungen: »Gegenüber dieser Aktion wirken Schilys Pläne wie ein Ausbund an Rechtsstaatlichkeit.«[33] Gemeint ist die Idee des damaligen deutschen Innenministers, den sein italienischer Kollege Pisanu mit Nachdruck unterstützte, in Afrika Stationen für Asylbewerber einzurichten und dort die notwendigen Verfahren durchzuführen.[34]

Pisanu schürt die Ängste unter der Bevölkerung, wenn er seine Abschiebeaktionen auch damit begründet, dass er damit die möglichen kriminellen Aktivitäten illegaler Zuwanderer verhindere. Zudem erfolgten die Abschiebungen auch aus Sicherheitsaspekten, weil die Gefahr groß sei, dass die »Clandestini«, die meist aus Gebieten kämen, in denen Al Quaida Zuspruch habe, den Terrorismus unterstützten.[35] Pisanu verfuhr zweigleisig, um diesen von ihm befürchteten Folgen der Zuwanderung entgegenzuwirken. Neben den Abschiebungen wurden ab 5. Oktober 2004 die Kontrollen im Mittelmeer verschärft. An der Aktion beteiligten sich auch Malta und Spanien, etwa zwölf Schiffe sollten im Mittelmeer kreuzen, um Flüchtlingsboote vor Lampedusa zur Umkehr zu zwingen.

Im Juni 2004 kritisierte die Organisation »Ärzte ohne Grenzen« die Abschiebepraxis der italienischen Behörden. Die Kritik entzündete sich an der Ausweisung einer Gruppe von 38 Flüchtlingen, die am 2. Juni die Insel Lampedusa erreicht hatten. Nachdem die Flüchtlinge, darunter 13 aus der Krisenregion Darfur, drei Tage in einem Aufnahmelager interniert worden waren, wurden sie nach Crotone in Kalabrien geflogen und erhielten in italienischer Sprache die Ausweisungsverfügung, die sie ohne Übersetzung oder Erläuterung unterschreiben mussten. Mit ihrer Unterschrift hatten sie zugestimmt, das Land innerhalb von fünf Tagen zu verlassen. Allerdings wurden sie zunächst per Zug in verschiedene italienische Städte gebracht und waren dort auf sich allein gestellt. Der italienische Koordinator von »Ärzte ohne Grenzen« Loris de Filippi: »Wenn Flüchtlinge aus einem Krisengebiet wie Darfur keine Chance erhalten, hier Asyl zu beantragen, dann wird das Recht auf Schutz bedeutungslos.«[36]

Nach Artikel 10, Absatz 3 der italienischen Verfassung genießen »Ausländer, denen im eigenen Land die tatsächliche Ausübung der in der italienischen Verfassung gewährleisteten demokratischen Freiheit verwehrt ist«, in Italien »Asylrecht nach Maßgabe der gesetzlichen Bestimmungen«. Türkischen Kurden etwa, die von der Polizei verfolgt werden, oder albanischen Bürgerkriegsflüchtlingen, Sudanesen aus Darfur oder anderen Flüchtlingen aus Krisenherden wird ein solches Asyl verwehrt, weil sie gar nicht erst darüber informiert werden, dass eine solche Möglichkeit besteht.

Mitarbeiter der Organisation »Ärzte ohne Grenzen« waren seit September 2002 neben der zuständigen katholischen Hilfsorganisation »Misericordia« im ständig überfüllten Auffanglager auf Lampedusa tätig, seit dem 19. April 2004 allerdings verweigern die italienischen Behörden »Ärzte ohne Grenzen« den Zutritt, weil sie sich, nach einer Besichtigung aller italienischen Auffanglager durch ihre Mitarbeiter im Jahr 2003, in einem Bericht kritisch über die Zustände dort geäußert hatten. »Es besteht die Gefahr, dass Tausende von Menschen, die jedes Jahr in Lampedusa eintreffen, nun keine angemessene Hilfe mehr erhalten«, erklärte der italienische Koordinator Filippi im April 2004. »Diese Menschen sind Krieg und Gewalt entkommen; sie erreichen Italien nach einer gefährlichen Reise, nur um auch hier wieder mit unmenschlichen Bedingungen konfrontiert zu werden. ... Das Lager ist häufig überfüllt und die hygienischen Bedingungen sind unzureichend. ... Wir haben mehrmals festgestellt, dass die grundlegende medizinische Versorgung beunruhigend schlecht ist, auch Medikamente fehlen. Es fehlen außerdem angemessene Strukturen, um Patienten im Falle ansteckender Krankheiten isolieren zu können.«[37] Zudem verfügt das Lager weder über einen Dolmetscher für Englisch oder Französisch, noch verstehen Personal und Carabinieri fremde Sprachen; die Flüchtlinge können sich also nicht einmal mit Behörden oder Wachpersonal verständigen. Nachdem »Ärzte ohne Grenzen« die Hilfe auf Lampedusa einstellen musste, wurde auch die auf Tropenkrankheiten spezialisierte Krankenschwester, die seit

2002 ständig auf der Insel anwesend war, abgezogen. Von 2002 bis April 2004 hatten Mitarbeiter von »Ärzte ohne Grenzen« allein auf Lampedusa ca. 7000 Flüchtlinge versorgt, bereits im März 2001 hatte die Organisation in Brindisi ein Auffanglager errichtet, das legalen und illegalen Flüchtlingen offen stand.

Nachdem die Flüchtlingswelle in den Wintermonaten 2004/2005 stagnierte, kamen in den letzten Märztagen wieder über 1000 »Clandestini« auf Lampedusa an. Um den 22. Juni 2005 erreichten innerhalb von weniger als zwölf Stunden 850 Boatpeople die Küsten Italiens zwischen Licata und Lampedusa. Ein Ende ist nicht abzusehen.

Die Bewohner der Insel, die vom Tourismus, aber vor allem auch vom Fischfang leben, äußern zunehmend ihren Unmut, weil sie befürchten, ihre Existenzgrundlage zu verlieren. Die hauptsächlich italienischen Touristen bleiben, abgeschreckt durch die ständige negative Berichterstattung in den Medien, aus und die Fischer fürchten sich vor gewaltsamen Übergriffen der Flüchtlinge, die versuchen von den überladenen Kähnen auf die Fischerboote zu gelangen. Bisher hatten sich die Fischer in ihrer öffentlichen Kritik zurückgehalten, aber im März 2005 wagte Ignazio Fazio als Erster eine öffentliche Stellungnahme im Fernsehen: »Die italienischen Fischerboote fischen dort Leichen. Wir haben keine Krabben, sondern Leichen in den Netzen – das ist die Situation im Mittelmeer vor der libyschen Küste.«[38] Fazio, der Kapitän des Fischkutters »Marcantino prima«, berichtete außerdem von drei »Clandestini«, die auf sein Boot kamen, als sie 80 Meilen vor der libyschen Küste und 140 Meilen von Malta entfernt im Mittelmeer unterwegs waren. Zusammen mit einem Boot der italienischen Marine, das Fazio zur Hilfe gerufen hatte, wurden die drei Flüchtlinge und das Boot mit weiteren 21 »Clandestini«, von dem die drei nachts auf Fazios Schiff geklettert waren, Mitte März nach Lampedusa gebracht. Fazio nahm die Gelegenheit wahr und berichtete den an der Mole wartenden Journalisten von den Ereignissen: »Ich bitte die zuständigen Personen dieser Tragödie auf dem Meer ein Ende zu machen, bei der so viele Menschen sterben, weil sie versuchen den Kanal von Sizilien zu überqueren und unsere Boote keine Fische mehr fischen, sondern Leichen.«[39] Am gleichen Tag noch startete eine Maschine mit 100 Flüchtlingen vom Flughafen auf Lampedusa mit unbekanntem Ziel. Begleitet wurden die Ausgewiesenen von einer Polizeieskorte, zwei Polizisten pro Flüchtling.[40] Einen Tag später wurden erneut 180 »Clandestini« mit gecharterten Flugzeugen nach Libyen geflogen. Das war nur ein Teil jener bis Mitte März in kurzer Zeit in Lampedusa gelandeten Boatpeople. Die Behörden rechnen mit einem weiteren Ansturm auf die Festung. »Mit der Rückkehr des Frühlings« würden sich Tausende an der Küste Nordafrikas auf ihre Flucht vorbereiten, so Italiens Innenminister Giuseppe Pisanu, der die verzweifelten Versuche, Elend und Verfolgung zu entkommen, zynisch als »Reise« verharmloste.[41] Im Juni 2005 legte Pisanu noch einmal nach, als er nach dem Tod eines Barbesitzers in Besano (Provinz Varese) in Folge eines tätlichen Angriffs durch einen albanischen »Clandestino« davon sprach, dass die illegale Einwanderung eine wachsende Bedrohung für die öffentliche Sicherheit des Landes sei. Für ihn sind die »Clandestini« gleichzusetzen mit Delinquenten, jeder illegale Einwanderer ist für ihn demnach per se bereits ein Krimineller.[42] Solche Aussagen tragen keineswegs zur Beruhigung der Stimmung bei, die nach dem Tod des Barbesitzers in Lynchjustiz zu eskalieren drohte. Der Ermordete hatte scheinbar Kontakte gehabt zum italienischen Ableger der rechtsextremen »Blood and Honour«-Gruppe in Varese. Diese »Ultras«, die sich insbesondere bei Fußballspielen ihres Vereins in Szene setzen – gedachten ihres »Kameraden« in Demonstrationen und auf ihrer Internetseite, die sich in Form von Bildmaterial nahezu ausschließlich den Ereignissen in Besano widmet; sämtliche anderen Themenlinks sind noch »in Arbeit«, also ohne Inhalt.[43]

Nicht nur im Sommer, sondern immer wenn die See ruhig ist, brechen Flüchtlinge nach Italien auf: Kongolesen, Kurdinnen, Zentralafrikaner, Pakistaner, Irakerinnen. Die Flüchtlingsbewegung hat bereits wieder eingesetzt. Auch weiterhin werden es viele nur bis in die Nähe der Küste von Lampedusa schaffen. Die, denen es gelingt, die Insel zu betreten, werden nur wenige Tage später wieder zurückgeschickt werden. Viele andere werden wie Hunderte vor ihnen in dem riesigen Friedhof der Straße von Sizilien bleiben. Die Bewohner Lampeduas werden erneut auf Hilfe aus Rom hoffen. Doch nichts wird sich wohl ändern. Länder wie Deutschland, die weit von den Krisenherden in Afrika entfernt liegen und europäische Nachbarn haben, die das Problem direkt betrifft, sind sich wohl oft nicht bewusst, wie dringend endlich eine gesamteuropäische Lösung gefunden werden muss, die Länder wie Italien und Spanien Entlastung bietet und sie nicht mit dem Problem allein lässt.

Anmerkungen

[1] Jungle World, 11. 8. 1998.

[2] Süddeutsche Zeitung, 20. 10. 2003.

[3] Ebenda.

[4] Tagessschau.de, 26. 7. 2004.

[5] Phoenix-online, 26. 6. 2004.

[6] DW-World.de, 28. 7. 2004.

[7] AGI, 23. 3. 2005.

[8] Rai.it, 2. 4. 2005.

[9] Klaus Voigt, Zuflucht auf Widerruf. Exil in Italien 1933–1945, Stuttgart 1989, Bd. 1, S. 273.

[10] Bernhard Santel, Zwischen Abwehr und Normalität, in: Klaus J. Bade, Einwanderungskontinent Europa: Migration und Integration am Beginn des 21. Jahrhunderts, Osnabrück 2001, S. 105–115.

[11] Ebenda.

[12] Die Zahlen des Innenministeriums (1.1. bis 15.8.) belegen auch ein Ansteigen der Abschiebungen: im Jahr 2000 lagen sie bei 39 739, im Jahr 2001 bei 44 986 und 2002 schon bei 53 718 (Elena Fiorini (18. 10. 2002, Die neue italienische Einwanderungspolitik, in: Europäische Koordination für das Recht aller Ausländer auf Familienleben; http://perso.wanadoo.fr/ciemi.org/p2sixterde.html)

[13] Freitag, 19. 3. 1999.

[14] Bettina Oberhauser, Die neue italienische Asylgesetzgebung, online e-politik, 18. 8. 2003; http://www.e-politik.de/www.e-politik.de/beitragb516.html?Beitrag_ID=2195).

[15] Kimberly Hamilton, Italy's Southern Exposure, Migration Policy Institute, Migration Information Source online.

[16] Bruno Nascimbene, Das Übereinkommen von Schengen und die Anwendungsprobleme in Italien, http://migration.uni-konstanz.de/german/Forschungszentrum/veranstaltungen/mpf2/mpf2-nascimbene.html.

[17] Liberazione, 18. 11. 2004; Assoziazione Lavoratori Emigrati del Friuli Venezia Giulia: Inchiesta/Immigrazione Italia – Naufraghi. Cronacha a Sud del Fortezza, online: http://www.alef-fvg.it/immigrazione/txt/docs/mangano2003.htm)

[18] Assoziazione Lavoratori Emigrati del Friuli Venezia Giulia: Inchiesta/ Immigrazione Italia – Naufraghi. Cronacha a Sud del Fortezza, online: http://www.alef-fvg.it/immigrazione/txt/docs/mangano2003.htm).

[19] La Repubblica, 21. 6. 2003.

[20] Süddeutsche Zeitung, 20. 10. 2003.

[21] Freitag, 19. 3. 1999.

[22] Spiegel online, 8. 3. 2005.

[23] Süddeutsche Zeitung, 20. 10. 2003.

[24] Agenzia delle Nazioni Uniti per i Rifugiati (UN Flüchtlingshilfsorganisation), AGI-Online, 23. 3. 2005.

[25] FAZ.NET, 13. 9. 2004.

[26] World Socialist Web Site, 17. 7. 2003.

[27] World Socialist Web Site, 17. 7. 2003; Die Zeit 49/2001.

[28] La Repubblica, 12. 9. 2004.

[29] La Repubblica, 17. 8. 2004.

[30] Am 12. 9. 2004 hatten innerhalb von neun Stunden 784 »Clandestini« die Ufer Lampedusas erreicht, so viele waren in so kurzer Zeit bisher noch nicht gelandet, La Repubblica, 12. 9. 2004.

[31] World Socialist Web Site vom 8. 10. 2004.

[32] World Socialist Web Site vom 8. 10. 2004; Amnesty International Deutschland online, 16. 3. 2005 Urgent Action: UA-069/2005.

[33] taz, 5. 10. 2004.

[34] Süddeutsche Zeitung, 16./17. 10. 2004

[35] Bigotry Monitor, vol. 4, Nr. 36, 15. 10. 2004.

[36] Ärzte ohne Grenzen, Italien: Behörden verweigern Flüchtlingen aus Darfur Zugang zum Asylverfahren – Ärzte ohne Grenzen verurteilt unmenschliche Behandlung, 10. 6. 2004 (online http://www.aerzte-ohne-grenzen.de/Laender/Laenderauswahl/Italien.php); siehe auch ebenda online, Italien: Innenministerium blockiert Hilfe für Boat People, 22. 4. 2004 (online http://www.aerzte-ohne-grenzen.de/Laender/Laenderauswahl/Italien/Italien-Zugang-verweigert.php).

[37] Ärtze ohne Grenzen: Italien: Innenministerium blockiert Hilfe für Boat People, 22. 4. 2004 (online http://www.aerzte-ohne-grenzen.de/Laender/Laenderauswahl/Italien/Italien-Zugang-verweigert.php).

[38] Flüchtlingsdrama auf Lampedusa, »Keine Krabben, sondern Leichen im Netz«, in: Tagesschau.de, 5. 4. 2005.

[39] ANSA, Italienische Nachrichtenagentur, 17. 3. 2005 (auch online: http://www.stranieriinitalia.it/notiziario2/n6874.html).

[40] La Gazzetta del Mezzogiorno, 17. 3. 2005 (http://www.lagazzettadelmezzogiorno.it/GdM_cronache_NOTIZIA_01.asp?IDCategoria=273&IDNotizia=133 459).

[41] Junge Welt, 19. 3. 2005.

[42] AGI-online, 18. 6. 2005; siehe auch Corriere della Sera, online, 15. 6. 2005.

[43] Webseite Blood and Honour, Varese. Eingesehen 22. 6. 2005; Corriere della Sera, 16. 6. 2005.

Axel Kreienbrink*

Spanien – ein Bollwerk Europas gegen unerwünschte Flüchtlinge?

Spanien hat sich erst vor zwei Jahrzehnten vom Aus- zum Einwanderungsland gewandelt. Gleichzeitig ist es auch zu einem neuen Asylland geworden. Was hat das für die Gestaltung seiner Politik zu bedeuten? Um das zu klären, werden im Folgenden die spanische Asylpolitik und die Migrationspolitik im weiteren Sinn betrachtet. Diese Politik ist in europäische Maßnahmen eingebunden und wird von einigen als Bestandteil einer »Festung Europa« betrachtet.

Spanien als Asylland

Erst nach dem Tod Francos und dem Übergang des Landes zur Demokratie fand das Asylrecht 1978 Eingang in die spanische Rechtsordnung. Anders als beim Ausländerrecht gab es keine verfassungsgeschichtlichen Vorläufer und auch auf einfachgesetzlicher Ebene hatte es nur 1855 ein Gesetz gegeben, das Ausnahmen von der Auslieferung ausländischer Bürger regelte.[1] Statt selbst Asyl zu gewähren, war das Land eher ein Ort gewesen, von dem aus sich immer wieder Menschen ins Exil oder auf die Flucht hatten begeben müssen. Ein spanischer Historiker hat in diesem Zusammenhang auch vom Exil als historischer Konstante in Spanien gesprochen.[2]

Da nach den Jahren der Diktatur eine fortschrittliche demokratische Gesellschaft geschaffen werden sollte, galten die Verfassungen anderer europäischer Staaten wie Deutschland und Frankreich als Vorbilder. In der Frage des Asylrechts jedoch waren die Verfassungsväter unterschiedlicher Auffassung. Die Positionen lagen zwischen der Sicht, dass Asyl ein aus der staatlichen Souveränität entspringender Gnadenakt sei, und der Position, dass es sich um ein Quasi-Menschenrecht handelte. Letztere Position vertraten vor allem die Fraktionen der linken und der regionalen nationalistischen Parteien, die zum großen Teil erst im Jahr zuvor (1977) legalisiert worden waren. In ihren Reihen gab es etliche Mitglieder, die selbst politische Verfolgung und Exil während der Franco-Jahre erlebt hatten. Aus der daraus erwachsenen Sensibilität für dieses Thema waren diese Parteien bestrebt, das Asylrecht in Anlehnung an den Artikel 16,2 des deutschen Grundgesetzes (»Politisch Verfolgte genießen Asyl«) und die Präambel der französischen Verfassung von 1946 (»Tout homme persécuté en raison de son action en faveur de la liberté a droit d'asile sur les territoires de la République«) möglichst weit zu fassen. Dem standen jedoch die regierende Mitte-Rechts-Partei (Unión de Centro Democrático, UCD) von Ministerpräsident Suárez und die konservative Volksallianz (Alianza Popular, AP) entgegen. Die UCD wollte das Asylrecht an sich überhaupt nicht in die Verfassung aufnehmen, sondern lediglich einfachgesetzlich regeln.[3] So sollte deutlich werden, dass es sich allein um eine souveräne Entscheidung des Staates handele. Mehr Verpflichtungen als in der Genfer Konvention, der Spanien während der Erarbeitung der Verfassung beitrat[4], waren nicht erwünscht. Dahinter standen Sorgen um die Interessen und die Sicherheit des Staates, falls zu viel Asyl gewährt werden müsste. Die Sorgen rührten aus der komplizierten außenpolitischen und geografischen Situation Spaniens, das sich von Marokko bedroht fühlte. 1975 hatte das Nachbarland durch den »Grünen Marsch« die spanische Westsahara an sich gebracht und bedrohte aus spanischer Perspektive nun die gegenüberliegenden Kanarischen Inseln sowie Ceuta und Melilla.[5]

Die konservative Seite setzte sich aufgrund der Mehrheitsverhältnisse in den Cortes durch und Artikel 13 Abs. 4 der spanischen Verfassung von 1978 lautete schließlich: »Das Gesetz regelt die Art und Weise, wie Bürger anderer Staaten und Staatenlose das Asylrecht in Spanien genießen können.« Damit hatte das Asylrecht nicht den konstitutionellen Charakter wie im deutschen Grundgesetz, sondern war der gesetzlichen Auslegung unterworfen. Die Kritiker dieser Regelung im Parlament waren der Auffassung, dass das Recht gänzlich entkonstitutionalisiert sei.[6] Dabei stellten sie in Frage, ob Spanien mit einem solchen Recht seiner historischen Verantwortung gegenüber den Flüchtlingen aus den lateinamerikanischen Diktaturen gerecht werden würde. Schließlich hätten Spanier auf der Flucht vor Bürgerkrieg und Diktatur vier Jahrzehnte zuvor jenseits des Atlantiks Aufnahme gefunden und nun sei es an Spanien, den Bürgern jener Staaten das Gleiche zu ermöglichen.[7]

Die gesetzliche Ausformung erfuhr das Asylrecht 1984 unter der Regierung des Sozialisten Felipe González. Hatte der PSOE (Partido Socialista Obrero Español) noch zu Oppositionszeiten versucht, Spanien mit einem weitreichenden Gesetzesvorschlag zu einem »unverletzlichen Asyl für politisch Verfolgte« zu machen und somit per Gesetz die Verfassung gleichsam zu erweitern, so war das letztendliche Gesetz in dieser Hinsicht bescheidener. Es definierte Spanien als Zuflucht für »diejenigen, denen Asyl gewährt wird« und gestand lediglich das Recht zu, Asyl beantragen zu können. Es wurde unterschieden zwischen dem territorialen Asyl als souveräner Entscheidung des Staates und den internationalen Verpflichtungen gegenüber Flüchtlingen nach der Genfer Konvention. Dabei erhielten anerkannte Flüchtlinge lediglich den Mindestschutz der Konvention und waren, was die Sicherheit ihres Aufenthalts in Spanien betraf, den »normalen« Ausländern angeglichen. So sollte verhindert werden, Verpflichtungen einzugehen, die über die Konvention hinausgingen und hinter die man später nicht wieder hätte zurückfallen können.[8] Daneben wurde zudem die Möglichkeit geschaffen, Asyl auch aus humanitären Gründen zu gewähren. Allerdings war dieser Status deutlich schlechter gestellt als die anderen (nur sechsmonatiger Aufenthalt, stetig zu überprüfen, keine automatische Arbeitsgenehmigung).

Das Abrücken von früheren Positionen bot der Opposition natürlich Angriffspunkte in der parlamentarischen Debatte und in der Tat bewegte sich der PSOE nun auf den Spuren der UCD aus der Verfassungsdebatte, nämlich nur ein der politischen Situation anpassbares Asyl zu schaffen. Aber mit der strengen Umschreibung des Kreises der Berechtigten und der starken Stellung, die dem Innenministerium im Antragsverfahren zugebilligt wurde, um die innere Sicherheit stärker in den Blick zu nehmen, nahm die Regierung Rücksicht auf die politischen Umstände. Die erste sozialistische Regierung in Spanien nach über 40 Jahren, nach 35 Jahren einer autoritären Rechtsdiktatur, gerade zwei Jahre nach einem missglückten Militärputsch, musste und wollte den zweifelnden konservativen Kräften zeigen, dass sie in der Lage war, die innere Ordnung des Landes aufrechtzuerhalten.[9] Daher bewegte sie sich pragmatisch vom Idealismus der Opposition hin zu realpolitischen Positionen. Zwar gab es keinen wirklich tief greifenden Dissens zwischen den Parteien in der Frage des Asylgesetzes, aber die rechtskonservative Alianza Popular argumentierte beispielsweise, dass Asylberechtigte und Flüchtlinge eine Belastung der inneren Sicherheit seien. Außerdem dürften sie in »Zeiten von Arbeitslosigkeit und galoppierender Unsicherheit der Bürger« keine soziale und wirtschaftliche Unterstützung erhalten, weil sie nicht besser gestellt werden dürften als Spanier[10], womit Flüchtlinge auch gleich noch als soziale Belastung dargestellt wurden. Das entsprach kaum den Tatsachen, zumal die Inanspruchnahme Spaniens als Asylland auf der Basis des Übergangserlasses von 1979 keinen solchen Umfang erreichte, dass Anlass zur Sorge bestanden hätte. Von 1979 bis Mitte 1983 waren nur 5252 Anträge gestellt worden, von denen 639 (12 Prozent) positiv beschieden, 2148 abgelehnt und 1319 zurückgezogen worden waren.[11]

Das letztlich mit großer Mehrheit beschlossene Gesetz schloss in Spanien eine Lücke und modernisierte die Rechtslage – durchaus mit Blick auf den baldigen Beitritt zur Europäischen Gemeinschaft. In der Gesamtbewertung musste das Gesetz besonders aufgrund seiner großzügigen Aufnahmeregelungen für Asylbewerber und der Möglichkeit des humanitären Asyls durchaus als positiv bezeichnet werden.[12] Jeder Antrag war zu bearbeiten und jeder abgelehnte

Antragsteller hatte Anspruch auf eine Visumbefreiung, wodurch er in die Lage versetzt wurde, eine Aufenthaltsgenehmigung nach dem normalen Ausländerrecht zu beantragen. Bei aller Rücksichtnahme auf Aspekte innerer Sicherheit standen verfolgte Personen und ihr Schutz im Mittelpunkt der Regelungen. Dazu hatte sicherlich beigetragen, dass immer wieder auf die eigenen historischen Erfahrungen der Notwendigkeit von Asyl in Zeiten des Bürgerkrieges Bezug genommen worden war. Davon abgeleitet wurde eine Art »historischer« oder »moralischer« Schuld beziehungsweise Verantwortung gegenüber den Bürgern jener lateinamerikanischen Staaten, die einst Spaniern Zuflucht gewährt hatten und nun selbst unter diktatorischen Regimes litten. Auch wenn manches an der damaligen parlamentarischen Debatte in Ansätzen an spätere Asyldiskussionen erinnerte, stand doch die Ansicht im Vordergrund, dass Asylbewerber und Flüchtlinge Schutz vor Verfolgung suchten und nicht den Versuch der Einwanderung aus wirtschaftlichen Gründen betrieben.

Ein Jahrzehnt später war in dieser Hinsicht ein Wandel zu beobachten. Entsprechend der Diskussionen in anderen europäischen Staaten zu Beginn der neunziger Jahre über die Einschränkung des Asylrechts zur Migrationsbegrenzung nahm die spanische Regierung im Rahmen der Ausdifferenzierung ihrer Migrationspolitik auch hier Reformen vor. Die Asylpolitik wurde so weg von den relativ großzügigen Regelungen in den Bereich der Zuwanderungskontrolle eingegliedert. Vom Gesetz von 1984 bis zum Ende des Jahrzehnts war die Entwicklung der Asylantragstellung im Vergleich zu den europäischen Partnern auf niedrigem Niveau verlaufen. Hinter kleineren Staaten wie Dänemark, Belgien, Österreich oder den Niederlanden befand sich Spanien ungefähr an zehnter Stelle. Die Zahl der Asylsuchenden (inkl. der Familienangehörigen) stieg von ca. 1100 (1984) nur langsam an und erreichte zum Ende des Jahrzehnts ca. 4100 (1989). Erst 1990 nach dem Fall der Mauer und der Öffnung Osteuropas verdoppelte sich plötzlich die Zahl auf über 8600 und wuchs in den folgenden drei Jahren noch bis

12 600 (1993). Dass die Asylantragstellung mittlerweile auch zu einer alternativen Einwanderungsstrategie geworden war, legten die sich wandelnden Herkunftsländer nahe, die auffällig mit der Einführung von Einreiserestriktionen korrelierten (z. B. Dominikanische Republik oder Peru).[13]

Die 1994 verabschiedete Asylrechtsreform[14] enthielt drei zentrale Punkte. Zum einen wurde die verwirrende Trennung der Verfahren für die Anerkennung des Asyl- bzw. des Flüchtlingsstatus aufgehoben. Von nun an gab es nur noch den Flüchtlingsstatus gemäß der Genfer Konvention. Das ausdrückliche territoriale Asyl wurde ebenso abgeschafft wie das bisher mögliche Asyl aus humanitären Gründen, das, aus der Asyldefinition gestrichen, nur noch nach den Ausnahmeregeln des Ausländergesetzes[15] möglich sein sollte. Im Gegenzug wurde der Schutzumfang für anerkannte Flüchtlinge über das Niveau der Genfer Konvention hinaus erweitert, so dass sie nun bei Anerkennung automatisch die Genehmigungen für Aufenthalt und Arbeit erhielten. Zum anderen – und das war der Punkt, der unter dem Aspekt der Harmonisierung des Asylrechts in Europa am wichtigsten war – wurde ein Vorverfahren bei der Prüfung von Asylanträgen eingeführt.[16] Auf diese Weise sollten offenkundig missbräuchliche oder unbegründete Anträge nicht zum Verfahren zugelassen werden *(inadmisión a trámite)*. Dieses Vorgehen entsprach den Absprachen auf europäischer Ebene und setzte vor allem Aspekte der Übereinkommen von Schengen und Dublin um, wie die Zuständigkeitsregelung bei der Prüfung von Asylanträgen oder das Konzept der sicheren Dritt- und Herkunftsstaaten.[17] Die dritte wesentliche Änderung des Asylrechts betraf die Folgen bei Ablehnung des Asylantrags. Die bisherige Regelung[18] hatte grundsätzlich den weiteren Aufenthalt im Land ermöglicht. Weil dies als wesentlicher Aspekt für die Wahl des Asyls als Einwanderungsroute angesehen wurde, sollte in Zukunft ein abgelehnter Asylbewerber gemäß Genfer Konvention im Regelfall das Land verlassen müssen, es sei denn, er erfüllte die Bedingungen, um gemäß Ausländergesetz einen Aufenthaltstitel zu erlangen.

Einen politischen Streit, wie ihn die Asylreform Anfang der 1990er Jahre in Deutschland auslöste, gab es in Spanien nicht. Grundsätzlich waren sich fast alle Parteien – mit Ausnahme der Vereinigten Linken (Izquierda Unida, IU) – einig über die Notwendigkeit der Reformen. Auseinandersetzungen betrafen Präzisierungen und Einzelfragen wie die Einlegung von Rechtsmitteln. Mit den Reformen setzte Spanien parallel zu anderen Staaten die auf europäischer Ebene als notwendig beschlossenen Maßnahmen für eine Annäherung der Asylpraktiken um. Auch wenn es zu jenem Zeitpunkt kein umfassendes, verbindliches europäisches Asylrecht gab, begründete die Regierung die Notwendigkeit der Veränderungen mit den an sich nicht bindenden Verabredungen. Der Verweis auf eine »Verpflichtung« diente der Abwehr von großzügigeren Regeln oder weitergehenden Asyldefinitionen. Die Argumentation der Regierung ging dahin, dass Liberalisierungen nicht einseitig eingeführt werden könnten, da Spanien sonst zum Einfallstor für Asylbewerber würde. Die Sorge galt in den Debatten aber nicht ausdrücklich der Gemeinschaft als Ganzes, etwa in dem Sinne, dass die Asylbewerber im Europa der offenen Grenzen in andere Mitgliedstaaten weiterwandern könnten, sondern es stand ein nationales Interesse im Mittelpunkt. Irreguläre Einwanderung ins eigene Land sollte verhindert und die innere Sicherheit gewährleistet werden.

Überlegungen zu moralischen Verpflichtungen oder historischer Verantwortung, die bei der Erarbeitung des ersten Asylgesetzes 1983/84 eine Rolle gespielt hatten, fanden angesichts des im Vordergrund stehenden Ziels, die Asylbewerberzahlen zu reduzieren, so gut wie keinen Raum mehr. Da mittlerweile fast alle Diktaturen Lateinamerikas zu Demokratien geworden waren, erschien es fast so, als sei dies auch nicht mehr notwendig. Nun wurde auch den Asylantragstellern aus jenen Staaten das wirtschaftliche Einwanderungsinteresse unterstellt.[19] Mit diesen Reformen bewegte sich das Land weg von den einstmals progressiven humanitären Prinzipien hin zu einer pragmatischen Eingliederung der Asylpolitik in die Migrationssteuerung.[20] Das gewünschte Ergebnis ließ sich auch bald beobachten, denn die Zahlen der Antragsteller fielen wieder auf den Stand der späten achtziger Jahre zurück, nicht zuletzt deswegen, weil 60 bis 70 Prozent bereits im Vorverfahren abgelehnt wurden. Aber wie in einem System kommunizierender Röhren wurde nur eine Zugangsmöglichkeit erschwert mit der Folge, dass Einreisewillige nun andere Zugangswege suchten oder in andere Länder auswichen. Doch mit der weitgehenden Angleichung der erschwerten Asylzulassung in allen europäischen Staaten relativierte sich dieser Effekt, so dass mit dem erneuten Anstieg der Asylbewerberzahlen in ganz Europa zum Ende des Jahrzehnts auch in Spanien die Zahlen bis auf 9500 (2001) stiegen. Gegenwärtig liegen die Zahlen bei etwas mehr als 5000. Diese Dimension zeigt, dass Asyl in Spanien weiterhin nur ein Thema mit geringer Relevanz ist, das in der Regel nur als Nebenaspekt zu Einwanderungsfragen mitlief und auch heute mitläuft. Abgesehen von den spanischen Erfahrungen lässt sich auch grundsätzlich bei dem Versuch der langfristigen Steuerungsmöglichkeit durch asyl- und visumpolitische Maßnahmen ein Fragezeichen setzen, wenn neuere Studien darauf verweisen, dass die Asylwanderungen »auch von der Eigendynamik der Migrationsverläufe ab[hängen], die durch geostrategische Voraussetzungen, Entscheide von Verwandten oder anderen Drittpersonen sowie durch Schlepperaktivitäten geprägt werden«.[21] Dies verweist auf den ganzen Bereich der illegalen Einwanderung, der in Spanien eine sehr viel größere Bedeutung besitzt als Asyl.

Die »Abwehr« von Migranten

Die dargestellte Reform des Asylrechts stellte in Spanien nur einen Aspekt der Ausdifferenzierung der spanischen Migrationspolitik in den neunziger Jahren dar, die parallel zu entsprechenden Bemühungen auf der europäischen Ebene erfolgte. Vor dem Hintergrund des europäischen Diskurses zur Eindämmung weiterer Zuwanderung betraf das unter anderem die Einreise- und Visapolitik, den Ausbau der Grenzsicherung, die Einführung dauerhafter Arbeitsgenehmigungen, Quoten für ausländische Arbeitskräfte, erste Schritte bezüglich einer Integrationspolitik mit dauerhaften Aufenthaltsgenehmigungen und Regelungen zur Familienzusammenführung sowie schließlich die Schaffung und den Ausbau einer spezialisierten Verwaltung.

Der Wandel vom Aus- zum Einwanderungsland hatte in Spanien bereits in den siebziger Jahren eingesetzt, aber die Steigerungsraten waren über lange Zeit gering geblieben. Betrug die Zahl der Ausländer in Spanien 1975 ca. 200 000, so verfünffachte sie sich innerhalb von 25 Jahren bis zum Ende des Jahrhunderts auf ca. eine Million (ohne Berücksichtigung von Irregulären). Das entsprach etwa einem Anteil von 2,5 Prozent an der Gesamtbevölkerung von 40 Millionen. Zum Ende des Jahres 2004 lag die Zahl der vergebenen Aufenthaltstitel bei 1,98 Millionen, wobei sich die jährlichen Zuwachsraten seit 2000 immer um die 20 Prozent bewegten. Auf der Basis der kommunalen Melderegister (*padrón municipal*) sind die Zahlen der ausländischen Wohnbevölkerung aber viel höher anzusetzen. So waren nach den vorläufigen Zahlen für den 1. Januar 2005 3,69 Millionen Ausländer gemeldet, womit sich gegenüber der Zahl der Aufenthaltsgenehmigungen zum selben Zeitpunkt eine Differenz von 1,71 Millionen auftat – ein Indikator für aufenthaltsrechtliche Illegalität. Ausländer stellten damit zu Beginn des Jahres 2005 8,39 Prozent der Bevölkerung bei knapp 44 Millionen insgesamt. Die starke Zuwanderung ist auch weitgehend für das erhebliche Bevölkerungswachstum Spaniens verantwortlich, das beispielsweise von 2002 auf 2003 2,1 Prozent bzw. von 2004 auf 2005 1,8 Prozent betrug und damit weit vor allen anderen europäischen Staaten lag.[22]

Das Interesse, gegen »illegale Einwanderung« vorzugehen, wobei sowohl der illegale Grenzübertritt, also illegale Einwanderung im engeren Sinn, und irreguläre Aufenthalts- und Arbeitssituationen, die nach einer legalen Einreise entstehen *(»overstayers«)*, gemeint waren[23], umfasste mehrere Ebenen. Einmal ging es darum, zu verhindern, dass Personen gegen den erklärten Willen des Staates in das Land kommen konnten, wozu ein Steuerungselement die Vergabe von Einreisevisa war. Damit war die Möglichkeit gegeben, bereits vor der Einreise in den Wanderungsprozess einzugreifen. Den zweiten Punkt stellten Kontrollen direkt an den Grenzübergängen dar, um den legalen Grenzübertritt gemäß den gesetzlichen Bedingungen zu garantieren. Dazu kam die zur Erreichung des Binnenmarktes und des »Europas ohne Grenzen« als notwendig erachtete verstärkte Kontrolle der Außengrenzen, um illegale Grenzübertritte auch physisch zu verhindern. Das beinhaltete zwangsläufig auch die Regelungen der Frage, wie mit den Personen umgegangen werden sollte, die den illegalen Grenzübertritt geschafft hatten, wozu eine Reihe von Rücknahmeabkommen geschlossen wurde. Dieses Vorgehen war damit im Sinne von Abwehr komplementär zu den Kontrollen, weil es sich auf die Aufgegriffenen beim illegalen Grenzübertritt bezog. Es sollte aber auch ein Element der Abschreckung darstellen, indem es demonstrierte, dass ein gelungener Grenzübertritt keine Garantie war, in Spanien bleiben zu können. Ein weiterer Punkt, der in gewisser Verwandtschaft zu den Rücknahmeabkommen steht, ist schließlich das Instrument der Ausweisungen.[24]

Die Visumpolitik spiegelte die Anpassung an die Bestimmungen des Schengener Abkommens wider, dem Spanien 1991 beitrat. Es stellte einen wichtigen Schritt innerhalb des Bestrebens nach einer Harmonisierung der europäischen Visumpolitik dar. Es bedurfte einiger Zeit, bis es zu greifbaren Ergebnissen kam, z. B. 1995 einer gemeinsamen Liste der visumpflichtigen Staaten. Schließlich war die Einführung der Visumpflicht oder die Aufkündigung eines bilateralen Abkommens zur Aufhebung der Visumpflicht mit außenpolitischen Konsequenzen verbunden, die vor allem gegenüber solchen Staaten sorgsam abgewogen werden mussten, zu denen die Mitgliedsländer der EG historische und kulturelle Bindungen hatten oder besondere Beziehungen pflegten. Im Falle Spaniens traf das auf die Staaten Lateinamerikas (Ausnahme Kuba) und des benachbarten Maghreb zu.

So bestanden gegenüber den Maghrebstaaten und speziell Marokko »besondere« Beziehungen, in denen es bei verschiedenen Aspekten (territoriale Ansprüche, Westsahara-Frage, Einwanderung, Fischfang etc.) nicht immer zum Besten stand. Bereits seit Ende der achtziger Jahre suchte Spanien mit Blick auf europäische Harmonisierungsbestrebungen nach einer Möglichkeit, die Visumpflicht einzuführen. Es beharrte aber mit dem Hinweis auf seine »guten« Beziehungen zum Nachbarn Marokko darauf, dass eine solche Regelung erst dann eingeführt werden könne, wenn dies auch alle anderen Staaten getan hätten. Da die spanische Regierung nicht bereit war, eine mögliche Verschlechterung der diplomatischen Beziehungen in Kauf zu nehmen, wurde das Verfahren daher bis 1991 immer wieder verschoben. Als es dann zur Einführung der Visumpflicht für Marokko, Algerien und Tunesien kam, verband die spanische Regierung dies mit einer Reihe von kompensierenden Maßnahmen für Marokko, wie einer zeitweisen Kostenfreiheit für die Visa, einem Vertrag über Freundschaft, gute Nachbarschaft und Kooperation und der Inaussichtstellung eines Regularisierungsprozesses für irreguläre Einwanderer.[25] Die Einführung der Visa für die Maghrebstaaten war gleichsam eine Morgengabe für den Beitritt zum Schengener Abkommen, den Spanien einen Monat später vollzog. Spanien erfüllte damit schon vor der Inkraftsetzung des Abkommens die Verpflichtung, spätestens dann die Visumpolitik der Schengenstaaten und damit auch die Liste der visumpflichtigen Staaten voll zu übernehmen.[26]

In Zusammenhang damit stellte sich aber auch die Frage nach dem Umgang mit den Staaten Lateinamerikas, da hier eine Interessenkollision mit der politisch gewollten generellen Visumfreiheit für diese Region bestand. Es gelang Spanien, die Staaten der *Comunidad Iberoamericana de Naciones* weitestgehend von der Visumpflicht freizuhalten. Eine Ausnahme stellte die Dominikanische Republik dar, die auf spanische Initiative als einziges spanischsprachiges Territorium in das Lomé-IV-Abkommen eingebunden werden konnte. Damit musste es sich jedoch der Visumpflicht unterwerfen, was aber aufgrund des Anstiegs irregulärer Zuwanderung aus dem Inselstaat durchaus in spanischem Interesse lag. So trat die Visumpflicht hier im Sommer 1993 in Kraft. Schon im Jahr zuvor war dies auch gegenüber Peru der Fall gewesen, doch spielten hier vor allem außenpolitische Differenzen eine Rolle. Weitere Staaten Lateinamerikas fielen erst im Zuge der Vergemeinschaftung der Visumpolitik unter die Visumpflicht, nachdem aufgrund der eingeführten Mehrheitsentscheidungen Spanien dies nicht mehr mit einem nationalen Veto behindern konnte. Das betraf zuerst Kolumbien, das 2001 endgültig auf die gemeinsame Visumliste gesetzt wurde. Dieser Zuordnung konnte und wollte sich die spanische Regierung nicht mehr widersetzen. Da für die Entscheidung die »fallweise gewichtete Bewertung mehrerer Kriterien, [...] insbesondere die illegale Einwanderung, die öffentliche Ordnung und Sicherheit«[27] vorgesehen war, schlug allein in Spanien die Zahl der irregulären kolumbianischen Einwanderer negativ zu Buch. Zudem trugen die Drogenproblematik des Landes sowie die permanente Bürgerkriegssituation zur ungünstigen Bewertung bei. Ecuador, das sich ebenfalls zu einem der wichtigsten Herkunftsländer der Migration nach Spanien entwickelte, folgte 2003 nach.[28]

Stellt die Visumpolitik eine Kontrolle der Migration im Vorfeld dar, so sind die Maßnahmen an den Grenzen der nächste Aspekt, mit denen unkontrollierter Einwanderung Einhalt geboten werden soll. Der Besitz des Visums eines Drittstaats allein reichte noch nicht aus für die Einreise, denn es berechtigte lediglich, sich an der Grenze zu präsentieren und die Einreise zu beantragen. Dies konnten die Grenzbeamten verweigern, wenn sie den Eindruck hatten, die Einreise entspreche nicht dem angegebenen Zweck (z. B. Tourismus, Verwandtenbesuch). Auf Anfrage musste der Einreisende nachweisen, dass er nicht einwandern wollte. Ein Indiz dafür konnte der nicht erbrachte Nachweis ausreichender Mittel zur Finanzierung des Aufenthalts sein. Zusätzlich verlangten die spanischen

Grenzbeamten bereits in den späten achtziger Jahren auch ein nicht übertragbares Rückreise-/Rückflugticket.[29] Wurden diese Bedingungen nicht erfüllt, wurde der Einreisewillige zurückgewiesen.

Selbstverständlich verstärkte Spanien auch gegen illegale Grenzübertritte seine Kontrollen, doch deren vollkommene Verhinderung war weitgehend unmöglich, weil die langen Seegrenzen wie bei den anderen europäischen Mittelmeeranrainern nicht lückenlos überwacht werden konnten. Spaniens Südgrenze gegenüber Nordafrika erstreckt sich über ca. 1400 km Mittelmeerküste und 300 km Atlantikküste zuzüglich der Marokko vorgelagerten Kanarischen Inseln. So versuchten Migranten immer wieder die spanische Küste an der Straße von Gibraltar oder die Kanaren mittels kleiner Boote, der so genannten »*pateras*« zu erreichen oder als blinde Passagiere auf den Fähren, die von Tánger nach Algeciras oder Cádiz fuhren.

Als Antwort auf diese Strategien verstärkte die spanische Regierung sukzessive ihre Kontrollen. So wurde 1991 die *Guardia Civil del Mar* geschaffen, die jedoch auch andere Aufgaben hatte als die Verfolgung von Menschenschmuggel. So war die Suche entlang der weitläufigen Küsten weitgehend eine Suche nach der Nadel im Heuhaufen. Mit der Weiterentwicklung der Informationstechnologien begann die Regierung Ende der neunziger Jahre mit dem Aufbau eines Überwachungssystems (*Sistema Integral de Vigilancia Exterior,* SIVE), das mit Langstreckenradaren, Wärmebildkameras, Nachtsichtgeräten, Infrarotstrahlen, Helikoptern etc. im Verbund die Straße von Gibraltar »abschließen« sollte. Doch trotz erheblich steigender Aufgriffszahlen konnte das illegale Eindringen in Spanien bislang nicht unterbunden werden, zumal mit der intensiveren Überwachung der Straße von Gibraltar eine Umlenkung der Route hin zu den Kanarischen Inseln erfolgte.[30]

Da eine vollständige Kontrolle der Küsten und der Häfen illusorisch war, gehörten zur Strategie auch Kontrollen im Binnenland, bei denen verdächtige Personen auf Straßen, Plätzen und in Gebäuden befragt werden konnten. Ausländer mussten dabei jederzeit Dokumente bei sich tragen, die ihre Identität und ihr Aufenthaltsrecht belegen konnten.[31] Diese Kontrollen wurden besonders im Hinterland der Küsten ausgedehnt.

Eine Möglichkeit auf spanisches Territorium zu gelangen, ist der Versuch, die Landgrenzen der Exklaven Ceuta und Melilla zu überwinden. Deren Grenzen waren bis Ende der achtziger Jahre relativ einfach zu passieren, wurden aber seitdem ständig aufgerüstet. In Melilla wurde die 11 km lange Landgrenze mit Stacheldraht, Sensoren und Kameras umgeben, während dies in Ceuta wegen der stark gebirgigen Umgebung, in der die 8 km lange Grenze teilweise verläuft, schwierig war.[32] Mitte der 1990er Jahre intensivierte das Innenministerium den Ausbau der Anlagen im Zuge des nicht abreißenden Zustroms von subsaharischen Einwanderern, unter anderem durch die Errichtung von Mauern um Ceuta. Dorthin hatten sich die Probleme infolge der effektiveren Abschottung Melillas verlagert. Aber auch die Verstärkungen der Grenzanlagen und der Einsatz des Heeres zur Patrouille nach Unruhen 1995 in Ceuta konnten nicht verhindern, dass die Zahl der illegal in die Städte gelangten Migranten immer wieder anstieg. Der Grenzausbau wurde weiter intensiviert, Ceuta wurde bis 2000 mit einem vierfachen Wall umgeben.[33] Angesichts solcher Grenzanlagen, die in manchem an den früheren Eisernen Vorhang erinnern, wird im Kleinen deutlich, was mit dem Ausdruck »Festung Europa« gemeint ist. Da es sich bei Ceuta und Melilla gleichsam um europäische Vorposten in Afrika handelt, die nach spanischer Auffassung wichtige Punkte der europäischen Südgrenze darstellen, waren sich in Spanien alle Parteien einig, die Verlagerung des Problems auf die Europäische Union zu fordern.[34] Das bedeutete im Wesentlichen die Forderung nach einer Beteiligung der Gemeinschaft an den Kosten für die Abschottung, was auch geschah.[35]

Eine weitere Frage in engem Zusammenhang mit dem Vorgehen gegen illegale Einwanderung ist der Umgang mit den Aufgegriffenen. Sofern möglich werden sie rückgeführt. Handelt es sich bei den Aufgegriffenen um Staatsbürger des Nachbarlandes, so ist es relativ einfach, weil der Staat seine eigenen Bürger einreisen lassen muss. Schwieriger ist die Situation, wenn die Betroffenen aus entfernteren Ländern kommen. Um hier eine einfachere Handhabe zu erreichen, schloss Spanien entsprechend den Empfehlungen der Europäischen Kommission Rücknahmeabkommen ab. Der wichtigste Vertrag in dieser Hinsicht, der dem Abkommen zwischen Polen und den Schengenstaaten nachempfunden war, war derjenige mit Marokko aus dem Jahr 1992.[36] Spanien erwartete sich davon die Rücknahme der über marokkanisches Territorium nach Spanien gelangten illegalen Einwanderer, die vor allem aus dem subsaharischen Afrika stammten. Es konnte das angestrebte Ergebnis wegen der intransigenten Haltung Marokkos in Bezug auf Ceuta und Melilla aber nur sehr eingeschränkt durchsetzen. Da Marokko die beiden Städte als eigenes Territorium betrachtete, akzeptierte es von dort keine Rücknahmen, weil das *de facto* eine Anerkennung der spanischen Hoheit bedeutet hätte. Zudem weigerte sich der Staat, illegale Einwanderer zurückzunehmen, die von spanischen Sicherheitskräften vor der Küste aufgegriffen wurden. Es wurde argumentiert, diese seien gar nicht über marokkanisches Gebiet gekommen. Das meist offensichtliche Gegenteil konnten die spanischen Behörden in der Regel nicht nachweisen, weil sich die Migranten ihrer Papiere entledigten und zum Teil sogar angaben, sie seien aus Italien gekommen, um nicht zurückgeschickt zu werden. Der Hintergrund dieses Verhaltens der marokkanischen Seite war die Instrumentalisierung der Frage als mittelbares Druckmittel in Verhandlungen mit der Europäischen Gemeinschaft. Über einen langen Zeitraum gelang es weder der sozialistischen Regierung Spaniens noch der konservativen Nachfolgeregierung seit 1996, hier zu einer befriedigenden Lösung zu kommen. Daher versuchten sie auch in dieser Frage von der Bilateralität wegzukommen und eine Europäisierung des Problems zu erreichen. In der Erwartung, dass sich Rabat gegenüber der gesamten Europäischen Union nachgiebiger zeigen würde, sollte die Europäische Union einen Rücknahmevertrag mit Marokko abschließen. Nach diesem Prinzip hatte die spanische Fischereipolitik seit Ende der achtziger

Jahre zeitweise gut funktioniert.[37] Während die Verhandlungen noch laufen, zeichnet sich mittlerweile auf bilateraler Basis hier eine funktionierende Zusammenarbeit ab.[38]

Neben den Kontrollen im Vorfeld und an den Grenzen sowie den Rückführungsmaßnahmen gehört auch die Ausweisung beziehungsweise ihre zwangsweise Durchsetzung in Form der Abschiebung zu den Instrumenten der Migrationspolitik, die der Verhinderung und Abschreckung von illegalem Grenzübertritt und Aufenthalt dienen sollen. Sie stellt zusammen mit Geldstrafen eine Sanktionsdrohung zur wirksamen Durchsetzung der Vorschriften des Ausländerrechts dar. Die Abschreckungswirkung dieses Instruments scheint aber eher gering. In den neunziger Jahren wurden zwischen 10 000 und 20 000 Ausweisungen jährlich dekretiert, von denen jedoch nur jeweils um die 5000 zu Abschiebungen führten. Ein Staat kann den Umfang der irregulär Eingewanderten auf diese Weise nicht nachhaltig reduzieren, weil es ihm in der Regel schon aus finanziellen Gründen unmöglich ist, alle betreffenden Personen auszuweisen. Dazu kommt die Verfasstheit des liberalen Rechtsstaates, die ein solches Vorhaben z. B. durch rechtliche Anfechtungsmöglichkeiten erheblich erschwert. Solche Einsprüche haben Erfolg, wie die Diskrepanzen zwischen eröffneten Verfahren und tatsächlich dekretierten Ausweisungen zeigen.

Spanien als Bollwerk?

Ist Spanien ein Bollwerk Europas gegen unerwünschte Migration? Was ist überhaupt mit »Bollwerk« gemeint? Der Begriff gehört in das semantische Feld eines anderen Begriffs, den der »Festung Europa«, der seit den achtziger Jahren immer wieder im Zusammenhang mit der europäischen Migrationspolitik verwendet worden ist.[39] Diese Metaphern evozieren Bilder von Wellen, Fluten oder Strömen von Migranten, die illegal aus »dem Süden« oder »dem Osten« in das wohlhabende Europa eindringen wollen. Gegenüber diesen im vergangenen Jahrzehnt entwickelten, geradezu apokalyptischen Visionen von Masseninvasion und Belagerung, die beispielsweise 1990 in dem englischen Spielfilm ›Der Marsch‹ von David Wheatley sinnfällig gemacht wurden[40], sollen die Festung oder das Bollwerk zur Verteidigung dienen und die vermeintlich verlorene Kontrolle kompensieren.[41]

Dabei wird in der Literatur der Begriff der Festung als Metapher zwar genutzt, aber auf den ersten Blick oft nicht reflektiert. Er erfüllt vor allem die Funktion, die kritische Haltung der Autoren gegenüber der (europäischen) Migrationspolitik zu verdeutlichen. Auf den zweiten Blick stimmt dies schon nicht mehr, denn was ist die Funktion der Festung? Sie soll abwehren, verteidigen und abschrecken. Das kann sie nur erreichen, wenn es gelingt, dass niemand in sie eindringt und sie »nimmt«. Ein Bollwerk ist dann in diesem Bild ein besonders befestigter Teil der Mauer, der in sie integriert oder ihr vorgelagert ist. Die imposanten Mauern von Avila, die Bollwerke um die Nürnberger Burg oder die Anlagen der Vauban'schen Festungen des 17. Jahrhunderts geben davon beredtes Zeugnis. Nur bestehen Festungen heute nicht mehr nur aus Steinen und vorgelagerten Wassergräben bzw. Drahtzäunen. Vielmehr sind Regeln für Grenzkontrollen, Sanktionen gegen Menschenschmuggel und Rückkehrpolitiken die Ziegel[42], die von einem Mörtel aus »Computertechnik, Bürokratie und mobiler Grenzpolizei«[43] zusammengehalten werden.

Es handelt sich also um eine Umschreibung des Zuwanderungsregimes in Europa, bei dem sich die Frage stellt, inwieweit es Drittstaatsangehörigen, Migranten oder Flüchtlingen – unabhängig davon, weswegen sie wandern oder wovor sie fliehen – gelingen kann, nach Europa zu gelangen. Dass es dafür Zugangsregelungen geben muss, dürfte unter ernsthaften Diskutanten unbestritten sein – genauso wie die Tatsache, dass Europa nicht die Aufnahme von allen »Mühseligen und Beladenen« leisten kann. Dabei sollte nicht aus den Augen verloren werden, dass sich ohnehin nur ein Bruchteil der internationalen Migrations- und Flüchtlingsströme gen

Europa richtet. Idealerweise müssen die beiden Aspekte von Kontrolle und Erfüllung humanitärer Verpflichtungen zusammengebracht werden, doch selbst bei um größtmögliche Objektivität bemühter Prüfung ergibt sich, dass die europäische Migrationspolitik den abschottenden Teil in den Vordergrund stellt. Von der Konzeption der Politik her ist der Zugang nicht hermetisch abgeriegelt, aber in der Praxis sind die gerade von der Europäischen Kommission immer wieder betonten humanitären Aspekte zurückgedrängt worden.[44] Das gilt vor allem für die Zeit seit den Terroranschlägen des 11. September 2001, in deren Folge diese Aspekte, die sich beispielsweise im Programm von Tampere gefunden haben, in den Hintergrund rückten und stattdessen die Abwehr illegaler Migration verstärkt behandelt wurde.[45]

Erfüllt nun Spanien die Rolle eines Bollwerks in der Festung?[46] Das Land stellt einen Teil der Außengrenze der EU dar und setzt genauso wie seine Partner die gemeinsam vereinbarten Verordnungen und Richtlinien in nationalem Recht um. Spanien sieht sich aufgrund seiner Lage auch selbst als ein Tor nach Europa, das, um im Bild zu bleiben, bei einer Festung besonders geschützt werden muss. Aber kann es überhaupt zu einer vollständigen Abschließung der Grenzen kommen? Theoretisch wäre das möglich. Man könnte beispielsweise einen Polizisten neben den anderen postieren und so weiter. Doch praktisch wäre es nicht durchzuführen, da die Kosten für die Gesellschaft so hoch lägen, dass vieles andere nicht mehr bezahlt werden könnte. Der ökonomische Grenznutzen nimmt ab einem gewissen Niveau der Kontrolle bei weiterer Intensivierung der Kontrollen immer weiter ab.[47] Aber auch die historische Erfahrung zeigt, dass Menschen Grenzen immer überwinden können. Und das gilt besonders, solange für viele in der »sich entwickelnden Welt« der Schutz und die Möglichkeiten, die sich ihnen in Europa bieten, das Risiko aufwiegen, die Mauern der Festung Europa zu erklimmen.[48] Und dass keine Festung uneinnehmbar sein kann, wussten schon und gerade die Baumeister, die vor Jahrhunderten diese Festungen in Europa errichteten.[49]

Dazu kommt, dass – um im Bild zu bleiben – eine Festung immer auch verschiedene Eingänge hat, und zwar nicht nur jene, die illegal durchschritten werden. Es gibt Türen, die von den Burgherren selbst geöffnet werden. Eine Festung kann zwar lange ausharren, aber letztlich nicht ohne die Versorgung existieren, die von außen kommt. Das gilt im Falle Spaniens und wahrscheinlich für die ganze »Festung Europa«. Der von außen kommende Nachschub besteht heute nicht mehr aus Lebensmitteln oder Waffen, sondern aus Arbeitskräften. Spanien hat trotz erheblicher Arbeitslosigkeit Bedarf an Arbeitskräften, denn die Ausländerbeschäftigung, u. a. im informellen Sektor, stellt einen Teil seiner Kompetitivität dar. Die Nachfrage nach günstiger und flexibler Arbeit besteht im sekundären und im informellen Arbeitsmarkt, wo Migranten, bedingt durch teilweise irregulären Aufenthalt oder zumindest irregulären Arbeitsstatus, in der Regel nur geringe Löhne erhalten. Dazu kommt eine sich verändernde sozio-demografische Situation, in der schwere, schmutzige und schlecht bezahlte Arbeiten von der einheimischen Bevölkerung zunehmend zurückgewiesen werden. Der Geburtenrückgang verstärkt den Mangel an Arbeitskräften zusätzlich.[50] Um hier Abhilfe zu schaffen werden also Hintertüren geöffnet.[51]

In Spanien geschieht dies über die Politik der Regularisierungskampagnen, die trotz gegenteiliger Beteuerungen in mehr oder minder regelmäßigen Abständen stattfinden (1986, 1991, 1996, 2001/02, 2005)[52] sowie die Politik der Arbeitskräftekontingente, die in den neunziger Jahren nichts anderes als verkappte Legalisierungen waren.[53] Den Politikansatz in Spanien kann man als das formale Erfüllen der Kontrolllogik bei einem gleichzeitigen faktischen Unterlaufen eben dieser Logik aus hauptsächlich ökonomischen Motiven bezeichnen. So gehen die Europäisierung der spanischen Migrationspolitik und die Wahrung nationaler Interessen zusammen. Spanien ist also kein undurchlässiges Bollwerk. Das wird nicht von allen europäischen Partnern gutgeheißen, weil sie die Aushebelung der europäischen Migrationspolitik und Weiterwanderungen in ihre Staaten befürchten. Doch die Durchlässigkeit der »Festung Europa« gilt nicht für Spanien allein.[54]

Weil dem so ist, wird – um weiter im Bild zu bleiben – das Glacis der Festung oder das Vorfeld ausgebaut. Im Falle Spaniens liegt dies jenseits der Straße von Gibraltar in Marokko. Mit einer Mischung aus Druck und Geld wird versucht die Staaten Nordafrikas in das Abwehrsystem einzubinden. Die Frage, ob dort Aufnahmezentren oder Lager errichtet werden sollen, ist dabei nur ein Aspekt. Abgesehen von Marokkos territorialen Bedenken (sofern es EU-Zentren sein sollten) und den zu erwartenden immensen Kosten zeigen die spanischen Aufnahmeeinrichtungen, die in Ceuta und Melilla ja bereits bestehen, die geradezu magnetische Wirkung, die von solchen Lagern auf Migranten ausgeht. Und sollten sich von dort keine realistischen Möglichkeiten ergeben, tatsächlich nach Europa zu gelangen, werden sich viele nicht daran gehindert fühlen, dennoch eine illegale Passage zu wagen. Zu der Einbindung gehören auch der Abschluss von Rücknahmeabkommen mit der EU oder die Reform der nationalen Gesetzgebung wie z. B. das neue marokkanische Migrationsgesetz von 2003. Solche Maßnahmen bedeuten, wie schon in den neunziger Jahren gegenüber den Staaten Osteuropas, eine Ausweitung der europäischen Kontrolllogik zur Schaffung einer Art »cordon sanitaire« oder – wie es für Marokko genannt worden ist – eine »schengenisation« des nordafrikanischen Staates.[55] Kritiker unterstellen solcher Politik, die menschlichen Tragödien beim Übersetzen über das Mittelmeer weit weg in die Wüste verlagern zu wollen – die Haltung »aus den Augen aus dem Sinn«.[56] Um das Bild der Festung ein letztes Mal zu bemühen: Die ersten Palisaden werden jetzt an den Grenzen zu Staaten wie Mauretanien eingeschlagen.

Anmerkungen

* Der Beitrag gibt ausschließlich die persönliche Meinung des Autors wieder.

1 Gesetz vom 4. Dezember 1855. Ausführlich zum folgenden Abschnitt Kreienbrink, Axel, Einwanderungsland Spanien – Migrationspolitik zwischen Europäisierung und nationalen Interessen, Frankfurt am Main/London 2004, S. 108–129; 308–344.

2 Abellán, José Luis, El exilio como constante y como categoría, Madrid 2001.

3 Ursprünglich wollte die UCD überhaupt keine Grundrechte in die Verfassung aufnehmen. Peces-Barba Martínez, Gregorio, La elaboración de la constitución de 1978, Madrid 1988, S. 53.

4 Unterzeichnung am 22. Juli 1978, Ratifizierung am 20. Oktober 1978 (Boletín Oficial del Estado BOE 21. Oktober 1978).

5 Diario de Sesiones del Congreso de los Diputados (DSC), Comisiones, Nr. 69 vom 18. Mai 1978, S. 2444, Abg. Fraga Iribarne (AP).

6 Inwiefern das Asylrecht »entkonstitutionalisiert« war oder nicht, blieb unter den Kommentatoren umstritten. Vgl. Kreienbrink, Einwanderungsland, S. 114.

7 DSC, Comisiones, Nr. 69 vom 18. Mai 1978, S. 2441 f., Abg. Roca i Junyent (Minoría Catalana). Herranz, Yolanda, La inmigración latinoamericana en distintos contextos de recepción, in: Migraciones N° 3 (1998), S. 31–51, hier S. 48.

8 Espada Ramos, María Luisa/Moya Escudero, Mercedes, La Ley reguladora de asilo y condición del refugiado de 26 de marzo de 1984: ¿Nacionalismo o internacionalismo?, in: Revista de Estudios Internacionales 6 (1985), S. 73–110, hier S. 103 Ferrer Peña, Ramón Mª, Los derechos de los extranjeros en España, Madrid 1989, S. 274.

9 Prego, Victoria, Presidentes. Veinticinco años de historia narrada por los cuatro jefes de gobierno de la democracia, Barcelona 2000, 186 und 188. Powell, Charles, España en democracia, 1975–2000, Barcelona 2001, 381–383.

10 Haltung der Alianza Popular zitiert von Abg. Berenguer Fuster (PSOE), in: DSC, 2. Leg., Pleno, Nr. 61 vom 4. Oktober 1983, S. 2864.

11 Colectivo Ioé, Los inmigrantes en España, Madrid 1987, S. 85 f.

12 Espada Ramos/Moya Escudero, La Ley reguladora, S. 108–110.

13 Izquierdo Escribano, Antonio, La inmigración inesperada. La población extranjera en España (1991–1995), Madrid 1996, S. 60–63. Die Anerkennungsraten lagen wesentlich unter den Antragszahlen und korrespondierten kaum mit den stärksten Nationen der Antragsteller.

[14] Gesetz 9/1994 (BOE 23. Mai 1994). Da es sich um ein Gesetz zur Gesetzesänderung und nicht um ein neues Gesetz handelt, lautet die Bezeichnung des Asylgesetzes weiterhin Gesetz 5/1984.

[15] Organgesetz 7/1985, Art. 12 Abs. 4.

[16] Gesetz 5/1984 (neue Fassung), Art. 5 Abs. 6.

[17] Mit einer Art Konzept von sicheren Herkunftsstaaten war bereits vorher gearbeitet worden. Espada Ramos, María Luisa, El derecho de asilo a revisión: Los costes de la coherencia con Europa, in: Derechos y Libertades 2 (1994), S. 157–184, hier S. 163.

[18] Gesetz 5/1984 (alte Fassung), Art. 17,1 in Verbindung mit Real Decreto 511/1985, Art. 20.

[19] DSC, 5. Leg., Comisiones, Nr. 69 vom 11. November 1993, S. 2163, Generaldirektor für Innenpolitik Puig de la Bellacasa.

[20] Espada Ramos, El derecho de asilo, S. 158.

[21] Efionayi-Mäder, Denise/Chimienti, Milena/Dahinden, Janine/Piguet, Etienne, Asyldestination Europa. Eine Geographie der Asylbewegungen, Zürich 2001, S. 155. Böcker, Anita/Havinga, Tetty, Asylum Migration to the European Union: Patterns of Origin and Destination, (European Commission, Document), Luxemburg 1998.

[22] Eigene Berechnungen nach den Zahlen des *padrón municipal* des Instituto Nacional de Estadística (http://www.ine.es) bzw. der Aufenthaltstitel des Observatorio Permanente de la Inmigración (http://extranjeros.mtas.es). Ausführlich hierzu Kreienbrink, Axel, Migration in Spanien – ein Sonderfall unter den südeuropäischen Staaten?, in: Sonja Haug/Frank Swiaczny (Hg.), Migration in Europa, Wiesbaden 2005, S. 29–52.

[23] Vgl. Bade, Klaus J., Europa in Bewegung. Migration vom späten 18. Jahrhundert bis zur Gegenwart, München 2000, S. 326.

[24] Zum Folgenden ausführlich Kreienbrink, Einwanderungsland, S. 191–235.

[25] López García, Bernabé, Implantación e integración de los inmigrantes magrebíes en España, in: ders. (Hg.), Inmigración magrebí en España. El retorno de los Moriscos, Madrid 1993, S. 29–136, S. 64.

[26] Beitrittserklärung des Königreichs Spanien zum Schengener Abkommen vom 25. 6. 1991, Schlussakte Art. II,2 bezogen auf Art. 9,2 des Schengener Durchführungsabkommens (BOE 5. April 1994). Der Schengener Vertrag trat am 1. März 1994 in Kraft, wurde aber erst zum 26. März 1995 in Kraft gesetzt.

[27] Verordnung (EG) 539/2001, Erwägungsgrund 5 (ABl L 81 vom 21. März 2001).

[28] Verordnung (EG) 2414/2001 (ABl. L 327 vom 12. Dezember 2001, S. 1 f.) und Verordnung (EG) 453/2003 (ABl. L 69 vom 13. März 2003, S. 10 f.).

[29] Erlass vom 22. Februar 1989 (BOE 6. März 1989).

[30] Im Jahr 2002 übertraf die Zahl der dort aufgegriffenen *pateras* (63 Prozent) und die der dort festgenommen Personen (59 Prozent) erstmals die derjenigen in der Meerenge von Gibraltar. Berechnung nach einer schriftlichen Mitteilung des *Ministerio del Interior* vom 23. Juni 2003 an den Autor.

[31] Organgesetz 1/1992 (BOE 22. Februar 1992), Art. 20 Abs. 1 u. 11.

[32] »La puerta de Africa«, in: El País vom 4. April 1989, S. 18.

[33] »La nueva valla contra inmigrantes en Ceuta eleva a 8000 millones el gasto en la frontera«, in: El País Digital vom 17. August 1999. Der Artikel enthält eine schematische Darstellung der Grenzanlagen. Vor die beiden Metallzäune entlang einer Kontrollstraße wurden zwei weitere mit Stacheldraht bewehrte Zäune von über drei Metern Höhe gelegt, bestückt mit Sensoren, davor ein Stacheldrahtverhau. Zusätzlich bestehen die Anlagen aus einem System von Wachtürmen, Wärmebildkameras, Suchscheinwerfern etc. Wo die Landgrenze an die Küsten trifft, erstrecken sich Dämme ins Meer hinaus, die ebenfalls mit Mauern und Wachtürmen bewehrt werden sollen, um das Eindringen in die Städte mit Booten oder schwimmend zu verhindern.

[34] DSC, 6. Leg., Pleno, Nr. 26 vom 24. September 1996, S. 1087, Abg. Fernández Sanz (PSOE).

[35] DSC, 6. Leg., Comisiones, Nr. 363 vom 18. September 1997, S. 10716 f., Innenminister Mayor Oreja (Partido Popular).

[36] Acuerdo entre el Reino de España y el Reino de Marruecos relativo a la circulación de personas, tránsito y readmisión de extranjeros entrados ilegalmente (BOE 25. April 1992). Andere Verträge wurden in den folgenden Jahren u. a. mit Rumänien, Bulgarien und der Slowakischen Republik abgeschlossen.

[37] Marquina Barrio, Antonio, Las relaciones de España con los estados del Magreb 1975–1996, in: Javier Tusell/Juan Avilés/Rosa Pardo (Hg.), La política exterior de España en el siglo XX, Madrid 2000, S. 511–546, hier S. 520–525.

[38] Kreienbrink, Axel, Migrationspolitik am Mittelmeer – Beispiel Marokko, in: Zeitschrift für Ausländerrecht und Ausländerpolitik 24 (2004), S. 346–350.

[39] Zum Beispiel Ireland, Patrick R., Facing the true »Fortress Europe«: Immigrants and Politics in the EC, in: Journal of Common Market Studies 29 (1991), S. 457–480. Nuscheler, Franz, »Fluchtburg« oder »Festung«? Der Migrationsdruck auf EG-Europa, in: Ders (Hg.), Die Südpolitik der EG. Europas entwicklungspolitische Verantwortung in der veränderten Weltordnung, Bonn 1992, S. 261–277. Butterwegge, Christoph, Europa am Scheideweg: Von der

Wirtschaftsgemeinschaft zur »Wohlstandsfestung« oder zur multikulturellen Gesellschaft?, in: Ders./Siegfried Jäger (Hg.), Europa gegen des Rest der Welt? Flüchtlingsbewegungen – Einwanderung – Asylpolitik, Köln 1993, S. 206–227. Peers, Steve, Building Fortress Europe: The Development of EU Migration Law, in: Common Market Law Review 35 (1998), S. 1235–1272. Bade, Klaus J., Die ›Festung Europa‹ und die illegale Migration, in: Ders. (Hg.), Integration und Illegalität in Deutschland, Osnabrück 2001, S. 65–75. Jüngst wieder im Rahmen der EU-Osterweiterung Brown, David, Storming the Fortress: The External Border Regime in an Enlarged Europe, in: Hilary Ingham (Hg.), EU Expansion to the East: Prospects and Problems, Cheltenham 2002, S. 89–109. Phuong, Catherine, Enlarging ›Fortress Europe‹: EU Accession, Asylum, and Immigration in Candidate Countries, in: International and Comparative Law Quarterly 52 (2003), S. 641–664.

[40] Vgl. das Drehbuch Nicholson, William, Der Marsch: Aufbruch der Massen nach Europa. Das Drama des Nord-Süd-Konflikts, Rosenheim 1991.

[41] Bade, Europa in Bewegung, S. 385. Martín Rojo, Luisa, Spain, Outer Wall of the European Fortress. Analysis of the Parliamentary Debates on the Immigration Policy in Spain, in: Ruth Wodak/Teun A. van Dijk (Hg.), Racism at the Top. Parliamentary Discourses on Ethnic Issues in Six European States, Klagenfurt 2000, S. 169–221, hier S. 186 u. 188.

[42] Bendel, Petra, Immigration Policy and the European Union: Still Bringing up the Walls for Fortress Europe?, in: Migration Letters 2 (2005), S. 20–31, hier S. 29.

[43] Groenendijk, Kees, Europäische Migrationspolitik: Festung Europa oder das Aufrechterhalten imaginärer Grenzen?, in: Klaus Barwig et al. (Hg.), Asyl nach der Änderung des Grundgesetzes. Entwicklungen in Deutschland und Europa, Baden-Baden 1994, S. 57–70, hier S. 57. Siehe ausführlich Leuthardt, Beat, Festung Europa. Asyl, Drogen, »Organisierte Kriminalität«: Die »Innere Sicherheit« der 80er und 90er Jahre und ihre Feindbilder, Zürich 1994.

[44] Ziegler, Katja S. , Integration und Ausgrenzung im Lichte der Migrationspolitik der Europäischen Union – die Festung Europa?, in: Konrad W. Sahlfeld (Hg.), Integration und Recht, München 2003, S. 127–179, hier S. 176 f.

[45] Gallagher, Stephen, Towards a Common European Asylum System. Fortress Europe Redesigns the Ramparts, in: International Journal 57 (2002), S. 375–394, hier S. 392.

[46] Der Begriff der Festung (fortaleza) wird in der spanischen Literatur oder der politischen Diskussion wenig verwendet, taucht aber gelegentlich auf. Lucas, Javier Martín de, Puertas que se cierran: Europa como fortaleza, Barcelona

1996. DSC, 6. Leg., Pleno Nr. 105 vom 7. Oktober 1997, S. 5341, Abg. Meyer Pleite (Izquierda Unida). Der Begriff des Bollwerks (baluarte) erscheint gar nicht. An einer Stelle wird die Selbstdarstellung der Volkspartei (PP) in der Einwanderungsdiskussion ausnahmsweise mit diesem Terminus charakterisiert. Pajares, Miguel, Contra la Ley de Extranjería de nuevo, in: El País Digital, 6. Januar 2001.

[47] Entorf, Hans, Rational Migration Policy Should Tolerate Non-zero Illegal Migration Flows: Lessons from Modeling the Market for Illegal Migration, in: International Migration 40(1) (2002), S. 27–43.

[48] Gallagher, Towards, S. 393.

[49] Pollak, Martha D., Military Architecture, Cartography and the Representation of the Early Modern City. A Checklist of Treatises on Fortification in The Newberry Library, Chicago 1991, S. XXIX u. 78.

[50] Diese Arbeitsmarktsituation gilt für die anderen südeuropäischen Staaten in ähnlicher Weise. Vgl. King, Russell, Southern Europe in the changing global map of migration, in: Ders./Gabriella Lazaridis/Charalambos Tsardanidis (Hg.), Eldorado or Fortress? Migration in Southern Europe. London 2000, S. 1–26, hier S. 18 f. King, Russell/Fielding, Anthony/Black, Richard, The international migration turnaround in Southern Europe, in: Russell King/Richard Black (Hg.), Southern Europe and the New Immigrations, Brighton 1997, S. 1–25. Für einen Vergleich siehe Kreienbrink, Migration in Spanien, S. 44–49.

[51] So schon die Vorstellung von Groenendijk, Europäische Migrationspolitik, S. 68.

[52] Kreienbrink, Einwanderungsland, S. 248–257.

[53] Ebenda, S, 257–273.

[54] Bade, Europa in Bewegung, S. 383.

[55] Belguendouz, Abdelkrim, Le Maroc non africain gendarme de l'Europe? Alerte au projet de loi n. 02–03 relative à l'entrée et au séjour des étrangers au Maroc, à l'émigration et l'immigration irregulières! Salé 2003. Dazu Kreienbrink, Migrationspolitik.

[56] Cuttitta, Paolo, Das diskrete Sterben, in: Frankfurter Rundschau, 14. 8. 2004, S. 7.

Rupert Neudeck

Möglichkeiten und Grenzen humanitären Engagements

I. Eigen- und Fremderwartung dessen, was wir vom humanitären Engagement erwarten können, liegen sehr weit auseinander. Moralisch-ethisch hat humanitäres Engagement nichts mit der »efficiency« der Wirtschaftswelt zu tun. Und dennoch ist dieses Engagement politisch-pragmatisch in unsere ganz normalen Resultatserwartungen hineingehalten. Vielen von uns humanitären Tätern geht der berühmte und – ich gestehe – zu Tränen rührende Talmudsatz immer wieder rührselig über die Lippen: »Darum wurde der Mensch einzig erschaffen, um Dich zu lehren: Jedem, der nur ein einziges Leben rettet, dem wird das angerechnet, als hätte er die ganze Welt gerettet.« Der Satz verweist auf eine Öffentlichkeit von Gläubigen. Aber diese Öffentlichkeit haben wir nicht mehr. Ich möchte das Talmudbeispiel ein ganz klein wenig säkular und öffentlichkeitswirksam variieren. Heinrich Böll sagte uns im Herbst 1979 zum Trost: Wenn das Schiff »Cap Anamur«, das wir mit Hilfe von Spendengeldern gechartert hatten, auch nur einen einzigen Flüchtling retten würde, wäre es schon gerechtfertigt. Er sagte nicht amortisiert. Die Aporie der Erwartungen an die humanitäre Hilfe hängt in der unauflöslichen Spanne zwischen »gerechtfertigt« und Rechtfertigung und »amortisiert« und Amortisierung.

Nur hatte uns, die Organisatoren eines der öffentlichkeitswirksamsten und auch im Resultat erstaunlichsten Unternehmen humanitärer Menschenrettung, wenige Monate später, Ende 1981, die Frage des Magazins ›Stern‹ erreicht: Wir sollten mal statistisch ausrechnen, wie viel ein Menschenleben, ein gerettetes Menschenleben den deutschen Spender kostet. Da hätten wir mit dem Talmud nicht kommen können. Und wir hätten uns auch nicht auf Heinrich Böll zurückziehen können. Gebieterisch stand die Realität der quantifizierenden Quoten- und Rechner-Gesellschaft vor Augen. Wir hätten sprichwörtlich im Hemd gestanden, hätten wir nach zwei Jahren Rettungsaktion sagen müssen: Wir haben für 24 Monate mal 450 000 DM gerade mal einen oder drei Vietnamesen aus dem Wasser gezogen. Das wäre zu wenig gewesen. Wir kamen – *horribile auditu* – auf einen für die Öffentlichkeit und die Fortsetzung der Aktion günstigen ›Kopfpreis‹, der uns aufatmen ließ.

Liege ich ganz falsch, wenn ich im Folgenden behaupte: Diese Fast-Aporie und Spannung, in der die humanitären Helfer stehen, ist auf verschiedene Weise anders und größer geworden. Anders: Die humanitäre Hilfe ist mehr und mehr von Albert Schweitzer und Mutter Theresa weg zu einem großen expandierenden Markt geworden. Und: Sie hat zweitens so viel Alimentierung durch die Regierungen, zumal der EU und der eigenen Nationalregierung bekommen, dass die Spannung nicht mehr auftritt. Sie wird eingeebnet, denn es geht nur noch um die ordentliche Abrechnung. Nicht mehr um die Erfüllung von großen Menschheitserwartungen. Für Albert Schweitzer wären Versicherungs- und Sicherheitsprobleme, Ansteckungs- und Impffragen nicht von solcher Bedeutung gewesen, dass sie in irgendeiner Weise sein Unternehmen und seine felsenfeste Absicht hätten behindern können. Es hätte auch für ihn nicht eine Frage gegeben, ob er als Europäer woanders hätte leben und arbeiten können als in dem Dorf am Ogove in dem Land, das später Gabun hieß. Heute würde das große Debatten auslösen. Ein GTZ, ein Consultant der Gesellschaft für Technische Zusammenarbeit kann nicht, bitteschön, in Lambarene wohnen.

II. Die größten Flüchtlingsprobleme entstanden nach dem Zweiten Weltkrieg im Zuge der Entkolonialisierung. Die Kriege in Korea und in Vietnam haben zu großen Elendsströmen von Menschen geführt, die den Gewaltdruck nicht mehr ausgehalten haben, der auf sie ausgeübt wurde. 300 000 Holländer sind nach Holland zurückgekommen, eine Million französischer Siedler verließ Algerien und Indochina. Im Gefolge der Nelkenrevolution in Portugal verließen 800 000 Portugiesen Mosambik und Angola.

Nach der Auflösung der Sowjetunion und der Gründung und Neukonstituierung von 15 unabhängigen Staaten wurden 47 bis 65 Millionen Menschen zu Ausländern. Immer wieder kommt es zu Auseinandersetzungen an den Rändern dessen, was heute Russland ist. Ähnlich wie die Türkei bis heute Probleme mit sich selbst hat, weil sie das ruhmreiche osmanische Erbe aufgeben musste, so hat Russland Probleme mit der Aufgabe des Weltreiches aller Werktätigen – und hat sich davon noch lange nicht verabschiedet. Wenn der Führer und Herrscher der Nordkoreaner Kim Jong Il sich trotz seiner weltweit geltenden Paranoia einmal aus seinem Land herausbegibt, dann macht er das natürlich über China in die Sowjetunion, er wird mit Pomp im Kreml empfangen, denn er gehört zum alten Weltkreis.

Wenn der Führer der separatistischen Regierung von Abchasien einem Attentat zum Opfer fällt und noch so gerade überlebt, fragen sich nach der Nachricht Millionen von Menschen: Was ist das denn, Abchasien? In Tschetschenien, ebenso im Kaukasus gelegen wie das abgespaltene Nord-Ossetien, hat es bisher 400 000 Vertriebene und 40 000 Tote gegeben.

Meine erste These: Die Humanitäre Hilfe ist abhängig von der öffentlichen Meinung.

In den Kontinenten der Entkolonialisierung sollten Nation-Building-Prozesse stattfinden. Und zwar von Seiten der Instrumente von Entwicklungspolitik. Aber fast alles ist daran gescheitert, weil die Staaten Europas nicht begriffen haben, wie man mit den Völkern Afrikas umgehen muss. Hätte man in Somalia sich nicht allein auf die Regierung und die eigene Botschaft verlassen, sondern hätte man sich auf die ländliche Bevölkerung eingelassen, dann wäre es zum Zusammenbruch des Staates möglicherweise gar nicht gekommen. Das hätte aber vorausgesetzt, dass die deutsche Regierung und das deutsche Parlament Somalia als ihr Land neben vielleicht noch einem zweiten in Afrika gesehen hätten. So wurde alles geglaubt, was uns gesagt wurde. Wir ahnten, dass die gesamte Flüchtlingsbewegung von langer Hand vorbereitet und eingerichtet wurde.

Meine zweite These: Der Nation-Bildungsprozess ist überall in der Dritten Welt gescheitert.

Die Welt muss sich andere Begründungen und Bedingungen einfallen lassen, denn wir werden noch viel mehr an Abspaltung und Separatismus erleben als zuvor. In Afrika hat diese Bewegung ja noch gar nicht angefangen. Und wir müssen zugestehen, dass es im Sudan oder im Kongo Verhältnisse gibt, die allen Politikwissenschaftlern oder allen Diplomaten eigentlich die Haare zu Berge stehen lassen müssten. Weder in Khartoum noch in Kinshasa weiß die Regierung, was in ihrem Lande vor sich geht. Dafür ist es erst einmal zu groß. Dann ist es auch noch von so vielen anderen Ethnien, Stämmen, Rassen bewohnt, dass sich das Interesse der Regierung auf etwas anderes richtet.

Die Regierung von Khartoum kann neben dem Prozess der möglichen Abspaltung des Südens auch noch den Westen verlieren, also Darfur, es kann auch die Beja-Region verlieren und auch die Nuba-Berge. Dann ist diese Regierung aber wirklich eine ohne Land. Den Süden wollte man sowieso loswerden, über dem Süden hat die Weltgemeinschaft Nahrungsmittel und die Regierung über die Köpfe der Dinka und Nuer Bomben abgeworfen. Ansonsten hat man sich um diese Region von der Größe Frankreichs, Deutschlands und Spaniens zusammen nicht gekümmert. Im Kongo gibt es ebenfalls Abspaltungen, die sich aber nur zu Teilen aus eigenen separatistischen Gelüsten ergeben, zum anderen aus den Reichtümern, die im Lande liegen.

Meine dritte These: Die humanitäre Hilfe ist zu Teilen auch missbraucht worden. Sie wurde als heimliche Waffe der Politik eingesetzt, die umso probater war, als sie ja als unpolitisch gilt.

In Darfur müsste es natürlich zu einer heftigen Hilfsaktion kommen, aber die müsste in den Djebel-Mara-Bergen beginnen, wohin die Mehrzahl der Menschen geflohen ist. Dorthin darf und will keine der bisher dort real anwesenden Organisationen. Fouad Ibrahimi schreibt: »Traditionelle Stammeskonferenzen würden zudem die Arbeit vieler Organisationen und Personen überflüssig machen, die jetzt vor Ort agieren. Man darf nicht übersehen, dass die Entwicklungshilfe auch ein bedeutsamer Arbeitsmarkt für die reichen Länder ist, so dass man inzwischen von einer Aid Industry spricht.«

Auch die organisierten Freiheitskämpfer würden solche Stammeskonferenzen zum gegenwärtigen Moment nicht geeignet finden. Sie befürchten eine Verwässerung ihres Grundanliegens. Ihr Ziel ist nicht eine räumlich begrenzte Deeskalation der Gewalt, sondern eine Lösung für ein altes Syndrom, das aus der zentralperipheren politischen Situation erwachsen ist. Ihre Argumente sind berechtigt. Aber sie würden nur noch Gewalt generieren.

III. Die größten Katastrophen gehen vorüber, ohne dass wir – wir?, ich meine: die humanitäre Gemeinschaft und die Gemeinde der GOs und NGOs – eingegriffen oder etwas getan haben. Weder beim Holocaust noch beim armenischen Völkermord noch bei den Liquidierungen der Kulaken im Sowjetreich haben sich Humanitäre mit Ruhm begossen. Im Gegenteil, das Internationale Komitee des Roten Kreuzes, eine der ehrbarsten und vornehmsten traditionellen Hilfsorganisationen, hat beim Holocaust so furchtbar versagt, dass die Genfer Zentrale dieses Kapitel am liebsten aus ihrer ruhmreichen Geschichte ausmerzen und ungeschehen machen möchte.

Aber die Serie der furchtbarsten Verbrechen und Massenmorde geht weiter. Wo war die Hilfsgemeinschaft, als die Clique der Roten Khmer, angestachelt von einem Massenmörder namens Pol Pot, 1,5 Millionen Menschen des eigenen Volkes umbrachte, handgreiflich oder durch Arbeit? Wo war die humanitäre Gemeinde, als der

Völkermord in Ruanda ausbrach nach dem 6. April 1994? Ich kann es sagen: Sie suchte ganz schnell ihr Heil in der Flucht.

Die Möglichkeiten der humanitären Hilfe sind bedingt durch die Herkunft der Helfer. Die Sozial- und Rechts-Staaten, aus denen die Mehrzahl der Helfer kommt, haben bestimmte Risiko-und Sicherheitsstandards ausgemacht, nach denen Risiken durch viel Geld zugedeckt werden. Das führt zu immer größerer Wehleidigkeit und Schwerfälligkeit. Die Zeiten, in denen die Greenpeace-Schiffe und -Kämpfer auf Schornsteine stiegen und U-Boote rammten, sind ja auch vorbei. Wir sind bequemer geworden. Das wäre eine Feststellung zu der Frage: Welche Grenzen hat das humanitäre Engagement?

Was sind die Gründe für zu enge Grenzen der humanitären Einsatzbereitschaft?

Es gibt ein ziemliches Durcheinander der verschiedenen Zuordnungen. Wenn eine große Katastrophe uns überfällt wie der Dieb in der Nacht, ist nicht etwa der Weltzuständige für Katastrophen oder für Vertriebene und Flüchtlinge zur Stelle, sondern – seit neuestem – das logistisch bis an die Zähne ausgerüstete Militär. Dass das nicht gerade mit der immer noch guten und einzig gültigen Genfer Konvention vereinbar ist, leuchtet ein. In Mazedonien gab es noch exkulpierende Statements, die Militärs würden das nur – wie man auch theologisch sagt – stellvertretend übernehmen, weil sie zufällig noch nicht so weit wären. Also bauten die Militärs Lager auf, die eigentlich vom Hohen Kommissar für Flüchtlinge der UNO (UNHCR) aufgebaut werden müssten.

In Sumatra/Aceh war das Feld nun schon fast ganz erobert von Militärs aus aller Herren Länder. Die Australier, die Singapurer, die Malaysier, die deutsche Bundeswehr, die US-Amerikaner als Monoweltsupermacht natürlich nicht faul, schickten ihren Flugzeugträger »Abraham Lincoln« dorthin, dessen Flugzeuge warfen über den Köpfen der Menschen Nahrungsmittel ab. Niemand hat mehr protestiert oder Bedenken geäußert. Es ist so, wie es ist.

Man ist nicht zufrieden mit den Armeen, weil das mit humanitärer Hilfe nicht eigentlich zusammenfällt. Man ist auch nicht mehr zufrieden mit den UNO-Agenturen. Selbst der Staatsekretär im Bundesministerium für wirtschaftliche Zusammenarbeit, Erich Stather, wollte mir nicht verschweigen, wie entsetzt er über die Lager des UNHCR im Ost-Tschad sei. Diese zehn Lager, von denen lange Zeit nur neun arbeiteten, seien so perfekt, dass man an eine Rückkehr der Menschen in den Sudan nicht mehr denken könnte.

Also, wir haben die Armeen, dann die UNO, die aber noch lange nicht da ist, wenn sie zur Koordinationsinstanz ausgerufen wird. Dann kommen drei Kategorien von Government Organizations (GO) und Non Government Organizations (NGO). Es gibt dabei einmal die klassischen Regierungsorganisationen »Gesellschaft für Technische Zusammenarbeit« (GTZ) und Technisches Hilfswerk (THW); dann gibt es unter den Nicht-Regierungsorganisationen mittlerweile GNGOs (= Governmental Non-Governmental Agencies) oder Quangos (= Quasi Non-Governmental Agencies) und reine NGOs.

Die Inkompetenz der Koordination führt dazu, dass man seit Jahren Koordination und *lead agency* missversteht als die Gängelung der Organisationen am Hauptort des Geschehens durch Meetings der kuriosesten Art. Der Koordinator muss eigentlich ständig unterwegs sein und die Arbeit verteilen. Weil es den Koordinator aber nicht gibt, haben wir jetzt dieses Problem: Alle Organisationen sitzen festgemauert im Hauptort, der im äußersten Norden liegt und blockieren sich gegenseitig. Dabei gibt es Hunderte von Dörfern, die händeringend auf eine Organisation warten, die mit der Bevölkerung die Arbeit macht. Ich habe Dörfer erlebt, wo Organisationen vorbeifahren und irgendwelchen Schrott abladen. Und dann schreit man, das, was abgeladen wird, muss koordiniert werden. Mumpitz – es müssen die Organisationen auf die Dörfer. In den Dörfern spielt sich das große Leben der Gesellschaften Süd-Ostasiens und Afrikas ab.

Das größte Problem und die größte Herausforderung wird die

Völkerwanderung werden, die aus Afrika an unsere Wohlstandsküsten schwappt. Die Geschichte des missglückten Unternehmens eines Schiffes vor dem Hafen von Porto Empedocles im Sommer 2004 ist beispielhaft für die Grenzen eines humanitären Engagements, dessen Möglichkeiten noch nicht ausgeschöpft sind. Die Grundvoraussetzung ist so alarmierend, dass die Politik in Brüssel, in Paris, in Rom, in Madrid, in Lissabon, in Berlin sie noch gar nicht ins Visier genommen hat. Vielleicht hat der sehr geltungssüchtige deutsche Innenminister gesehen, dass da auf Europa etwas zukommt, das man nicht einfach nur geschehen lassen kann. Weshalb sich ja eine so beherzte und kluge Anwältin von Flüchtlingen und Ausländern wie Barbara John auf seine Seite gestellt hat. Es gibt für Afrika überhaupt keine statistischen Daten, die vernünftig hier in unsere Debatte eingeführt werden können. Es gibt die alarmistische Äußerung von Prof. Klaus Töpfer, der davon spricht: 18 Millionen Menschen sind in Afrika als Vertriebene oder Flüchtlinge unterwegs, um ein sicheres Gestade zu erreichen. Ob Professor Töpfer irgendeinen statistischen oder hochgerechneten Anhalt für diese Zahl hat, wissen wir nicht. Interessanter aber ist, dass niemand diese Zahl in Frage stellen will oder kann. Einmal, weil es keine andere gibt, zum anderen, weil alle von der alarmierenden Dimension des auf uns zu kommenden Problems wissen. Wir ahnen nur auf Grund der Zahlen, die über den UNHCR schon bekannt sind, wie dringlich das Problem ist, das die land- und arbeitslosen, perspektiv- und mittellosen afrikanischen Flüchtlingsmassen darstellen.

Fast fünf Millionen Flüchtlinge zählte der UNHCR in Afrika schon 1990. Es wurden gezählt 676 000 aus Ruanda in der Demokratischen Republik Kongo, 664 000 aus Liberia in Guinea, 499 000 in Tansania, davon 385 000 aus Burundi, im Sudan sind es 394 000 Flüchtlinge, davon 328 000 aus Eritrea. 391 000 Flüchtlinge sind es in Äthiopien, davon 288 000 aus Somalia, und man zählte 328 000 – davon 327 000 aus Liberia – in der Elfenbeinküste.

Wir müssen uns auf einen Menschenstrom einstellen, den ja die

Durchreise-Staaten eben weder kontrollieren noch stoppen noch zurückschicken. Deshalb war die Idee von Einwanderungs- oder Flüchtlingszentren in einem Land Nordafrikas natürlich nicht ganz falsch. Denn sonst ertrinken noch mehr Menschen unter unserer durch den Zufall einer Meldung oder Bilder aufgekratzten Aufmerksamkeit.

Weshalb konnte das Schiff »Cap Anamur« nicht eine Phase der Rettung und damit der Lösung des Problems beginnen? Der Vorsitzende Elias Bierdel hatte an ein Remake der Operationen des legendären Schiffes gedacht. Damals gab es im Südchinesischen Meer ein humanitäres Problem, für dessen Lösung es auch schon Zusagen von europäischer und von deutscher Seite gab, wo man eine Öffentlichkeit mittelfristig gewinnen konnte, die Sympathie und Mitleid für das Elend dieser Menschen entfaltete. Es gab auch die begründete Erwartung, dass sich dieses regionale Problem irgendwann erledigen würde. Und siehe da, in den Jahren 1986 und 1987 wurde der Strom der Flüchtlinge, die Vietnam auf diese halsbrecherische Weise verließen, zu einem Rinnsaal und versiegte schließlich vollkommen.

Es war die Zeit des Kalten Krieges, man durfte mit dem Bonus rechnen, dass das immerhin Flüchtlinge aus der richtigen Richtung und in die richtige Richtung waren. Jetzt ist nicht nur der Kalte Krieg vorbei, sondern dieses Europa hat natürlich keine Neigung, Menschen vielfältiger und diffuser Herkunft einfach nur zum Durchfüttern und auf der Suche nach Arbeitsplätzen aufzunehmen. Zumal sich eben jetzt in diesen Jahren und Monaten gebieterisch zeigt, wie vergeblich die Anstrengungen gewesen sind, die ganz offenbar eine falsch beratene Entwicklungspolitik in den Staaten Afrikas unternommen hat. Außer Süd-Afrika als dem Land, in dem es eine kräftige nationale Wirtschaft mit entsprechend international beachtlichem output (noch?) gibt, dürfen allenfalls die Staaten des Maghreb noch als Faktoren internationaler Politik und Wirtschaft gelten. Fast alle Staaten der Subsahara und der Zonen dazwischen (wir sprechen dabei von beiläufig an die 40 souveränen

Staaten) dürfen mittlerweile in den Kategorien der *failed* und der *almost failed states* gehandelt werden.

Im Sinne der humanitären Unbedingtheit war es natürlich die Verpflichtung des von der Organisation CAP ANAMUR gekauften Schiffes, die 37 Afrikaner aufzunehmen, als man sie nach einer Reparatur des Schiffes vor Malta in internationalen Gewässern entdeckte. Doch war diese Operation mit niemandem vorbereitet. Und da immer noch in der internationalen Politik wie auf dem Meer die nationale Flagge eines Schiffes alles gilt, hätte eine gut vorbereitete Aktion zumindest Vorkehrungen und verhandelte Szenarien mit der eigenen deutschen Regierung wie mit den Anrainer-Staaten Italien und Spanien und Griechenland und Malta vorsehen müssen. Das Schiff setzte darauf, das Problem des geschlossenen und abgeschirmten Europa politisch mit einer gewissen gewaltlosen Gewalt zu lösen. Durch das Ziel, unbedingt in einen Hafen Italiens diese 37 Menschen zu bringen, die sowieso schon zu lange an Bord waren, hatte man die Möglichkeit verspielt, ein Schiff im Auftrag einer nationalen Regierung wie auch der EU dort vorsichtig operieren zu lassen. Die aufgenommenen Flüchtlinge hätten dann je nachdem einmal in einem Hafen der nordafrikanischen Staaten, das andere Mal in Lampedusa und in Malta und in Hafenstädten Italiens und Spaniens angelandet werden müssen.

Die Frage einer Koordination durch Brüssel fällt durch alle Löcher und Netze: Einmal ist das alles noch nicht die Aufgabe der Europäischen Kommission in Brüssel. Es kann aber auf Dauer auch nicht nur die Aufgabe der zufälligen Geografie sein. Das heißt der Länder, die gegenüber der Küste Nordafrikas liegen: Italien, Spanien, Griechenland. Es gibt noch zwei harte Möglichkeiten, die beide bürokratisch und politisch und auch von der politischen Korrektheit nicht gut angesehen sind. Einmal müsste die europäische Politik der Kooperation, für die man früher die Worte Entwicklungshilfe und Entwicklungspolitik benutzte, ganz neu konzipiert werden. Die Staaten Europas müssten sich in einem Gewaltakt der Politik von der bisherigen Vorstellung, dass sie überall ihre Interessen ein wenig vertreten, verabschieden und sich auf ein oder zwei Länder Afrikas regelrecht konzentrieren. Für die deutsche Kameralistik und die hypertrophen Stellenpyramiden des Bundesministeriums für wirtschaftliche Zusammenarbeit und der Gesellschaft für Technische Zusammenarbeit/Deutscher Entwicklungsdienst wäre das verhängnisvoll und würde ganz harte Einschnitte bedeuten. Nur: Man wird das alles so nicht lassen dürfen. Deutschland könnte mit einem Land wie Äthiopien sehr gute Beziehungen haben. Vielleicht noch mit einem zweiten.

IV. Wir müssen uns fragen, was kann humanitäres Engagement sein? In welchem Auftrag kann es stattfinden, um danach die Chancen und Horizonte dieser Arbeit abzuschreiten. Ich kenne aus unserer politischen Erfahrung zwei sehr verschiedene Formen humanitären Engagements, die ich gegeneinander abgrenzen will.

Es gibt die gesellschaftliche freie Arbeit von so genannten Nicht-Regierungs-Organisationen, die von den milden Gaben und den Geldern aus der Bevölkerung leben. Diese Organisationen müssen sich an nichts halten, an was Staaten, Botschaften und Regierungen gebunden sind. Es gibt auf der anderen Seite die staatliche Aktivität. Die kommt besonders zum Tragen bei Naturkatastrophen, wenn ganze Landstriche zusammenbrechen, in sich zusammenfallen oder überschwemmt werden. Das ist dann die Stunde der Regierungsaktivitäten.

Diese Form humanitärer Arbeit, die in verbotene und unerlaubte Gebiete und Situationen hineinspringt, kann nur aus freien demokratischen Ländern heraus gelingen, aus Ländern, in denen die Demokratie eine Art Gleichgewicht geschaffen hat zwischen dem Staat und der freien Gesellschaft. Als die »Cap Anamur« – wie die Ministerpräsidenten der deutschen Länder Anfang 1982 meinten, zu viel Menschen gerettet hatte, trafen sich die SPD-Ministerpräsidenten mit dem Kanzler Helmut Schmidt. Sie baten ihn, das Unternehmen Cap Anamur/Deutsche Not-Ärzte zu verbieten. Helmut Schmidt gab seinen Ministerpräsidenten ein unnachahmlich gutes Kolleg: »Ich kann das gar nicht verbieten, in dem Unternehmen steckt keine müde Mark der Bundesrepublik, sondern nur das stolze Geld von stolzen Bürgern meines Landes. Und über diese Art von Unabhängigkeit kann keine Regierung verfügen.«

Eine Aktivität wie die auf dem südchinesischen Meer kann schlechterdings keine Regierung unternehmen. Einmal weil sie sich nicht operational in internationalen Gewässern bewegen wird. Zum anderen weil sie kein Interesse hat, Menschen in großer Zahl zu retten. Das klingt herb, ist aber die große Chance in freien, demokratischen Ländern, solche Aktionen durch Bürgerinitiativen zu bewegen.

V. Regierungen können sich in solchen Gebieten von Grauzonen nicht bewegen. Wo aber Menschen in Not sind, müssen sich Nicht-Regierungsorganisationen überlegen, auf welchen geheimen Schleichwegen, durch welche Hintertüren man zu den Habenichtsen kommen kann. Nach völkerrechtlichem Menschenrecht-Gewohnheitsrecht ist dieser Weg auch schon auf dem Wege, akzeptiert zu werden. Es sei wichtiger, Menschen vor Tod und Mord zu bewahren, auch dann, wenn man dazu die unkonventionellen Wege am Rande oder am Ende der legalen Welt beanspruchen müsse.

Die humanitäre Arbeit erfolgt im Rahmen der alten Souveränität und der völkerrechtlich akzeptierten heiligen Grenzen und der Unbedingtheit, Menschen vor dem Verhungern oder Sterben zu bewahren. Um dieser Unbedingtheit willen gibt es neue Formen von Organisationen und verschworene Arbeitsgruppen, die bereit sind, das Odium der Illegalität und der illegalen Arbeit auf sich zu nehmen. Die wichtige, heute immer schwerer durchzuhaltende Bedingung dafür, an die Ränder der Legalität zu stoßen und sie manchmal zu überschreiten, ist: Man darf diese Form der Arbeit nur mit privaten und gesellschaftlichen, nicht mit staatlichen Geldern tun.

Im Jahre 1997 war ich das erste Mal von dem sudanesischen Bischof Msgr. Macram Max Gassis (aus der Welt flächengrößter

Diözese in El Obeid) aufgefordert worden, mitzufliegen in den Sudan, in die im Zentrum des Sudan gelegenen Nuba-Berge. Ich machte nicht viele Widerworte. Es klappte, wir flogen los. Mit einer klapprigen DC 4, die wohl an die 40 Jahre auf dem Buckel hatte. Wir flogen los, dreieinhalb Stunden braucht man von Lokichokio. Unterwegs lief aus dem Motor Schmieröl aus. Der Bischof wurde kreidebleich. Wir mussten irgendwo im Süd-Sudan notlanden. Wir wussten aber nicht, ob wir in Regierungs- oder SPLA-Land herunterkamen. Wären wir in einer Regierungsgarnisonsstadt gelandet, hätte die Regierung den Triumph der Festnahme von mehreren hochwichtigen Verletzern der Souveränität des Landes gehabt. Darunter den verhassten Erzbischof von El Obeid. Wir waren aber in der richtigen Gegend heruntergekommen, die Menschen auch auf Seiten der Befreiungsfront SPLM. Danach ging es weiter bis an den Fuß der Nuba-Berge und dann folgten noch drei Tage Fußmarsch. Später mussten wir für 4 Tonnen Medikamente und Verbandsstoffe 310 Frauen haben, die uns das gesamte Gepäck (in 15 Kilodosen: Medikamente, Ausrüstung, Nahrungsmittel, Heilnahrung) auf dem Kopf bis zum Hospital trugen. Dort richteten wir in den nächsten vier Jahren ein einfaches aber funktionstüchtiges Busch-Hospital ein, das zur Tarnung in den Felsen hineingehauen war.

Ende 1999 waren wir erneut unterwegs. Dieses Mal mit den beiden Politikern, denen ich ein großes Lob zollen muss, weil sie etwas taten, was auf der Welt und in der Kameralistik der Bundesrepublik kühn und unbeirrbar mutig war: Sie wollten den Schritt in die illegale Arbeit der Not-Ärzte in den Nuba-Bergen einfach mal mitmachen. Aus meinem Tagebuch vom 14. Dezember 1999, als wir in Nairobi ankamen. Am 13. Dezember will ich den beiden Politikern die Gewißheit geben: Wir kommen durch. Da steht zu allem Unglück der deutsche Botschafter am Flughafen in Nairobi. »Ich bin der neue deutsche Botschafter hier und habe noch ein paar Fragen, Herr Neudeck. Können wir uns hier sprechen?«

Wir verabreden uns in dem kleinen Parklands Sports Club Hotel, das auch einigermaßen billig ist. In der Bar findet sich der deutsche Botschafter ein. Er ist ganz neu: Jürgen Werth. Er möchte vermeiden, wie er uns sagt, dass die Reise der beiden prominenten Politiker Heiner Geissler und Norbert Blüm auch ihm zum Verhängnis wird. Er bemüht den Vergleich mit dem griechischen Botschafter, der von der Regierung Kenias ausgewiesen worden sei, wegen der Entführung des PKK-Chefs Apo Öcalan aus Nairobi. Er habe sogar überlegt, ob er die Reise der beiden deutschen Top-Politiker der Regierung Kenias melden müsse. Er habe sich schlau gemacht über den Süd-Sudan und die Nuba-Berge. Er könne nur warnen. Die Flüge dorthin seien nicht mit der Regierung in Khartoum abgesprochen – wie das die UNO regelmäßig mit ihren Flügen im Süd-Sudan mache. Es seien eben auch diese Flüge nicht innerhalb der »Operation Lifeline Sudan« der UNO: Für mich sind das olle Kamellen. Für Geissler zumal, aber auch für Blüm sind das klare Drohpotenziale.

Da kommt der ehemalige Ministerkollege Prof. Klaus Töpfer, der in Nairobi seit einigen Jahren Chef des UNO-Umweltprogramms UNEP ist. Er hört sich das Hin und Her zwischen dem Botschafter und dem einigermaßen beeindruckten Geissler und dem wenig zu beeindruckenden Norbert Blüm an. Dann sagt er: »Herr Botschafter, ich kenne diese beiden Halunken aus Bonner Tagen. Und wenn sie jetzt weiter diese Bedenklichkeitsreden halten, bringen sie das fertig und gehen nicht nur einmal, sondern sie gehen zweimal in die Nuba-Berge. Nur um Sie zu ärgern!« Ein fröhliches Gelächter rettet die Stimmung. Wir trinken noch einiges, verbringen die letzte Nacht vor den Nuba-Bergen in richtigen Betten, nicht im Schlafsack.[1] Am nächsten Morgen steht die Andover, die Kevin Ashley uns vorbereitet und reserviert hat, schon auf dem Flugfeld des UNO-Flughafens in Lokichokio, einen Kilometer vor der sudanesischen Grenze.

VI. Im ersten Tschetschenien-Krieg war noch etwas für uns zu tun. Im März 1995 waren wir drauf und dran, uns dort einzumischen. Die NGOs, die bezahlt und registriert sind von der UNO, können in Grozny, der Hauptstadt von Tschetschenien, und auch in Nasran, der Hauptstadt der Nachbarrepublik Inguschetien, nichts tun. Von Zeit zu Zeit darf man mal unter Bewachung in die gefährliche Zone. Hilfsorganisationen kommen dann mit dem verhassten Militär nach Grozny und denken sich nichts dabei. Als der Tschetschenien-Konflikt ausbrach, gab es noch eine gehörige deutsche Anteilnahme. Die Grünen, damals noch nicht in der Regierung, veranstalteten eine Demonstration vor der russischen Botschaft in der Wallstraße in Bad Godesberg. Das wäre ja heute ganz undenkbar, sowohl im Stil wie in der Sache.

Wir bekamen die Auskunft: Moskau wünsche das nicht, die Moskauer Regierung sei misstrauisch gegenüber der NGO-Kultur. Das Auswärtige Amt erkundigte sich: Allenfalls dürfe man Hilfsgüter dorthin bringen, sie dort in Mosdok lagern und übergeben. Wir wussten damals noch nicht, dass das der Sitz der Russischen Armee ist, dass wir also die Hilfsgüter stracks an die Russische Armee geben sollten. Doch hatten wir mit Hilfe von Lew Kopelew den Deutsch sprechenden Vertreter von Respublika Ingushetia in Moskau gesprochen, der uns wiederum ein Fax in die Hand gegeben hat, dass unsere Hilfe willkommen sei! Dann haben wir ein Flugzeug, eine Iljushin 76 mit 40 Tonnen Ladung gemietet und sind von Maastricht losgeflogen. Am Tage des Abflugs selbst haben wir sowohl die deutsche Botschaft in Moskau wie die russische Botschaft in Bonn informiert. Blankes Entsetzen in Moskau bei einem Botschaftsattaché: Wir würden abgeschossen, wenn wir uns Mineralni Vody näherten. Wir dürften auch vor sieben Uhr morgens nach NATO-Informationen dort nicht landen. Alles das stimmte nicht. Und das scheint mir ein Gesetz der humanitären Einsätze überall zu sein: Man kann Situationen nicht vorwegnehmen. Es kommt immer ein gehöriges Stück Unbekanntes und Überraschendes dazu.

Wir begannen mit der Versorgung kleinerer Flüchtlingslager bis zu 500 Personen mit Medikamenten, Nahrung, Kleidung, Matratzen, Betten. Hinzu kamen acht Krankenhäuser und Psychiatrie-

Hospitäler in Inguschetien, und insgesamt 46 Kliniken in Tschetschenien wurden zum Teil regelmäßig mit Verbandsmaterialien, Medikamenten und Medizintechnik von unserer Organisation versorgt (das war Cap Anamur zusammen mit der tschechischen Organisation People in Need). Da heute ein so grässliches Bild von den tschetschenischen Banditen von Moskau in die Welt gesetzt wird: Wir hatten ganz andere Erlebnisse. Unser Teamleiter erzählte: »Im Juni 1995 wurde dem Krankenhaus in Samaschki ein 16-kw-Generator bereitgestellt. Ich hatte Mitja 400 DM gegeben, damit er das dafür notwendige Häuschen bauen konnte. Nach vier Tagen hatte er das Material besorgt und nach sechs Tagen war das Haus fertig. Mitja gab mir die 400 DM zurück, das Material hatte er ohne Bezahlung bekommen.« So einer war Mitja. Dann wurde er durch den Kopfschuss eines Scharfschützen getötet. Selten haben wir in der humanitären Gemeinde so um einen Menschen getrauert. Man braucht solche Mitarbeiter wie Boris Wiechmann, der damals auf die Frage, ob er denn nach 1995 nicht Angst gehabt hätte in Tschetschenien: »Warum fragt man uns Deutsche? Weil zu wenige fragen, ob die tschetschenischen Kinder nicht Angst haben, war der Krieg in dieser Weise möglich. Die Freunde des russischen Präsidenten hätte ich gern mal in der Nähe von Samaschki eine Woche lang untergebracht.«

Es gab Dinge, die zu machen waren, solange es im ersten Krieg noch eine gewisse Kontrolle der russischen Armee gab. Am 19. Juni 1997 wurde das Kinderkrankenhaus in Grozny, im Zentrum am Minutka Platz eröffnet. Das tschetschenische Parlament – das es damals noch gab – beschloss einstimmig, dem Krankenhaus den Namen des russischen Menschenrechtlers Sergej Kowaljow zu geben.

Zu den Fragen der Grenzen und Möglichkeiten: Die Mehrzahl der ausgebildeten Helfer wird in so eine Welt nicht hineingehen. Die Mehrzahl der Helfer macht keine Arbeit, wenn sie nicht einen gewissen Komfort und einen gewissen Freizeitwert der Gegend und der Situation erwarten kann.

VII. Wir sind in die Epoche der QUANGOs eingetreten – und haben unseren Schneid für das Linsengericht von Budgets verkauft. Wir haben die gute Gegenüberstellung von staatlicher und nicht staatlicher Hilfe widerstandslos aufgegeben. Wir hören, der EU-Vertrag über die Wasserpumpen in Zimbabwe ist unterschrieben. Diese EU-Verträge führen dazu, dass Organisationen schon lange nicht mehr das sind, unter dessen ehrwürdigem Titel sie auftauchen. Ein EU-Vertrag besagt: Eine Organisation muss ein Büro in Brüssel haben und seitenlange Anträge stellen und gleichzeitig registriert sein unter den Organisationen, die würdig sind, solche Gelder zu bekommen. Diese Bürokratie sieht Verträge vor, bei denen nicht nur eine Projektsumme gegeben wird, die auch alle Gehälter in dem Rahmen des Projektes vorsieht. Der EU-Vertrag gibt auch 7 Prozent der Projektsumme der betreffenden Organisation zur freien Verfügung für die Organisation. Von daher nähern sich die NGOs langsam und sicher den Gehalt- und Honorarstandards der Consultants.

Der Einzige, der auf dieses vergleichsweise hässliche Problem hingewiesen hat, ist der Doyen der entwicklungspolitischen Forschung in der Bundesrepublik, Prof. Franz Nuscheler. In der letzten Auflage seines Buches ›Entwicklungspolitik‹ hat Nuscheler es noch einmal sehr dramatisch gesagt: »Die Vielzahl von NGOs, die sich seit den 1980er Jahren weltweit geradezu inflationär vermehrten, täuscht über Oligarchisierungstendenzen in der ›NGO-Szene‹ hinweg. Nur wenige können sich größere Mitarbeiterstäbe, eine professionelle Öffentlichkeits- und Lobbyarbeit und den teuren Konferenztourismus leisten. Aber diese wenigen ›Großen‹ – wie Greenpeace oder BUND, Amnesty International oder die kirchlichen Hilfswerke – prägen ihr Image und haben privilegierte Zugänge zu den Vorhöfen der Macht. Das zivilgesellschaftliche Engagement artikuliert sich eher in kleineren und basisnäheren Organisationen, die nur durch freiwillige Arbeit überleben können. Hier findet statt, was Jürgen Habermas als Wesenskern von Zivilgesellschaft versteht, nämlich die autonome, selbstorganisierte, häufig spontane Assoziation von Bürgern zur Erreichung nicht-profitorientierter Ziele.«[2]

VIII. Die »terms of relief« stimmen nicht mehr. Die Weltkatastrophe brachte es an den Tag. Die zivilen Hilfskräfte sind in der Regel den Militärs unterlegen. Das stimmt aber nur für das Materielle und die Logistik. Ein Flugzeugträger vom Typ »Abraham Lincoln« bringt natürlich ein halbes gut entwickeltes und sortiertes Land an die Küste von Sumatra. Es kamen dann auch für den ersten humanitären Blick erschreckend viele Regierungen auf die Idee, ihre Armeen einzubringen in den Wettlauf, wer ist der Erste und wer ist der Größte und Kräftigste unter denen, die da vor Ort auftauchen. Ich besinne mich, dass ich am 10. Januar 2005 die Ankunft der Bundeswehr erlebte, die mit einer großen Antonow auf den viel zu kleinen Flughafen von Medan herunterröhrte.

Es waren dort die Singapurer Piloten mit ihren Hubschraubern, es waren dort die Australier, es kamen dann noch die Japaner, so dass man Verständnis haben konnte für Indonesien, dass es den Aufenthalt dieser Soldaten und fremden Armeen begrenzen wollte. Es zeigte sich auch die notorische Schwäche der zivilen Welthilfskräfte. Die UNO-Agenturen, mit UNHCR und UNICEF an der Spitze, haben eigentlich keine wirkliche Kompetenz und schon gar nicht die logistische Kraft, sich an die Spitze der Hilfskräfte zu stellen und die Richtung vorzugeben. In Sumatra waren es wie auch in Sri Lanka und Indien die militärischen Kapazitäten, die sich besonders zu Beginn bewährten.

Das war schon in Mazedonien 1999 erkennbar. Die UNO-Agenturen sind auch auf plötzliche Katastrophen nicht vorbereitet. Die Urlaubsregelungen sind im Zweifelsfall wichtiger und fundamentaler als eine plötzlich zur Unzeit ausbrechende Katastrophe. Ostern war nun mal in den Urlaubsregelungen der UNO nicht mehr zurückzunehmen. Mazedonien wurde zum Menetekel der UNO-Töchter. Das Schlimme daran: Sie haben sich durch das Versagen in keiner Weise aufregen oder beschämen lassen. Sie haben auch keine Corporate Identity. Im Niemandsland des Grenzbereichs entstand ein Behelfslager, in dem Zehntausende von Flüchtlingen über eine Woche lang ausharren mussten, ohne auch nur mit dem Allernötigsten versorgt zu werden. Es waren erst 45 000, dann 55 000, am Ende wohl 65 000 Menschen. Viele von ihnen, niemand weiß wie viele, sind in dieser Hölle umgekommen. In der nicht nur die Humanität, sondern auch die humanitäre Hilfe ausblieb. Während diese Menschen in der Kälte der Nacht und der Hitze des Tages auf freiem Feld campieren mussten, weilten die UN-Helfer in dem Hotel Aleksandar Palace zu vornehmen, tagelangen Verhandlungen mit der mazedonischen Regierung.

Am 21. März hatte ich von unserem Außenminister bereits ein Deutsches Humanitäres Haus in Skopje gefordert. Vielleicht hatte Slobodan Milosevic sogar einkalkuliert, dass Europa in den Tagen von Gründonnerstag (1. April 1999) bis Dienstag nach Ostern (6. April 1999) gelähmt war, die Staats- und Administrationsapparate in die Osterferien abgerauscht sein würden. Ab dem Nachmittag des 1. April war niemand mehr zu erreichen.

Die Möglichkeiten der humanitären Hilfe werden immer mehr in der größeren Koordination und der Zusammenballung der Organisationen in der Hauptstadt gesehen. Dass die Bedürftigen und die Betroffenen in aller Regel vor den Toren der Hauptstadt verhungern und erfrieren, das interessiert die Koordinatoren nicht. Am 21. März 1999 hatte ich voller Verzweifelung den Außenminister gebeten, er möge doch ganz schnell ein Büro für humanitäre Hilfe einrichten, wie wir das im Bosnienkrieg in Zagreb gehabt haben. Dieses Büro kann mit dem diplomatischen Gütesiegel und Pass eben Türen für Organisationen öffnen, die den Helfern sonst verschlossen sind. Am 1. April schrieb Bundesaußenminister Joschka Fischer einen Brief, der vier Tage später bei uns eintraf. Der 1. April 1999 war Gründonnerstag. Die serbische Seite hatte die Eisenbahn wieder in Gang gebracht, jedenfalls spuckte der Zug wieder Tausende von Kosovaren, oder wenn man so will Albaner in die Wiesen von Blace, die dort nicht herausdurften. Einer meiner Mitarbeiter sagte damals: »Das ist ja schlimmer als in Schindlers Liste.« Er sah nämlich, wie den Menschen alles abgenommen wurde, alles Gepäck. Es wurde ihnen gesagt, dass sie das wiederbekommen würden. Als ich den Brief öffnete, hatten wir wieder mit einem VW-Bus Brot und Milch über die Schlamm-Urin-Piste zum Lager in Blace zu den im Dreck liegenden, frierenden Menschen gebracht. Es war ein schreckliches Elend. Mitleid auf Seiten der mazedonischen Behörden: Null. Nur einige Soldaten erlaubten uns immer gleich den Zugang. Manche Polizisten aber schlugen unbarmherzig mit ihren Knüppeln, wenn sich Flüchtlinge zu nahe der Markierung bewegten.

Der deutsche Außenminister schrieb: »Mein Haus hat in enger Kooperation mit unseren Botschaftern in Skopje und Tirana bereits die notwendigen Schritte für die rasche Errichtung der beiden Büros eingeleitet.«

Jeden Tag nach Ostern trafen sich Vertreter der Organisationen im vornehmen Aleksandar Palace Hotel. Neben uns von Cap Anamur waren es noch die lokale islamisch-albanische Hilfsorganisation El Hillal und einige Ärzte von Médecins du Monde, die sich nicht an ein vermeintliches oder wirkliches Verbot hielten. Es kam zu einer denkwürdigen Szene. Als wir am 9. April, als schon Verhandlungen im Gange waren, dass die Flüchtlinge zu Teilen in Lager, zu anderen Teilen nach Albanien abgeschoben und auch nach Deutschland geschickt werden sollten, wieder mit der Arbeit in den nach Urin stinkenden Wiesen von Blace begannen, kam der UNHCR-Mitarbeiter Ivan Sturm auf Nedim Goletic, den Mitarbeiter von Cap Anamur, zu und sagte ihm: »Sie sollen sofort mit der Brotverteilung aufhören.« Auf die Frage, warum er das tun solle, sagte Ivan Sturm, man habe in tagelangen Verhandlungen erreicht, dass von der mazedonischen Regierung der Zugang zu der Wiese erlaubt wurde. Aber eben nur für diejenigen, die an diesen vornehmen Verhandlungen teilgenommen hätten.

Das sind die Situationen, in denen sich entscheidet, was humanitäre Hilfe kann, welche Möglichkeiten sie hat. Dringend wurde ein großes Lager gebraucht. Da der UNHCR sich außerstande erklärte, in großer Eile Lager aufzubauen, war es die Stunde der Armeen: Die deutsche Bundeswehr baute gleichermaßen ein Lager auf wie die Briten und die Kanadier. Das war ein Armutszeugnis für den Flüchtlingskommissar der UNO. Als die ersten Busse aus den Lagern in den Wiesen von Blace abfuhren, waren es mindestens 20, die an Skopje vorbeifuhren und nach Albanien weiter transferiert wurden. Das war zwar völkerrechtlich nicht in Ordnung, klappte aber.

Die gesamte Arbeit in und um Kukes wurde vom UNHCR nicht gemacht, sondern koordiniert. Es gibt nichts Gutes außer man koordiniert es. Das war der Spruch, den ich mir gemerkt habe. Die Arbeit bestand in andauernden Seminaren, Kursen, Konferenzen, Schaltkonferenzen. In dieser Zeit befand sich die Mehrzahl der Helfer in Hotels und Quartieren in Kukes, die Flüchtlinge kampierten in Zeltlagern, in denen es nachts nicht nur wegen der Temperatur ungemütlich werden konnte, sondern auch, weil sie gefährdet waren durch Räuber, Diebe, Wegelagerer. Wir haben uns damals entschlossen, diese Flüchtlinge nicht einmal 24 Stunden allein zu lassen. Wir haben immer in diesem Lager gewohnt.

Humanitäre Hilfe ist nicht mehr wie in der Zeit, als wir anfingen (vor 25 Jahren), als eine klare Gegenüberstellung von staatlicher und UNO-Hilfe einerseits und von privaten Agenturen andererseits herrschte. Und der einzige Auftrag für die Regierungen und Botschaften bestand darin, den wirklichen NGOs die entsprechenden *terms of relief* herauszuhauen. Der UNHCR, der Zuständige für die Flüchtlinge auf der Welt, hat sich in seiner Seele auch verändert. Er hat gar keine Berührung mehr mit den Flüchtlingen. Er lässt die kleinen Organisationen, mit denen er Verträge macht, in den Lagern arbeiten. So haben wir schlechte Zeiten für die humanitäre Hilfe für Flüchtlinge. Es müsste das Staatensystem oder zumindest das europäische verhindern, dass Flüchtlinge andauernd nur in immer dauerhaftere Lager gebracht werden.

IX. Am 13. Mai 1980 waren wir mit fünf LKWs aus Djibuti in Hargeisa eingetroffen. Am Abend waren die LKWs verschwunden und ich dachte, wir würden unsere Organisation gleich beerdigen können. Wir begannen am nächsten Tag mit dem Aufbau von Zelten, die in dem Lager Dam Camp, einem riesengroßen Ogaden-Flüchtlingslager aufgestellt wurden. Wir hatten unserem Gewährsmann geglaubt, die Flüchtlinge strömten nur so in die Nordregion des Landes, das früher British Somaliland hieß. Wie stark Flüchtlinge auch politisch benutzt werden, wurde uns eine Woche später klar. Die somalische Armee fuhr demonstrativ an den Camps mit den Somalia-Ogadenis vorbei, um ihnen ein starkes allsomalisches Regime zu demonstrieren.

Damals gab es noch zwei Leute vom UNHCR, die wirklich mit im Lager waren, die keine Krawatten anhatten, die selbst mit unseren Leuten und den Somalis die Zelte aufbauten. Diese Leute, die noch zu einem letzten Rest an Operationalität bereit sind, hat weder die UNO noch die GTZ. Deshalb ist es auch alles nutzlos weggeworfenes Geld, wenn man 600 GTZ-Consultants mit überzogenen Gehältern in die Tsunami-Katastrophenregion bringt. Die GTZ kann bei einer solchen Ausgangslage nie etwas Vernünftiges machen.

X. Das wichtigste Engagement für die Flüchtlinge besteht immer darin, vom ersten Moment der Versorgung an das Ziel der Rückkehr ganz hochzuhalten. Als wir das Lager in der Nähe der albanischen Stadt Kukes aufgebaut hatten, haben wir an die Turnhallenruine, die markant in der Landschaft prangte, ein riesengroßes 2 x 4 Meter großes Laken aufgehängt. Auf dem Laken hatte meine Tochter in großen Lettern den Satz aufgemalt: »Miro pawshim w Kosoves.« Das hieß auf Deutsch: Auf Wiedersehen im Kosovo.

Als wir das Laken an einem sonnigen Frühlingsnachmittag aufhingen, haben die über 7000 Flüchtlinge stehend Beifall geklatscht. Das war Nahrung für die Seele. Und Flüchtlinge brauchen etwas für ihre verwundete Seele. Das ist das größte Pfund, das man sich bei ihnen erwerben kann, wenn man ihren Willen und den unbedingten Wunsch zurückzukehren immer stärker macht. Wir weigerten uns damals auch, dem Befehl der geballten Koalition von alliierten Armeen und UNHCR und vorgeblich der albanischen Regierung zu folgen, und die Flüchtlinge weiter ins Landesinnere oder an die Küste Albaniens zu verlegen, wozu uns viel Geld und alles mögliche an Logistik versprochen wurde. Dieser Plan war auch ein typischer militärischer Aufmarschplan, der für den Fall des Falles die Flüchtlinge in der Nähe der Grenzen vom Hals haben wollte.

Ich besinne mich noch: Die Flüchtlinge aus dem Kosovo, die wir organisiert hatten mit den Vertretern des hervorragenden Vereins »Nene Tereze« (Mutter Theresa), machten damals eine Unterschriftenaktion. Alle 7000 unterschrieben einen Appell an den deutschen Bundeskanzler: Sie würden hier bleiben wollen, um auf ihre Rückkehr zu warten. Wenn sie aber mit Gewalt ins Innere oder an die Küste Albaniens transferiert würden, dann würden sie nach Deutschland kommen.

Die Kameralistik und das Management der Flüchtlingsorganisationen, zumal der des UNHCR, hat von diesen Fragen keine Ahnung mehr. Das Personal hat sich von solchen Fragen ganz weit entfernt. Wir von der Organisation Cap Anamur haben uns damals nicht eine Nacht aus dem Lager entfernt. Plünderer hatten es auf die Flüchtlinge abgesehen, es gab Überfälle. Die Menschen fühlten sich wohl, solange wir bei ihnen waren. Und das Zusammenleben mit denen, die einem in einer solchen Organisation anvertraut sind, muss unbedingt die für den Flüchtling schwierigste Zeit umfassen, die Nacht.

Zusammen aufzuwachen und Radio zu hören und Teewasser aufzukochen ist gleichermaßen eine wichtige gemeinsame Erfahrung. Das humanitäre Engagement, wie ich es aus den siebziger und achtziger Jahren verstehe, hatte einen Solidaritätsaspekt, der im Zusammenleben und Zusammenarbeiten mit den Menschen mündete. Oft war die Solidarität und das Gewinnen von Vertrauen der Einheimischen der wichtigste Aspekt, den wir neben dem Geld und den materiellen Leistungen bringen konnten.

Die höchstbezahlten Consultants, die für die GTZ in Hilton-ähnlichen Luxus-Wohnquartieren nach deutscher Tarifordnung leben, werden nie das Vertrauen von Menschen auf den Dörfern gewinnen können. Damit haben die vornehmen UNO-Agenturen, auch die Mehrzahl der Organisationen, wenig am Hut. Bei der UNO ist das Bild am klarsten. Sie hat sich unter der Bedingung, dass sie das Geld immer bekommt, eine solche Gehalts- und Prämienstruktur zugelegt, dass Engagement darunter erstickt. Diese Menschen verdienen 12 000 US-Dollar im Monat, das kann in einem Land wie Afghanistan einfach nur der blanke Hohn sein. Der Lehrer, der Medizinprofessor an der Universität verdient dort 40 US-Dollar. Und damit ist er noch ganz glücklich.

Eine solche Organisation baut auf der Konkurrenz zu internationalen Firmen auf, was von vornherein die ganz falsche Einstellung ist. Die Menschen für engagierte Arbeit bekommt man auch mit normalen deutschen Gehältern, sogar mit weniger. Engagement verträgt sich nicht mit hypertrophen Gehältern und Luxus und Urlaubsbedingungen. Die Selbstverständlichkeit, mit der die Stäbe der UNO sich zu den großen Feiertagen einfach an die Urlaubsstrände verabschieden, führt auch zum Abbau der Kompetenz. Sie führt auch dazu, dass die Selbstverständlichkeit zunimmt, mit der die Armeen der westlichen Welt mehr und mehr Aufgaben übernehmen, die früher die des UNHCR und der UNO-Familie waren.

»Die NGOs« – so schreibt Franz Nuscheler – »operieren in einem mehrfachen existenziellen Dilemma. Je weniger sie nur protestieren und Kampagnen organisieren wollen und je mehr sie sich auf Kooperation mit staatlichen Institutionen einlassen, desto größer ist ihr Risiko, ein mehr oder minder großes Stück ihrer Autonomie zu opfern und für Zwecke der staatlichen Geldgeber instrumentalisiert zu werden. Die reichlichen Subsidien für kirchliche Hilfswerke weckten z. B. auch beim katholischen Hilfswerk Misereor den Verdacht, als ›Verschiebebahnhof für Almosen und

Alibis‹ missbraucht zu werden und als Gegenleistung den kirchlichen Segen für die staatliche Entwicklungspolitik besorgen zu sollen. Dieses Risiko wächst mit dem Grad der finanziellen Abhängigkeit von staatlichen Subsidien. Dann ist der Irrweg von einer NGO zu einer Schein-NGO (Quango quasi non-governmental agency) und zu ihrer Funktionalisierung als ›Verlängerung des Staates‹ nicht mehr weit. Die NGOs befinden sich in der Tat ›im Spannungsfeld von Lobbyarbeit und öffentlichem Protest‹. Wenn sie das Bedürfnis nach Protest nicht mehr erfüllen, kann sich wieder eine Protestbewegung wie Attac als ›Kampfgruppe der NGOs‹ profilieren.«[3]

Die Organisationen sind den Weg der Anpassung an unsere Luxusbedürfnisse schrittweise gegangen. Heutzutage besteht die Arbeit für Flüchtlinge nicht zuerst darin, die Zelte, die Latrinen und die Küchen und die medizinische Versorgung aufzubauen, sondern in der Einrichtung einer Vertretung. Das, was ich selbst vor 25 Jahren als meinen Stolz vor den Thronen der Botschaften und Botschaftsgebäuden empfand, das sich Gemein-Machen mit den Einheimischen im ländlichen Raum – das ist zu großen Teilen aufgegeben. Die Mehrzahl der Organisationen mietet sich zunächst in den teuersten Hotels ein und geht dann weiter und baut sich Office- und Residence-Gebäude sowie ein Gästehaus für die Besucher und nicht zu vergessen, die Journalisten, auf.

Das ist ein nicht unbeträchtlicher Grund, weshalb Organisationen sich unbedingt in der Hauptstadt aufhalten wollen. Sie werden dort von Journalisten begleitet. Die großen Geschichten zur Tsunami-Katastrophe werden auf einem Kurzbesuch der Bundesministerin für wirtschaftliche Zusammenarbeit von dem Tross der Journalisten gemacht oder von den Reportern, die zu Hunderten nach Banda Aceh kommen.

XI. Gegen den korrekten Ton und die politische Orthopraxis würde ich weiter sagen: Es gibt viel zu viel Koordination. Es gibt viel zu viel hinausgeworfenes Geld für die Koordination. Organisationen und Helfer, die wissen mit allem Ernst, dass sich solche Helfer blind verstehen und natürlich keinen Koordinator dazwischen brauchen. Die Struktur der vornehmen UN-Bürokratie führt die humanitäre Nothilfe in den Abgrund.

Anmerkungen

[1] Vgl. Rupert Neudeck, Reise ans Ende der legalen Welt, Münster 2001.

[2] Franz Nuscheler, Lern- und Arbeitsbuch Entwicklungspolitik, Bonn 2004, S. 560.

[3] Franz Nuscheler, Lern- und Arbeitsbuch Entwicklungspolitik, Bonn 2004, S. 561.

Die Autoren

Wolfgang Benz, geboren 1941, Historiker, Professor an der Technischen Universität Berlin und Leiter des Zentrums für Antisemitismusforschung. Vorsitzender der Gesellschaft für Exilforschung. Zahlreiche Veröffentlichungen zur deutschen Geschichte im 20. Jahrhundert, zum Antisemitismus u. a. Themen.

Frank Caestecker, Dr. phil., Historiker. Nach dem Studium an der Universität Gent tätig an den Universitäten in Brüssel, Warschau, Osnabrück und Madison (Wisconsin/USA), er promovierte am Europäischen Hochschulinstitut in Florenz. Er ist jetzt Mitarbeiter am Institut für Zeitgeschichte der Universität Gent. Seine Veröffentlichungen befassen sich überwiegend mit Ausländerpolitik, darunter ›Alien Policy in Belgium, 1840–1940. The Creation of Guest Workers, Refugees and Illegal Aliens‹, Oxford/New York: Berghahn Books. Zur Zeit beschäftigt er sich mit der Situation der Flüchtlinge während der 1930er Jahre in vergleichender Perspektive.

Claudia Curio, geboren 1971 in Berlin, Studium der Geschichte und Soziologie in Wien, Berlin und an der University of Essex, England. Promotion 2005 mit einer Arbeit über die Kindertransporte nach England – Emigration und Akkulturation von Kindern und Jugendlichen, Mitarbeiterin am Zentrum für Antisemitismusforschung. Diverse Veröffentlichungen, v. a. zu Kindern im britischen Exil.

Fritz Kieffer, geboren 1922, Dr. jur. und Dr. phil., Jurist und Historiker, bis zur Pensionierung im Ministerialdienst des Landes Rheinland-Pfalz, veröffentlichte 2002 das Buch ›Judenverfolgung in Deutschland – eine innere Angelegenheit? Internationale Reaktionen auf die Flüchtlingsproblematik 1933–1939‹.

Axel Kreienbrink, geboren 1968, Dr. phil., Historiker und Politikwissenschaftler, Studium in Osnabrück und Madrid, Promotionsstudium im Graduiertenkolleg »Migration im modernen Europa« am Institut für Migrationsforschung und Interkulturelle Studien IMIS/Universität Osnabrück. Seit 2005 wiss. Mitarbeiter beim Bundesamt für Migration und Flüchtlinge in Nürnberg. Publikationen vor allem zu Problemen der Ein- und Auswanderung aus Spanien und Deutschland.

Rupert Neudeck, Dr. phil., gründete im Februar 1979 das KOMITEE CAP ANAMUR Deutsche Notärzte e. V., das als humanitäre »Feuerwehr« auf der ganzen Welt im Einsatz ist. Jetzt engagiert sich Neudeck für die neue Hilfsorganisation »Grünhelme«, die u. a. eine Hilfsaktion im Irak organisiert. Er erhielt 2003 den Preis der UNESCO-Stiftung für Bildung und Kinder in Not und den erstmals verliehenen Marion-Dönhoff-Preis. Veröffentlichungen u. a. ›Die Menschenretter von Cap Anamur‹ (München 2002); ›Jenseits von Kabul. Unterwegs in Afghanistan‹ (München 2003).

Edzard Reuter, Industriemanager, geboren 1928 in Berlin, Sohn des Sozialdemokraten Ernst Reuter. 1946 Rückkehr aus dem türkischen Exil und Eintritt in die SPD. Studium der Rechtswissenschaften an der FU 1949–1956. Seit 1973 Vorstandsmitglied, 1987–1995 Vorstandsvorsitzender der Daimler-Benz AG. Reuter setzte sich für einen Ausbau der Daimler-Benz AG zu einem Technologiekonzern mit Weltgeltung und die Bildung »globaler Allianzen« ein. Unter seiner Ägide wurde 1988 die Entschädigung der Zwangsarbeiter des NS-Regimes beschlossen.

Rita Süssmuth, Prof. Dr. phil., geboren 1937, Erziehungswissenschaftlerin. Seit 1981 Mitglied der CDU. 1985–1988 Bundesministerin für Jugend, Familie und Gesundheit, anschließend 1988–1998 Bundestagspräsidentin. Rita Süßmuth war Mitglied zahlreicher

Gremien zum Thema Migration und Integration, u. a. Vorsitzende der Unabhängigen Kommission »Zuwanderung« (2000–2001) und Vorsitzende des Sachverständigenrates für Zuwanderung und Integration (2002–2004). Seit September 2005 ist sie Präsidentin der privaten OTA-Hochschule in Berlin.

JULIANE WETZEL, Dr. phil., geboren 1957 in München, Historikerin, seit 1996 wiss. Angestellte am Zentrum für Antisemitismusforschung, Berlin. Geschäftsführende Redakteurin des ›Jahrbuchs für Antisemitismusforschung‹; Mitglied der International Task Force on Holocaust, Remembrance and Research als Vorsitzende der Akademischen Arbeitsgruppe. Zahlreiche Veröffentlichungen zu den Themen Juden unter nationalsozialistischer Verfolgung, jüdische Nachkriegsgeschichte, Rechtsextremismus und Antisemitismus.

PETER WIDMANN, Dr. phil., geboren 1968, Wissenschaftlicher Assistent am Zentrum für Antisemitismusforschung und Lehrbeauftragter im Fachbereich Politikwissenschaft der Technischen Universität Berlin. Derzeitiger Forschungsschwerpunkt: Kriminalisierung stigmatisierter Gruppen. Veröffentlichungen zu Sinti und Roma, zur NS-Geschichte, zur kommunalen Soziapolitik und zur Analyse der Massenmedien.

Thalia.de

Thalia-Buchhandlung
der Reinhold Gondrom GmbH & Co. KG
Aliceplatz 11 63065 Offenbach
Tel.069/800733-0 Fax: 069/800733-15
E-Mail: thalia.offenbach-main@thalia.de
Umsatzsteuer-Nummer: DE 148632587

Kasse 3 - Nummer: 427-03-58803

L001 1* S270 3,50 E
Taschenbuchmarktware

Pos: 1 (1)	Summe	EUR	3,50
Gegeben Bar		EUR	4,00
Zurück Bar		EUR	0,50

- Mehrwertsteuerausweis -

MWKZ	MWST	ST-BETRAG	NETTOBETRAG
(E)	7 %	0,23	3,27

Es bediente Sie Claudia Troß
Datum 11.09.2010 Zeit 13:29:33

Vielen Dank für Ihren Einkauf!
Bei Umtausch mit Quittung
"Geld-zurück-Garantie"
www.thalia.de

Wolfgang Benz im dtv

Die Gründung der Bundesrepublik
Von der Bizone zum souveränen Staat
ISBN 3-423-04523-X

Antisemitismus in Deutschland
Zur Aktualität eines Vorurteils
Hg. v. Wolfgang Benz
ISBN 3-423-04648-1

Dimension des Völkermords
Die Zahl der jüdischen Opfer des Nationalsozialismus
Hg. v. Wolfgang Benz
ISBN 3-423-04690-2

Legenden, Lügen, Vorurteile
Ein Wörterbuch zur Zeitgeschichte
Hg. v. Wolfgang Benz
ISBN 3-423-30130-9

Deutsche Geschichte seit 1945
Chronik und Bilder
ISBN 3-423-30705-6

Geschichte des Dritten Reiches
ISBN 3-423-30882-6

Flucht aus Deutschland
Zum Exil im 20. Jahrhundert
ISBN 3-423-30809-5

Enzyklopädie des Nationalsozialismus
Hg. v. Wolfgang Benz, Hermann Graml und Hermann Weiß
ISBN 3-423-33007-4

Jugend in Deutschland
Opposition, Krisen und Radikalismus zwischen den Generationen
Zus. mit Ute Benz
ISBN 3-423-34027-4

Potsdam 1945
Besatzungsherrschaft und Neuaufbau
ISBN 3-423-34230-7

Deutschland, deine Kinder
Zur Prägung von Feindbildern in Ost und West
Zus. mit Ute Benz
ISBN 3-423-36234-0